大学生安全教育

主　编　邢廷卫　席金京

科学出版社

北　京

内 容 简 介

本书按照教育部关于"加强国民素质教育"的要求，结合社会突发事件应对和学校安全教育，系统介绍了大学生安全教育的方方面面，包括学习安全、生活安全、公共安全、国家安全、网络安全、预防违法侵害及安全自救与求救等，同时通过相关案例材料，为学生提供各类突发事件应对的必备知识、求生技巧、安全培训，提升学生应对突发事件的素质能力，具有很强的针对性和实用性。

本书可作为本科院校、高等职业院校以及成人高校的安全教育教材，也可供社会相关从业人员使用。

图书在版编目（CIP）数据

大学生安全教育 / 邢廷卫，席金京主编. —北京：科学出版社，2017

ISBN 978-7-03-053943-4

Ⅰ.①大… Ⅱ.①邢… ②席… Ⅲ.①大学生-安全教育-教材 Ⅳ.①G645.5

中国版本图书馆 CIP 数据核字（2017）第 165433 号

责任编辑：王京苏 / 责任校对：彭 涛
责任印制：霍 兵 / 封面设计：蓝正设计

科 学 出 版 社 出版

北京东黄城根北街 16 号
邮政编码：100717
http://www.sciencep.com

北京市密东印刷有限公司 印刷
科学出版社发行 各地新华书店经销
*
2017 年 8 月第 一 版 开本：787×1092 1/16
2019 年 8 月第三次印刷 印张：12
字数：285 000
定价：**42.00 元**
（如有印装质量问题，我社负责调换）

编 委 会

主 编　邢廷卫　席金京

编 委　程　钢　詹　堃　刘　超

　　　　李　津　陈　俊　刘　刚

前　言

根据国家统计局和教育部发布的数据，2017 年全国高校在校生数量近 2700 万。这个群体的安全与稳定，关系到 2700 万个家庭的幸福。高校大学生是社会主义事业的建设者和接班人中的重要成员，他们的安全稳定以及高校的安全稳定的重要地位不言而喻。另外，大学生所处于的年龄阶段、人生经历以及环境影响，决定了其生理与心理、个人与他人、理智与情感、专业学习与素质拓展等各种矛盾，在这个时期集中凸显，被各种利益诱惑、走入情感盲区、突破价值底线、丧失信心和勇气等问题，给大学生的人身财产安全埋下层层隐患。尤其是随着后勤社会化改革逐步深入，校园由封闭式的"世外桃源"变成开放型的"小社会"，外来人口大量涌入，导致刑事、治安案件的发生呈上升趋势，校园的安全问题日趋严峻，大学生往往成为被侵害对象。因此，加强大学生安全教育，培养和增强大学生的安全意识，提高大学生自护自救和互助互救的能力，防止大学生的生命财产受到损害，已经成为高校必须面对的重要任务。

本书系统地介绍了大学生安全教育的方方面面，包括学习安全、生活安全、公共安全、国家安全、网络安全、预防违法侵害及急救技能等，具有很强的针对性和实用性。本书可作为本科院校、高等职业院校以及成人高校的安全教育教材，也可供社会从业人员使用。本书在编写过程中，参考了该领域其他的著作。另外，为了增加大学生的知识面，本书在资料收集方面借鉴了国内一些较大网站的重要信息，在此一并表示感谢。

由于编者水平所限，书中难免有疏漏之处，恳请广大专家和读者批评指正。

目　　录

第一章 学习安全

第一节 军训期间的安全

一、避免军训过程中事故的发生

随着新学期的开始，各高校都将组织新生进行军事训练，这对于增强学生的国防意识和组织纪律观念，培养学生的意志和品质有积极作用。但近年来学生在军训过程中猝死及伤亡事故时有发生，使军训的安全问题成为社会各界关注的焦点。

（一）军训过程中事故原因

现在学生多数是独生子女，平时缺乏必要的锻炼，身体素质下降是普遍现象，往年学生在军训中发生的一些意外事故都与此有关。

军训期间很多地区暑热未消，要特别注意防止中暑。学生在训练中如感到胸闷、恶心或全身乏力，应及时报告，停止训练，到阴凉处休息，并及时补充淡盐水。训练现场应有保健医生，如果有学生发生不适，要及时进行现场救治。

（二）如何避免军训过程中意外事故的发生

阅读材料

"报告教官，我不行了。"一名女学生脸色苍白、双脚无力、声音微弱。"报告，有人晕倒。"过了几分钟，又有一名女学生被抬出操场。这是发生在闽南某大学大一新生军训首日的一幕，短短半小时内，参训的 5000 余名新生中，就有近百名学生晕厥。军训现场学生晕倒的场景已不鲜见，不过，这次晕倒这么多学生，着实令人惊讶。

据南方网报道，广东各高校进行军训期间，每天都有新生发生病伤事故，个别学校校医一天就接诊 200 多名因军训倒下的病号。大部分病号是头晕、扭脚和肌肉拉伤。

为了避免军训晕倒事件发生，教育部门与学校要真正转变教育理念，为孩子学业减负，打破应试教育，把体育课落实到位，让孩子们切实体会到体育锻炼的好处与乐趣。与此同时，学校和学生也要做好各项准备工作，掌握必要的应对军训事故的处理方法。

1. 训练前进行肢体舒展活动

踝关节扭伤、肌肉拉伤、跖肌腱断裂等是学生训练比较常见的运动性损伤。导致损伤的原因，多为运动前没有做充分准备，即热身活动不够，加上肌肉过度紧张疲劳，弹性明显下降，在外力的突然作用下导致拉伤或断裂。因此教官在训练开始前，要组织学生进行必要的肢体舒展活动，把身体各部位和关节活动开，训练强度也要循序渐进。原来就有关节损伤的学生在训练中最好戴上护腕或护膝以保护关节，避免新的损伤。

如果发生扭伤，并出现疼痛和活动受限，要停止训练，特别是不要让受伤的部位继续活动，可在患处敷上冰袋，用弹力绷带固定，并把患处举到比心脏高的位置，等疼痛感消失或 20 分钟后再把冰袋拿掉，用海绵橡胶垫和弹力绷带加压包扎。千万不要按压、揉搓损伤部位，不要进行热敷，必要时送医院处理。在训练现场最好准备一些外用药品，如云南白药喷雾剂或创可贴等。

2. 穿棉质长衣裤防止晒伤

皮肤损伤也是军训中常见的现象。在高温下活动，容易导致日光性皮炎和痤疮，如果本身皮肤就有炎症，更需要注意卫生和保护。许多人认为，天热训练时穿短袖衣服会凉爽一些，其实这是错误的。训练中最好穿棉质的舒适轻便的衣裤，尽可能让衣服遮住身体的大部分，以防止晒伤。训练后要及时把身上的汗擦干，不要让身上积汗液，这样有利于保护皮肤。

3. 军训前对学生健康状况摸底

要警惕军训中发生运动性猝死。引起猝死的诱因主要是死者生前有基础性疾病，如先天性心脏病等。在运动性猝死发病前，通常会有短暂的心绞痛，或是感到咽部哽咽、咽东西费劲，有的人会头晕、心慌、恶心、胸闷、出汗、浑身无力。这些情况发生在学生身上往往不会引起重视，误认为这是运动或训练过程中的正常反应，有的甚至认为这正表明平时缺乏锻炼导致的身体变差，更加坚定了继续运动、加大运动量的信念，结果导致猝死悲剧的发生。

因此，军训前学校要对学生的健康状况排查摸底，尤其要进行心功能的检查，同时要组织学生学习安全常识，提高自我保护意识和处理紧急情况的技能。教育学生重视身体发出的信号，避免在极端的天气下进行极限运动。有基础性疾病或身体较差的学生应主动向学校汇报自己的身体状况，以便教官心中有数，避免出现带病训练的现象。

（三）夏季军训晕厥的简易急救

（1）将病人快速平仰卧或者侧卧，置头低脚高位；如有呼吸困难可将头部和躯干抬高。

（2）快速保证呼吸道通畅，将患者领带、腰带等松解，让其有意咳嗽几下。

（3）送到阴凉透气的现场医疗点，防止碰撞，同时马上找医生专业救治，必要时呼叫 120。

（4）不喂食物、不急扶急抬，清醒后不要马上站起（晕厥病人要平卧观察直到症状缓解，否则有的会再次晕厥，再次晕厥的死亡率大增）；症状无缓解要送病房或者医院进一步诊疗。

（5）晕倒众多时要听从医护人员安排，按轻重缓急，分片观察、呼叫增援、抬送转院等。

二、军训间歇的意外事故

军训利于锻炼身体与精气神，同时军训间歇也要尽可能避免意外伤害。

1. 军训间歇的意外事故发生的原因

新入校学生从中学压抑的学习生活中突然转换到高校相对宽松的环境中，多数人有冲动感和新鲜感，特别是部分精力旺盛的学生在军训休息期间，攀爬打闹，玩"拐脚"、摔跤等危险游戏，极易发生意外伤害事故。某高校学生，入学后参加军训，训练间歇中双手攀着足球门上框作杠上运动，结果滑落摔下，造成严重脑震荡，治疗后因无法正常坚持学习而退学。

2. 如何避免军训间歇的意外事故

预防此类事故的发生，一是学生要服从命令听从指挥，在休息期间安心休息恢复体力，不脱离集体，不玩危险游戏和到危险的地方玩耍；二是组织者应明确"休息不是放羊"，适当组织学生开展唱军歌、讲革命故事或组织集体小游戏等有益活动，既活跃训练场气氛又达到充分休息的目的。

三、枪支、弹药安全事故

武器安全是学生军训中各项安全的重中之重，俗话说"子弹不长眼"，一旦发生枪弹伤人事故，就是军事训练中的重特大事故。因此，军训中持枪训练和实弹射击是决不允许出现任何闪失和意外的。所以，我们在打靶中当然要注意安全、听从教官的指挥，不然就会发生一系列的问题。军事训练中枪支、弹药安全事故主要注意以下几个方面。

1. 枪弹丢失

领用和交回枪支时，工作人员和学生往往粗心大意、责任心不强，对枪支不逐一核实，从而导致枪支或训练用子弹丢失。

2. 持枪伤人

学生在持枪训练时，出于对枪支的好奇和喜爱，违反武器操作规程，玩弄、抢夺枪支，枪口对人，持枪练拼刺，极易发生持枪伤人事故。

3. 射击场实弹射击事故

一是参加实弹射击的学生不遵守射击场纪律，射击间隙跑到枪前捡弹壳而受伤。二是射击时不听从指挥员命令，自行装弹、射击，或由于紧张、害怕而把枪口转向他方，造成射击事故。

某大学学生军训团前往靶场进行实弹射击训练，并举行军训团打靶比赛。在其过程中虽然教官会帮助学生上膛装子弹以防走火，并且指导标准动作，可学生王某并没有注意到其危害性，不按照要求规范操作，在开枪时强大的后坐力使得王某肩部受到巨大的冲击伤害，随后送往医院。

军训打靶射击时的注意事项：

（1）严格遵守实弹射击纪律，服从命令，听从指挥。

（2）在没有接到指挥员下达的"进入射击预备地线"命令时，不得擅自进入。

（3）进入"射击预备地线"后，要按口令统一验枪，领取子弹，按照要求装入弹匣。

（4）听到进入"射击地线"的口令后，按规定进入射击位置，然后再按口令装弹。

（5）装弹后，应按规定关上"保险"，等候指挥员下达射击命令，再打开"保险"进行射击。

（6）射击过程中，如发现意外情况，要立即中止射击并将武器关上"保险"放置在射击位置后，及时向指挥员报告。

（7）射击中，要尽量使用手中的武器，不应借用他人武器；要认真、细心，不能敷衍了事；射击完成后，要向指挥员报告"射击完毕"，听到"起立"的口令后再起来。

（8）使用武器前和武器使用完毕后，都要验枪。

（9）无论在什么情况下（不管武器中是否有弹药），都严禁枪口对人，或者用武器开玩笑，这一点必须引起高度重视。

第二节　实验操作安全

一、防火灾

实验室是科研、教学与生产的重要场所，也是易发生火灾爆炸危险的地方。在各类实验室中，化学实验室因使用易燃易爆化学危险物品数量大、种类多、实验条件复杂，火灾危险性也最大，所以，学校应把化学实验室作为实验室防火工作的重点。

2008年12月29日，某高校博士生李某用注射器从瓶子里抽取高度易燃的叔丁基锂时，液体突然燃烧起来，烧着了她的衣服。当时她没有穿实验工作服，因此造成了三度烧伤。18天后，她在医院离世。

实验室中的危险指数是不确定的，在一不留神的时候，危险就可能降临在你的身边。

每年高校中都会发生实验室着火、爆炸等事件，而每件事都会带来无法估计的损失，时刻提醒我们要将实验室安全牢记心中，严格遵守实验室的安全制度。

实验室引起火灾的原因包括以下几项。

1. 电气设备引起火灾

电气故障是室内发生火灾的重要原因之一。电气设备发生过载、短路、断线、接点松动、接触不良、绝缘下降等故障会产生电热和电火花，引燃周围的可燃物。

2. 违反操作规程引起火灾

化学实验室经常进行的蒸馏、回流、萃取、重结晶、化学反应等典型操作，都以危险性大为特点。若操作者没有经验，工作前没准备，操作不熟练或违反操作规则，不听劝阻或指导未经批准擅自操作等，均易诱发火灾爆炸事故。

3. 易燃易爆危险品引起火灾

在化学实验中，各种化学危险物品使用极为普遍，种类繁多。这些物品性质活泼，稳定性差；有的易燃，有的易爆，有的自燃，有的性质抵触则相互接触即能发生着火或爆炸，在储存和使用中，稍有不慎，就可能酿成火灾事故。

4. 明火加热设备引起火灾

实验室里常使用煤气灯、酒精灯或酒精喷灯、电烘箱、电炉、电烙铁等加热设备和器具，增大了实验室的火灾危险性。煤气灯加热过程中，若煤气漏气，易与空气形成爆炸性混合物。酒精则易挥发、易燃，其蒸气在空气中能爆炸。电烘箱若运行时间长，易出现控制系统故障，发热量增多，温度升高，造成事故。

据 100 起实验室火灾事故的调查结果：电气设备引起火灾占 21%；易燃溶剂使用不当占 20%；各种爆炸事件引起火灾占 13%；易燃气体或自燃所致的各占 7% 与 6%；等等。其中 71% 的事故是由实验室工作人员工作不慎、操作失误所致；89% 的事故是由于没有必要的灭火器具，无法及时扑灭火源，从而酿成重大灾情的。所以，学生们在实验室里做实验时，必须严格执行操作规程，这是做好实验室防火工作的最基本、最可靠的手段。实验室首先要根据各类实验性质，在积累经验的基础上，建立科学的实验安全操作规则章程。实验人员应熟悉所使用物质的性质、影响因素与正确处理事故的方法；了解仪器结构、性能、安全操作条件与防护要求，严格按规程操作。

二、防爆炸

据了解，爆炸在火灾事故中占有很大的比例且破坏性极大。造成爆炸的原因很多，如线路、电动机、开关等电气设备，还有实验试剂使用不当都可能导致爆炸。每个地方都存在着隐患，而爆炸最频繁的地方便是实验室。通常来说，学校里的物理实验室爆炸现象相对而言较少，化学实验室较多，里面有各种各样易燃、易爆的危险化学试剂，稍有不慎就会发生事故，所以必须严格按照要求做实验。

阅读材料

2010年1月7日，某高校化学与生物化学系实验室发生了爆炸，爆炸导致一名学生失去了3根手指，手和脸部被烧伤，一只眼睛被化学物质烧伤。

该校化学与生物化学系两名学生进行合成高氯酸肼镍衍生物（NPH）课题实验，通常为了表征新合成的NPH物质活性需要进行差示扫描量热分析、落锤冲击性、热重分析等实验，而每次合成实验得到的反应物一般在50～300毫克，为了避免多次合成，两名学生在没有咨询实验员的情况下，擅自放大合成实验规模，一次性得到了10克NPH。在实验过程中，两名学生发现少量的NPH与水和乙烷作用下，不会发生燃烧和爆炸反应，因此他们基于经验判断，大量的NPH的危害性与少量的NPH是一样的。在放大合成实验后，其中一名学生发现，NPH产品呈块状，为了得到规格一致的NPH颗粒，他将合成得到的一半产品，约5克转移至研钵中，加入乙烷，并使用搅拌棒轻轻搅拌分离块状产品。在最初分离块状产品过程，这名研究生佩戴有护目镜，但在完成分离实验后，脱下护目镜并走开，等再次回到水泥器皿时，在没有佩戴上护目镜的情况下再一次对样品进行了搅拌，此时，爆炸发生了，爆炸造成这名学生失去三根手指，手与脸也造成不同程度的烧伤，一只眼睛受伤。

在大多数事故中，人们往往在调查的过程中过多关注于个人行为和决定对事故发展的影响，但是现代事故致因理论认为，事故并不是由设备的单一故障或者一个人的某一不安全行为导致，而是由多个失效或者缺陷出现导致的。这一事故致因理论可以用James Reason的"瑞士奶酪模型"进行阐释，根据奶酪模型，有许多的保护层来避免事故的发生，每一层奶酪就代表一层保护层，每一层奶酪上的"孔"表示每一层保护层都有失效的可能性，如果多个保护层同时失效（每一层奶酪上的孔贯穿），事故就会发生。

实验室里如何预防爆炸：

（1）做实验时，要合理选用电气设备和导线，不要使其超负载运行。

（2）在安装开关、熔断器或架线时，应避开易燃物，与易燃物保持必要的防火间距。

（3）要定期清扫电气安全培训设备，各种化学实验器具必须用完立刻清洗，保持所有设备清洁。

（4）绝不允许混合任何易爆的化学试剂。

（5）加强对实验设备的运行管理。要定期检修、试验，防止绝缘损坏等造成短路。

（6）实验室配置个人完善防护用品，必要的话进行相关培训。

三、防中毒

实验操作中毒，是由实验操作不当或者不遵守实验室安全操作规章制度而引起的中毒。毒害性事故多发生在具有化学药品、剧毒物质的实验室和具有毒气排放的实验室。酿成这类事故的直接原因有：

（1）将食物带进有毒物的实验室，造成误食中毒。例如，南京某大学一工作人员盛夏时误将冰箱中的含苯胺的实验品当酸梅汤喝了，引起中毒，原因就是因为该冰箱中曾存放过供工作人员饮用的酸梅汤。

（2）设备设施老化，存在故障或缺陷，造成有毒物质泄漏或有毒气体排放不出，从而中毒。

（3）管理不善，操作不慎或违规操作，实验后有毒物质处理不当，造成有毒物品散落流失，引起人员中毒、环境污染。

（4）废水排放管路受阻或失修改道，造成有毒废水未经处理而流出，引起环境污染。

📢 阅读材料

　　河南某职业学校学生在实验室做有毒化学实验时，不长时间即有一名学生有不良反应，感觉不适，但并没有引起大家的注意。然而不一会，又有几名学生有同样的反应，结果全班 15 名学生中度中毒，多数学生和化学老师轻微中毒。事后据有关人员检查，导致这起化学实验中毒事故发生的原因是室内空气不畅通，没有通风设备，有毒气体不能及时排到室外。

大学生预防实验室操作不当导致中毒的注意事项：

（1）实验室必须保持安静、整洁，进入实验室后应按指定位置就座。不得大声喧哗及自行摆弄仪器装置。

（2）学生在实验课前，应认真预习实验内容，上课时认真听教师讲解实验目的、要求、步骤及注意事项。

（3）实验前应对实验所需的仪器、药品、器材进行认真清点，发现问题及时报告教师。

（4）公用仪器，用后立即放回原处，各组仪器未经教师许可，不得随意移动。

（5）实验时必须严格按照实验步骤进行操作，要细心观察实验现象，如实做好记录，积极思考、分析实验结果，按规定写好实验报告。

（6）爱护仪器设备，爱惜药品和实验材料。在实验中损坏仪器应主动向教师报告。凡因不按操作规程进行实验而造成的仪器损坏和药品浪费均应照价赔偿。

（7）废液、废纸、火柴梗及玻璃片等杂物不得倒入水槽中或随地乱抛，应倒入废液缸或垃圾箱中。

（8）实验完毕，应整理仪器装置，清洗器皿，搞好卫生，关闭电源、水源，并经教师检查无误后方可离开实验室。

四、防触电

在实验室中，我们免不了要使用各种电器来操作实验，由于各种原因，实验室中各种触电事故时有发生。因此，我们一定要重视实验室里的用电安全。

1．实验室防触电措施

（1）所有的电器必须有良好的接地，未接地的电器不得使用。

（2）严禁私拉电线，私接电源、开关、插座、灯头等电气设备。

（3）发现配电系统故障应立即向管理人员报告，以便及时处理。

（4）高压实验室必须有良好的接地系统，以保证高压试验测量准确度和人身安全。接地电阻不超过 0.5 兆欧。

（5）高压实验室应按规定设置安全遮拦、标示牌、安全信号灯及警铃，控制室应铺橡胶绝缘垫。

阅读材料

　　某高校学生赵某在实验室做实验，不料因配电系统出现故障，赵某受到触电伤害，并进而导致火灾，损失严重，不但各种实验药品被烧毁，赵某也面部烧伤，面部最大的伤口达到 4cm×3cm，而且深到面部骨头，手掌、胸部还有多处伤口。

2．实验室发生触电事故的预防和处理

（1）实验中使用电器时，应防止人体与电器导电部分直接接触；不能用湿的手或手握湿的物体接触电插头；电热套内严禁滴入水等溶剂，以防止电器短路。

（2）为了防止触电，装置和设备的金属外壳等应连接地线，实验后应先关仪器开关，再将连接电源的插头拔下。

（3）触电后应立即切断电源，必要时进行人工呼吸并送医院救治。

　　所以，学生们在进行实验室各项操作时，必须严格按照操作规则执行，切不可马虎大意。同时也要懂得基本的防触电措施，增强防范意识。而且，要在老师等相关工作人员的配合及带领下操作，平时多积累实验方面的经验，掌握正确的操作步骤后再进行各项实验。

五、保密安全

阅读材料

　　北京某名牌大学硕士研究生陈某因学习成绩优异，计算机能力突出，深受导师的赏识。在导师的带领下，他参与了涉及国家军事机密的一项课题，但陈某心中并没有保密意识，在与某外国留学生交往时，无意中把这一情况说了出去。殊不知那名外国留学生是西方间谍，与陈某的交往是有目的性的。他从陈某口中得知这一事项后，立即汇报给上司，结果使我国国防安全受到重大损失，陈某也因违反有关法律被刑事拘留。

　　学生在做涉及国家机密保密项目的实验时，要提高政治觉悟，增强保密意识，牢记

如下要求：

（1）实验室承担保密科研项目的测试数据、分析结论、阶段成果和各种技术文件，均要按科技档案管理方面的相关制度进行保管和使用，任何人不得擅自对外提供材料。如发现泄密事故，应立即采取补救办法，对泄密人员进行严肃处理。

（2）凡属精密、贵重仪器和大型设备的图纸、说明书等资料，要按规定存放，使用中的图纸、说明书等资料，要设专人妥善保管，不经批准，不得随便携出或外借。

（3）实验室内保密项目的实验场地，一律不得擅自对外开放，外宾参观实验室要经领导批准，并划定参观范围。国内同行业技术交流和科技成果推广，要按国家有关规定办理。

除了上述提到的实验室安全注意事项外，在实验室中还有诸如核辐射、病菌、动物免疫等需要注意的安全问题。要确保实验安全万无一失，关键还是要科学管理实验室，规范实验操作，严格按照实验指导老师的要求，远离危险源。

第三节　运动期间的安全

一、运动损伤和意外伤害的原因

由于大学生的独立意识逐渐增强，已经可以进行一定的正确判断与辨析，但还不善于进行自律与调控，他们对体育运动的安全要求比较熟悉，但从总体上说，运动安全防范知识与技能较差，安全认识不充分，防范意识不深刻，防护行为不规范，又不屑做或不能坚持做，对安全地进行体育运动缺少持之以恒的意志和毅力。如果忽视体育运动的安全防范，那么，体育运动中碰到危险，发生意外伤害是非常容易的事。

运动损伤和意外伤害，是指运动过程中发生的各种损伤。其损伤部位与运动项目以及专项技术特点有关。例如，体操运动员受伤部位多是腕、肩及腰部，与体操动作中的支撑、转肩、跳跃、翻腾等技术有关；网球肘多发生于网球运动员与标枪运动员。造成运动损伤及意外伤害的原因主要有：

（1）认识不足，措施不当。对运动损伤预防的重要性认识不足，未能积极地采取有效的预防措施，易导致运动损伤的发生。

（2）准备运动不足。

第一，不做准备活动就进行激烈的体育活动，易造成肌肉损伤、扭伤。

第二，准备活动敷衍了事，神经系统和各器官系统的功能尚未达到适宜水平。

第三，准备活动的内容不得当。

第四，过量的准备活动致使身体功能不是处于最佳状态而是有所下降。

（3）不良的心理状态。例如，缺乏经验、思想麻痹、情绪急躁；或在练习中因恐惧、害羞而产生犹豫不决和过分紧张等。

（4）体育基础差、身体素质差，或动作要领掌握不正确，一时不能适应体育活动的需要，或不自量力，容易发生损伤事故。

（5）不良的气候变化。例如，过高的气温和潮湿的天气，导致大量出汗失水；在冰雪寒冷的冬季易发生冻伤或其他损伤事故。

（6）组织纪律混乱和违反活动规定也是造成伤害事故的原因。

二、体育课的安全防范

体育课是我们大学生进行体育锻炼、学习体育知识的主要方式。但是，如果上体育课时不注意自我保护，忽视安全，就很容易出现运动伤害。轻微的如擦伤、拉伤、扭伤等，严重的会造成骨折、脑震荡，甚至还会造成终身残疾以及死亡。因此，提高自我保护意识，掌握自我保护、预防事故的方法，对我们的健康成长有着极其重要的意义。认真实施严格的课堂常规，使学生接受严格的要求与训练，不断规范自己的言行，以保证教学安全顺利地进行，培养学生听从指挥遵守纪律，服从组织的良好习惯，这是保证教学工作顺利进行的前提。体育教师必须课课强调安全的重要，让学生知道必要的防范措施，如着装轻便、大方，符合进行运动的便利。不穿高跟鞋、拖鞋，不携带尖锐物品，不佩带胸针等。对学生的位置要严格限制，让学生远离危险区，严禁对面投掷。在教学中，可以利用已有的田径规则及场地上的限制线进行限制。

> **阅读材料**
>
> 某大学一名大一女生在体育课进行前滚翻练习时，裤兜中的钩针扎入小腹，造成重伤。经查，该体育课的教师课前未对学生上课的装束、携带物品等做过必要的要求和提醒。
>
> 某校大二学生的体育课上，体育教师带领学生做完准备活动之后，组织学生练习跳绳，教师在一旁看护。学生徐某在跳绳时不慎被绳绊倒，腹部着地，造成脾脏外伤性破裂。
>
> 某校的体育课上，一男生在自由活动时跃起抓住足球门栏，但门栏固定不牢，导致门栏翻倒压在该男生的腹部，造成重伤。

在体育课中，为保证学生的安全，减少运动损伤的发生，必须做到以下几点。

1. 对学生进行健康检查

对学生定期进行全面的医学检查，最好每学期进行一次，至少每年一次，特别是新入学的学生，入学时必须进行体检。身体发育和健康状况正常的学生，可以参加正常体育课学习；体质较弱，特别是有缺陷或有疾病的学生，应安排上保健体育课；身体发育和健康状况正常、功能良好，尤其是体质好，并在某些运动项目上有特长的学生，才能安排参加学校运动队训练。

2. 合理安排体育课的运动负荷

体育课的运动负荷的增加，应遵循循序渐进的原则，逐步提高要求，不能突然或过猛，否则会给学生身体带来不良影响，造成过度疲劳或局部劳损，甚至损坏身体健康。

3. 预防运动性伤病和建立伤病登记制度

在体育教学或运动训练中应加强运动场地和设备的安全检查，尽可能减少或避免伤害事故的发生，一旦发生损伤，应填写运动伤病登记卡，以利于统计、分析和研究其与体育教学和运动训练的关系，分析伤病发生原因，从而找到预防的有效方法，保证体育教学和运动训练的正常进行。

4. 加强对女学生的卫生保健指导

由于女学生生理特点的影响，在月经期上体育课或参加运动训练时，要减少运动负荷和运动强度，避免做剧烈的或震动过大的跑、跳等动作。对月经期出现病理性反应的学生，应在经期暂停运动训练，并严禁在此期间参加比赛。

5. 运动负荷的恢复措施

体育教学或运动训练结束后，无论在脑力上，还是在体力上消耗都是很大的，如果不采取一些切实可行的恢复措施，疲劳就不能得到及时的消除，会影响第二天的训练和文化课的学习，长此以往很容易形成疲劳积累，而导致身体过度疲劳。体育课结束和运动训练后的整理活动、按摩、洗热水澡等措施是很好的方法，同时，还应该补充在运动中消耗的营养物质和保证充足的睡眠。

6. 运动训练禁忌

凡有下列情况之一者，禁止参加运动：患有中枢神经系统疾病和末梢神经系统疾病（如精神病和癫痫病等）、运动神经疾病（如骨骼、关节、脊柱变形等）、先天性心脏病和高血压等。

三、运动会（比赛）期间的安全防范

体育运动会作为一项重要的校园文体活动，在大学得到了广泛的开展。它不但有益于增强学生们的体质，锻炼学生们的意志毅力，而且也可以起到调节身心、提高学习效率的积极作用。但是，参加体育活动必须要有一定的体能和技巧要求，其中不少项目还具有较强的竞争性和对抗性，因此一定程度上具有潜在的不安全性。造成运动会事故的原因主要有：

（1）思想麻痹大意。这是出现运动性损伤的主观原因，也是最重要的因素。其中包括对预防损伤的意义认识不足，放松警惕；运动前不检查器械，预防措施不力；好胜好奇，盲目和冒失地进行运动。

（2）准备活动不当。这是造成运动性损伤的重要原因之一。准备活动不当包括不做准备活动或准备活动不充分；没有根据专项运动特点进行准备活动，使机体未能进入工作状态；准备活动的量过大，身体在进入正式运动前已感到疲劳；准备活动与正式活动之间的间隔时间过长。

（3）缺乏运动经验与自我保护能力。在体育活动中，出现意外情况时不知道如何处理，惊慌失措或缺乏自我保护意识也是造成运动性损伤的原因之一。比如摔倒时用肘部或直臂撑地，造成尺（或桡）骨或肘关节损伤；由高处跳下时，脚跟落地或屈膝缓冲不够，易造成腿部、腰部或内脏损伤。

（4）技术上的缺点和错误。技术动作的不正确，往往使局部受力过大或身体失去平衡或控制而造成损伤。

（5）体育活动的组织安排不严密。在进行体育活动时如果组织安排不严密，就会出现拥挤混乱的情况而造成伤害；因场地、器材、时间安排不当也会发生意外事故。

（6）运动环境不好。运动场地狭窄、不平整，有行人及车辆过往；器械安装不牢固，位置不恰当；运动时服装或鞋不合适；气温或光线不良都可能造成伤害。

阅读材料

　　某大学举办春季运动会，大一学生俞某与其他同学一起观看铅球比赛。李某是参加这次铅球比赛的运动员。在李某之前的运动员投掷完毕后，担任裁判的教师到铅球着落地点大量投掷距离，俞某等几位学生随该老师进入落地区内观看丈量结果。在老师和观看的学生尚未撤离运动区域时，李某接着投掷出的铅球，砸中尚未退出运动区的俞某的头部，致其头部急性重型颅脑损伤，右额头部硬膜外出血。

　　某高校举办秋季运动会，跑道内正在进行 400 米比赛。一名夏姓学生不听从工作人员劝阻跑进终点线后的警戒区，恰好一名运动员冲过终点，在尚未减速的情况下，与夏某迎面相撞，夏某仰面倒地，后脑受到地面撞击，当场昏迷。现场医护人员立即展开救治，并呼叫 120 急救车，送医治疗。

比赛过程中，非运动员、观众不要随意进入比赛场地，也不得在比赛场地内停留，要在指定的地点观看比赛，不要影响比赛。长跑比赛时严禁陪跑，要有组织地为运动员加油助威，不能影响运动员比赛。没有比赛项目的学生不要在赛场中穿行、玩耍，要在指定的地点观看比赛，以免被铅球、钉鞋等器械击伤，也避免与参加比赛的同学相撞。

因此，大学生在参加运动会期间要注意以下安全防范要点：

（1）比赛前的防范。

第一，加强运动安全教育，克服麻痹思想，提高预防损伤意识。认真做好准备活动，对可能发生运动损伤的环节和易伤部位，要及时做好预防安排。

第二，制定比赛计划和日程时，要根据当地情况，炎热的夏天应尽量避免安排剧烈的运动项目，还应尽可能保证各项目运动员的充分休息时间。

第三，对运动员身体健康状况进行检查，感冒、发烧以及各种内脏器官有疾病者，不能参加比赛。

（2）比赛中的防范。

第一，比赛现场必须配备医护人员，并准备好急救用品和药品，以便对运动中出现的常见损伤及时处理，保证比赛顺利进行。

第二，一些激烈的比赛，应配备运动饮料，避免运动员因缺水等而发生意外情况。

（3）比赛后的防范。比赛结束后，应对运动员的疲劳程度、伤病的发生和发展情况进行检查，以便能及时消除疲劳和控制伤情的发展，并对其生理生化指标进行检查（如脉率、血压、体重、尿蛋白、心电图等），观察其是否有异常情况出现，以便尽早采取措施进行处理，保证运动员的身心安全。

四、常见运动损伤的处理及急救

大学生运动损伤患病率较高，这不但损伤大学生的身体健康，更影响大学生的心理健康，从而导致他们将来工作和生活的诸多不便。所以，大学生能否了解一些常见的运动损伤机理以及能否合理有效地处理，不仅直接关系着体育教学能否安全、有效、顺利实施，决定着体育锻炼的质量，而且也是能否降低学生意外人身伤害事故发生率的重要因素。

（一）常见运动损伤类型

大学生常见的运动损伤有如下九类：骨骺损伤；腕舟骨骨折；掌指关节扭伤；大腿后部肌肉损伤；胫腓骨疲劳性骨膜炎；踝关节扭伤；肌肉拉伤；肌肉痉挛；擦伤与挫伤。

（二）常见运动损伤的原因

（1）内因：训练水平不够，柔韧、力量、协调性差，生理结构不佳，身体其他疾病等。

（2）外因：准备活动不充分，场地、气温、湿度不适宜，教学内容、难度、强度等明显超过了学生的正常身体承受能力，教练专业水平不够等。

（三）常见的运动损伤

1. 开放性软组织损伤

在体育运动中常见的有擦伤、撕裂伤、刺伤。这些损伤的共同特点是有伤口和出血。擦伤是身体表面与粗糙物相互摩擦造成皮肤组织的损伤；撕裂伤是由钝物打击所引起的皮肤和软组织裂开的损伤；刺伤则是由锐利器物刺入体内所致。

处理轻度擦伤时应进行表面消毒，注意保护伤口卫生；处理严重的擦伤、撕裂伤、刺伤时，则需清洗伤口，并用抗菌药物治疗，伤口大者还需及时进行缝合、包扎，对有可能受污染的伤口，应注射破伤风抗毒素。

2. 闭合性软组织损伤

常见的闭合性伤有挫伤、拉伤和扭伤。损伤部位包括肌肉、肌腱、筋膜、韧带和关节囊等。挫伤是由于打击、挤压、碰撞、摔跌等钝力直接作用于人体，使局部软组织受损而造成的；拉伤是由于突然而不协调的动作使肌肉、肌腱和筋膜或韧带受到过度牵拉所致；扭伤是因动作不慎，如整扭、拧转、挤压等使关节发生超长范围的活动，使韧带和关节囊受到损伤。

处理方法：

（1）减少或停止受伤肢体的局部活动或做局部固定，使受伤肢体得到休息。

（2）止血、防血肿。闭合性组织损伤后，均有内出血发生。所以，应尽快止血，防止血肿的形成。其止血方法一般采用冷敷、抬高伤肢、加压包扎等。

（3）活血祛瘀、消肿止痛。闭合性软组织损伤经 24～48 小时后，一般出血停止，这时进行轻度推拿按摩和热敷、理疗，达到活血祛瘀、消肿止痛的目的。

（4）加强功能锻炼。防止受伤肢体的粘连与萎缩，促进损伤组织的愈合，促进活动能力的恢复。

3. 疲劳性骨膜炎

肌肉不断收缩牵拉松弛出血，引起骨膜炎。胫腓骨是常发生疲劳性骨膜炎的部位。特别是冬季长跑，由足尖跑跳多，马路比较硬，腿部力量不足等原因所致。跑步时，后蹬疼痛是胫腓骨骨膜炎的特殊征象；局部出血，皮肤发红发热，有时局部水肿；有明显压痛，压痛区内能摸到骨面小结节。患小腿胫腓骨骨膜炎时，应减少跑量或停止长跑；包裹弹力绷带；按摩、理疗。

4. 关节脱位

在外力作用下，使关节面彼此失去正常的连接关系，称为关节脱位，又叫脱臼。关节脱位一般都会引起关节囊撕裂和关节周围的韧带肌腱及其附着组织的损伤。受伤后脱位关节疼痛、肿胀、出现畸形，活动功能丧失。严重者，有时可能使血管、神经受损或伴有骨折。

关节脱位后，首先进行止痛抗休克，然后固定脱位关节，不得使之移动，更不得随意使用整复手法。做简易处理后，护送到医院进行整复、治疗。

5. 骨折

由于外力的作用，破坏了骨的完整性和连接性称为骨折。骨折分为闭合性骨折和开放性骨折。

骨折发生后，肢体形态常发生改变，患部疼痛剧烈，有明显肿胀。骨折后，由于失去杠杆的支持作用，局部出现异常的假关节活动和骨擦音，导致功能障碍或丧失活动能力；严重骨折因疼痛、出血可能发生休克，甚至危及生命。

处理方法：

（1）止痛抗休克。骨折发生后，如有休克症状者，应先抗休克，取头低脚高平卧位、保暖；保持呼吸道畅通，给予止痛药。如受伤者昏迷不醒，可指掐人中、合谷穴使其苏醒。若发生开放性骨折大出血时，应迅速用止血带止血。

（2）伤口处理。开放性骨折的伤口要用消毒敷料覆盖包扎，但不能使骨折肢体发生移位。

（3）固定制动。用长短合适的夹板或代用品（木板、木棍、树枝）固定伤肢，或把伤肢与伤员的躯干固定在一起。固定时绷带包扎松紧要适度，以夹板固定不活动为宜。

切不可随意复位，以免加重损伤。

（4）安全护送到医院。

6. 脑震荡

脑震荡是指头部受到外力打击或碰撞以后，脑功能发生暂时性障碍。在运动损伤中，脑震荡较多发生在足球、拳击、投掷、体操等运动过程中。脑震荡发生时，受伤者会立即出现神志不清、意识丧失，一般在数分钟到半小时后方才清醒，脉搏、呼吸微弱，并有不同程度的头昏、头疼、恶心、呕吐等症状。

脑震荡发生后，应立即让受伤者平卧，绝对保持安静。严禁摇动、牵拉，不要随意移动位置。头部两侧用衣物填塞，以免左右摇晃，同时用毛巾浸湿冷敷头部，身体衣着要保暖。对神志不清者可用手指掐人中、合谷等穴，使其苏醒。病情严重者应立即送医院抢救。

（四）运动损伤的急救措施

运动损伤的急救，是对突然意外发生的运动损伤做初步临时性的紧急处理。其目的在于保护受伤者的生命安全，防止伤情加重、减轻疼痛、预防并发症，为进一步治疗创造条件。

1. 止血

运动损伤一般都有出血现象，及时止血是运动损伤急救处理的一个重要步骤，特别是对伴有大量出血的伤者。止血的方法很多，有抬高伤肢、指压、加压包扎、上止血带和冷敷等。

指压止血法有直接和间接两种。用手指直接压迫出血部位是直接指压止血法。采用这种方法手指接触到伤口，容易引起感染。间接指压法则是用手指将出血动脉近心端搏动的血管，压向流经的骨骼上，阻断血流，以达到止血的目的。这种方法操作简便、实用、效果好，但只是临时性的紧急措施，不适于长时间止血，也不便于搬运受伤者。因此还需使用止血带止血。

2. 包扎

包扎是用绷带、三角巾等物遮盖和固定损伤部位，它能起到压迫止血、保护伤口、减少感染、减少疼痛和固定敷料与夹板的作用。包扎时要求动作迅速、准确、轻巧，做到包扎部位严密牢固、松紧适度。

3. 搬运

受伤者经急救处理后，应迅速、安全地送到医院治疗。若搬运方法不当，会使伤情加剧或造成不良后果。搬运方法有徒手搬运和担架搬运两种，可根据伤情现场条件和设备选用。如对脊柱骨折者，应在担架上放置木板，置伤者于木板上再搬运。

第四节　课外学习安全

一、图书馆学习安全

　　高校图书馆在学生们的日常生活学习中占有举足轻重的地位，是一个学生进出频繁、人员密集且易燃物品多的公共场所。学生到图书馆看书要注意两个方面：一是了解图书馆的结构，特别记清图书馆的安全通道标志（图 1-1），一旦在图书馆学习中发生了意外事故，便可以迅速找到安全通道，以最快的速度逃离险境。二是注意看管好自己的财物。不少学生到图书馆后，习惯用书包、文具等先占座位，然后再去借书。然而等借书后回到座位时，会发现自己的书包、文具或者书包里的手机、钱夹等已不翼而飞了。

图 1-1　安全通道标志

阅读材料

　　2014 年 4 月 27 日下午，位于武汉市江夏区的某学院图书馆突然发生火灾，大火从 2 楼一直烧到了 4 楼，熊熊大火染红了半边天，滚滚浓烟腾起数十米高，江夏区消防中队派出 5 辆消防车，经过消防官兵奋战 30 多分钟终将大火扑灭，所幸起火楼层没有人员，未发生人员伤亡事故。

　　作为公共设施，为了便于读者阅览，各国图书馆在建筑上普遍都会采用宽开间、大纵深、高层高的模式，而这种形式的房间是不利于阻挡火势蔓延的。同时，厚重的纸质书，整齐地码放在从天到地的书架上，有些图书馆甚至还会使用密集书架，这就让房间里的可燃物非常的多、非常的密集，只要一点火苗燃起，很容易迅速扩散到整个房间，进而殃及邻近的房间，在很短时间内火势就会失控，形成大面积的火灾。

　　而自动喷淋系统，虽然作为常用的消防措施，对于图书馆而言却并不合适。因为这种喷淋装置往往是整个房间甚至多个房间一起动作，而消防水对于书籍本身也是一种伤害，如果是真的失火了还算必要的代价，倘若是因为报警装置错误动作就把一大堆书给喷成落汤鸡，就得不偿失了。即便使用 1211 等含卤素的灭火剂，依然存在污损书籍的问题。

　　此外，图书馆还是人群密集的公共场合，且人员往往比较分散，又不太可能受过统一的疏散训练。一旦遭遇火警，除了保护书籍之外，一项重要的工作就是在短时间内疏散馆中的人群，这也会占用起火后馆员们宝贵的救灾时间。

阅读材料

　　某高校保卫处一周内连续接到几起学生报案，诉称放在图书馆阅览室桌子上的东西被偷。保卫处派人到阅览室守候，很快将犯罪嫌疑人现场抓获。经审讯，该犯罪嫌疑人是某校毕业生，因其上学时就注意到学生在图书馆学习喜欢用书包等占座位这一现象且易于偷盗得手，故毕业后半年多时间里，他流窜于几所高校，作案三十多起。

　　由此可见，学生在图书馆看书也决不能有麻痹思想，如要起身借书或临时离开，一定要将贵重物品带在身上或交熟人看管，切不可有"只离开一会儿问题不大"的想法，等到东西被盗时才悔之晚矣。

　　预防图书馆安全事故的注意事项：

　　（1）馆内严禁烟火，要按上级防火要求安置防火设备，保证灭火器定期更换。消防设备无损坏，消防通道无阻碍。

　　（2）大学生要学习消防知识，牢记火警电话、消防器材使用方法。

　　（3）工作人员上、下班时要认真检查门窗、柜锁及水电设施确保安全，要定岗、定责。

　　（4）开馆时间工作人员不得随意离岗，须坚守岗位，履行职责。

　　（5）贵重书刊要严格借阅手续，随借随锁避免丢失。

　　（6）定期清理书刊、柜架，坚持每日保洁通风、避光，做好防火、防盗、防鼠、防虫、防晒、防霉、防潮等各项工作。

　　（7）自己的贵重物品要随身携带，注意看管，以防丢失。

二、教室自习安全

　　教室（含语音室、多媒体教室、计算机房等）是上课、自习、答疑和考试等教学活动的主要场所，为了创造文明、优雅、整洁、安全的教书和育人环境，需制定管理制度来保证安全。教室自习的安全问题除了和图书馆看书被盗情况类似外，最大的安全隐患就是女生容易遭遇骚扰，及用电用火安全。

阅读材料

　　某高校保卫处接学生报案，称其一个人正在某教室学习，进来一名像学生的男子，她没在意继续看书，可过一会她听到身后有窸窸窣窣的声音，她回头一看，大吃一惊，只见那名男子站在她身后将裤子褪下。惊吓之余，该女生撒腿跑出教室。经了解，还有其他女生遇到过这种"露阴"骚扰。接案后，保卫处经过努力终将该男子抓获。据查，该男子为本校某专业大二学生，其上中学时就有此恶习，虽经治疗，效果不大。后为维护校园安全，学校将其开除。

女学生在遇到类似情况时应怎么办呢？一是不要害怕惊慌，应大声严厉斥责。如果犯罪嫌疑人动手动脚，则除了大声严厉斥责外，还要极力反抗，并伺机逃离现场，立即向校保卫部门报案或求救于附近老师、同学，将犯罪嫌疑人抓获。二是避免一个人在偏僻的教室学习，不给犯罪分子以可乘之机；如果教室里有三四人以上，犯罪分子就不敢轻举妄动。三是女生在教室上晚自习不可太迟，如果一定要学得很晚，就要和其他同学结伴而行，实在无伴且感到有危险时，可与校保卫部门联系，请求保卫人员护送。

另外在教室内自习，有许多看起来细微的事情值得学生们注意，否则，在教室里也同样容易发生危险。以下就是学生们需要注意的几点（图1-2）：

（1）防磕碰。目前大多数教室空间比较狭小，又置放了许多桌椅、饮水机等用品，所以不应在教室中追逐、打闹，做剧烈的运动和游戏，防止磕碰受伤。

（2）防滑、防摔。教室地板比较光滑的，要注意防止滑倒受伤。

（3）防坠落。无论教室是否处于高层，都不要将身体探出阳台或者窗外，谨防不慎发生坠楼的危险。

（4）防挤压。教室的门、窗户在开关时容易压到手，也应当处处小心，要轻轻地开关门窗，还要先留意会不会夹到他人的手。

（5）防火灾。不带打火机、火柴、烟花爆竹、小鞭炮等危险物品进校园，杜绝玩火、燃放烟花爆竹等行为。

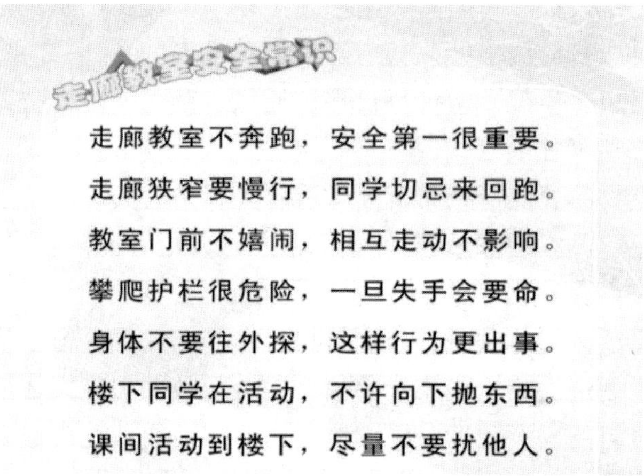

走廊教室安全常识

走廊教室不奔跑，安全第一很重要。

走廊狭窄要慢行，同学切忌来回跑。

教室门前不嬉闹，相互走动不影响。

攀爬护栏很危险，一旦失手会要命。

身体不要往外探，这样行为更出事。

楼下同学在活动，不许向下抛东西。

课间活动到楼下，尽量不要扰他人。

图1-2　走廊教室安全常识

第二章　生活安全

在人的一生中美好的大学时光充满希望，高校校园正因有一群朝气活力的年轻人而生机勃勃，同时开放的大学校园环境与当地社会有千丝万缕的联系，在校园内外都有一些大学生必须关注的生活安全问题。

第一节　饮食安全

健康是人们生活、学习和工作的基础，卫生的饮食和良好的生活习惯对健康有重要的影响，我们大学生也应重视如何科学饮食、正确饮食。在日常生活的饮食中，我们除要根据自身的情况合理调配食谱外，更应加倍注意食物安全问题。

阅读材料

2016 年 2 月 19 日，国家卫生计生委办公厅发布 2015 年全国食物中毒事件的情况：公共卫生事件管理信息系统共收到 28 个省（自治区、直辖市）食物中毒类突发公共卫生事件（以下简称食物中毒事件）报告 169 起，中毒 5926 人，死亡 121 人。与 2014 年相比，报告起数、中毒人数和死亡人数分别增加 5.6%、4.8% 和 10.0%。2015 年无重大食物中毒事件报告。报告食物中毒较大事件 76 起，中毒 676 人，死亡 121 人；一般事件 93 起，中毒 5250 人。

一、食品安全常识

（一）食品的定义

2015 年发布的《中华人民共和国食品安全法》中做出明确表述，食品是指各种供人食用或饮用的成品和原料以及按照传统既是食品又是药品的物品，但不包括以治疗为目的的物品。食品一般包括天然食品、半成品和加工食品。

（二）食品标签

食品标签是指预包装食品容器上的文字、图形、符号以及一切说明物。我们通过食品标签来判断食品的质量情况，重点要注意以下几点内容：

（1）查看食品标签的内容齐全情况，所有生产的食品按我国相关标准规范正确齐全地进行标注。

（2）查看食品标签本身完整情况，标签不得与外部包装分开，在流通环节中上述内容不得模糊或脱落，标签内容一般要醒目、易于辨认和识读。

（3）查看标签规范情况，在国内销售的食品，标签所用文字必须规范，名称必须位于醒目位置，如使用汉语拼音，需拼写正确，不得大于相应的汉字，亦可同时使用少数民族文字或外文，但必须与汉字有严密的对应关系，相应文字不得大于相应汉字。

（4）标签内容是否真实，食品标签的所有内容，不得以错误的、容易引起误解或欺骗性的方式描述或介绍食品。

（三）无公害农产品、绿色食品与有机食品的区别

随着对餐桌安全的重视，人们在购买食品时也逐渐挑选经过有关部门认定的商品。目前市场上的"有机食品""绿色食品""无公害农产品"等是由不同部门针对食品安全设置的不同认定标准。有机食品、绿色食品、无公害农产品都是安全食品，安全是这三类食品突出的共性。它们在种植、收获、加工生产、贮藏及运输过程中都采用了无污染的工艺技术，实行了从土地到餐桌的全程质量控制。

无公害农产品是指有毒物质残留量控制在安全质量允许范围内，经有关部门认定，安全质量指标符合无公害农产品（食品）标准的农、牧、渔产品（食用类，不包括深加工的食品）。广义的无公害农产品包括有机农产品、自然食品、生态食品、绿色食品、无污染食品等。这类产品生产过程中允许限量、限品种、限时间地使用人工合成的安全的化学农药、兽药、肥料、饲料添加剂等，它符合国家食品卫生标准，但比绿色食品标准要宽。无公害农产品是保证人们对食品质量安全最基本的需要，是最基本的市场准入条件，普通食品都应达到这一要求。无公害农产品认证分为产地认定和产品认证。无公害农产品由农业部门认证，其标志的使用期为3年。

绿色食品是遵循持续发展原则，按照特定生产方式生产，经专门机构认定、许可，使用绿色食品标志的无污染的安全、优质、营养类食品。我国的绿色食品分为 A 级和 AA 级两种，其中 A 级绿色食品生产中允许限量使用化学合成生产材料，AA 级绿色食品则较为严格地要求在生产过程中不使用化学合成的肥料、农药、兽药、饲料添加剂、食品添加剂和其他有害于环境和健康的物质。按照农业部发布的行业标准，AA 级绿色食品等同于有机食品。从本质上讲，绿色食品是从普通食品向有机食品发展的一种过渡性产品。绿色食品标志的使用期为3年。

有机食品是指来自于有机农业生产体系，根据国际有机农业生产要求和相应的标准生产加工的，并通过独立的有机食品认证机构认证的农副产品，包括粮食、蔬菜、水果、奶制品、禽畜产品、蜂蜜、水产品、调料等。有机食品与其他食品的区别主要有三个方面：有机食品在生产加工过程中绝对禁止使用农药、化肥、激素等人工合成物质，并且不允许使用基因工程技术，其他食品则允许有限使用这些物质，并且不禁止使用基因工程技术。如绿色食品对基因工程技术和辐射技术的使用就未做规定，有机食品在土地生产转型方面有严格规定。考虑到某些物质在环境中会残留相当一段时间，土地从生产其他食品到生产有机食品和无公害食品需要两到三年的转换期，而生产绿色食品则没有转

换期的要求。

（四）食品添加剂

食品添加剂是指为改善食品品质和色、香、味，以及为防腐和加工工艺的需要而加入食品中的天然或化学合成物质。食品添加剂一般可以不是食物，也不一定有营养价值，但必须符合上述的定义，即不影响食品的营养价值，且具有防止食品腐败变质、增强食品感官性状或提高食品质量的作用。目前使用的大多属于化学合成食品添加剂。按用途上我国《食品添加剂使用卫生标准》将其分为 22 类：防腐剂、抗氧化剂、发色剂、漂白剂、酸味剂、凝固剂、疏松剂、增稠剂、消泡剂、甜味剂、着色剂、乳化剂、品质改良剂、抗结剂、增味剂、酶制剂、被膜剂、发泡剂、保鲜剂、香料、营养强化剂以及其他添加剂。

（五）食品防腐剂

1. 食品防腐的必要性

生鲜食品在存放过程中，食物与外界发生了反应，被空气、光和热氧化，产生异味和过氧化物，有致癌作用。例如，肉类被微生物污染，使蛋白质分解，产生有害物腐胺、组胺、色胺等，是食物中毒的重要原因。食物未进行保鲜处理保存在冰箱中，仍会腐败变质，只是速度放慢而已。为防止微生物的侵袭，食品必须进行防腐处理，不过是除菌、灭菌、防菌、抑菌不同的手段而已。

2. 化学防腐剂的规范使用是安全的

全世界普遍采用的各种防腐剂中，仍以化学合成的苯甲酸钠、山梨酸钾、丙酸盐为主。我国规定的限量标准比国际标准还要严格得多。例如，苯甲酸钠在国际上每日容许摄入量（allowable daily intake，ADI）值为 0~5，相当于 60 千克成人的终身摄入无害剂量，每天为 0~300 毫克，而我国规定在饮料中为 200 毫克／千克，即一个成年人每天喝 500 毫升饮料，苯甲酸钠也仅为 100 毫克，远低于国际规定的 ADI 值。

3. 防腐剂认识的误区

人们认为纯天然食物不应添加任何防腐抗氧剂，其实市场上所有加工的食品，为了防止腐败变质，均经过了防腐处理，只是方法不同罢了。例如，罐头食品是经过高温杀菌、抽空密封保存的食品，隔绝了与外部环境的接触，所以就没添加防腐剂；牛奶经乳酸菌发酵生成的酸奶，乳酸和乳酸菌素有防腐功效，就不再添加防腐剂，以上食品均不需再添加任何防腐剂，也不必在包装上去注明"本产品不含防腐剂"。

（六）食品的保质期和保存期

保质期（最佳食用期）是指在标签上规定的条件下，保持食品质量（品质）的期限。在此期限，食品完全适于销售，并符合标签上或产品标准中所规定的质量（品质）；超过此期限，在一定时间内食品仍然是可以食用的。

保存期（推荐的最终食用期）是指在标签上规定的条件下，食品可以食用的最终日期，超过此期限，产品质量（品质）可能发生变化，食品不再适于销售和食用。

过保存期的食品一定不能吃，千万不要购买超过保存期的预包装食品。虽然过保质期的食品未必不能吃，但从饮食健康角度来讲，建议消费者尽量购买新鲜日期的食品。

二、科学饮食

（一）维生素和矿物质

维生素和矿物质是人身体健康必不可少的物质，这些物质可以从食物中直接获取。维生素和矿物质有如下作用：

（1）避免各类癌症的攻击；

（2）减少心脏和循环系统疾病；

（3）降低胆固醇；

（4）改善血液循环；

（5）作为抗氧化剂，可以延缓衰老；

（6）增强免疫系统有效性；

（7）保护机体免受环境污染和食物补品的危害；

（8）抵御感染；

（9）防止贫血；

（10）解除有害物质的毒素；

（11）去除有毒金属，如汞和镉；

（12）减轻风湿性关节炎的症状；

（13）减轻对甜食的渴求，从而有助于减肥；

（14）保持肌肤健康。

维生素能延长寿命。日常饮食中的某些物质有助于延缓衰老进程。这类物质中最常见的是维生素 C、维生素 E、β-胡萝卜素及诸如铁、硒和锌之类的矿物质。

（二）食物不均衡的维生素缺乏

由于人们生活水平的显著提高，营养过剩变成了时髦病，伴随而来的糖尿病、高血压、痛风、心脑血管病成了困扰现代人生命健康的常见病、多发病。现在列举几种营养不均衡导致的问题表现，主要是以下几个方面：

一是维生素类摄入不足，特别是维生素 C 缺乏。

二是膳食中纤维素比重降低，增加了大肠癌、胆囊炎、胆石症等的发病率。

三是今日社会以高糖、高脂肪、高蛋白为特征的营养素配比，属于新的营养不良，因为从"三高"物质本质上说是摄入营养素不平衡。

四是粗粮、蔬菜等摄入不足，导致矿物质微量元素缺乏。

特别是维生素缺乏症，多见于现代社会中生活节奏快、工作高度紧张的中青年人。

他们当中许多人，忽视正常的三餐，饮食的热量、脂肪勉强能够满足人体需要，但蛋白质和蔬菜、水果则相对不足，极易引起维生素缺乏症，使机体内许多酶的代谢活性下降，免疫力低下，抗病能力差。因为蔬菜、水果是人体维生素 C、维生素 B 族、维生素 P 和 β-胡萝卜素的主要来源，在人体维生素 A 摄入不足时，其中 β-胡萝卜素还可以转化为维生素 A。

我们都知道，维生素 C 和维生素 A 是增强机体抵抗力的重要元素，维生素 C 不足，人体就会特别容易疲乏，导致坏血病、皮肤溃疡等。在人体中起着重要抗氧化作用、清除代谢所产生的有害氧自由基、延缓衰老的也是以 β-胡萝卜素、维生素 C、维生素 E 等为代表的维生素一族。它们还被证实在预防癌症、心血管疾病、白内障和促进儿童生长发育、减少感染性疾病方面起着决定性影响。

专家建议，每天应食用 500 克水果和蔬菜，以保证维生素 C 和 β-胡萝卜素等维生素的摄入量。如果长期饮食不合理，会导致各种维生素、矿物质和微量元素的缺乏。因此我们应该采取有效措施弥补这一缺陷，适当补充新鲜蔬菜、水果等。

其实，我国传统的以谷物、蔬菜为主的高纤维、高碳水化合物、低脂肪的膳食结构是较为适合人体代谢需要的，在此基础上稍补充优质蛋白质即可。西方国家高脂肪、高蛋白、高热量、低纤维素的膳食结构，不利于身体健康，这是已被大量事实证明的。

西方国家居民的经济环境和生活因素，在上述食物的同时补充各种水果和果汁，弥补了其所需要的维生素 C 和 β-胡萝卜素等营养素。建议大学生不要只偏爱西方人的高热量食品，又不补充大量水果，否则极易导致维生素缺乏症。饮食习惯对健康是一个日积月累的过程，这需要高度警惕和重视。所以，大学生在个人饮食方面最好远离不健康习惯，更不能一日三餐以方便面、面包之类充饥了事，否则时间一长会疾病上身。

（三）青少年膳食指南

（1）多吃谷类，供给充足能量。谷类是我国膳食中主要的能量和蛋白质来源，青少年能量需要量大，每日需 400～500 克，可因活动量的大小有所不同。

（2）保证鱼、肉、蛋、奶、豆类和蔬菜的摄入。这些物质含有丰富的蛋白质和钙。蛋白质是组成器官增长及调节生长发育和性成熟的各种激素的原料。蛋白质摄入不足会影响青少年的生长发育。

（3）多参加体力活动，避免盲目节食。

（四）女学生月经期间的饮食

女性的益颜健体饮食调养的原则之一，就是与月经周期变化相吻合的"周期饮食"。不少女生，在月经来潮的前几天（月经前期）会有一些不舒服的症状，如抑郁、忧虑、情绪紧张、失眠、易怒、烦躁不安、疲劳等。一般认为，这与体内雌激素、孕激素的比例失调有关。此时，女生可选择既有益于皮肤美容作用，又能补气、疏肝、调节不良情绪的食品、药品，如卷心菜、柚子、瘦猪肉、芹菜、粳米、鸭蛋、炒白术、淮山药、苡米、百合、金丝瓜、冬瓜、海带、海参、胡萝卜、白萝卜、胡桃仁、黑木耳、蘑菇等。

在月经来潮时，可出现食欲差、腰酸、疲劳等症状。此时，宜选用既有益肤美容作用，又对"经水之行"有益的食品、药品。宜选用的食品与药品有：羊肉、鸡肉、红枣、豆腐皮、苹果、苡仁、牛肉、牛奶、鸡蛋、红糖、益母草、当归、熟地、桃花等。

月经来潮时，要丢失一部分血液。血液的主要成分有血浆蛋白、钾、铁、钙、镁等无机盐。这就是说，每次来月经都会丢失一部分蛋白质与无机盐。因此，从原则上讲，月经干净之后的1～5天（月经期后），应补充蛋白质、矿物质等营养物质及用一些补血药。在此期间可选用既可美容又有补血活血作用的食品与药品：牛奶、鸡蛋、鹌鹑蛋、牛肉、羊肉、猪胰、芡实、菠菜、樱桃、龙眼肉、荔枝肉、胡萝卜、苹果、当归、红花、桃花、熟地、黄精等。

（五）饮食改善免疫力

人体的免疫力大多跟先天遗传基因有关，但是后天的环境也对其影响关键。一个人的饮食习惯能影响自身的免疫系统构建，影响免疫能力的大小。食物中的重要营养素成分是关键因素，必须均衡，否则将会严重影响自身的免疫系统机能。下面介绍部分营养素参与人体免疫方面的作用：

（1）蛋白质是构成白细胞和抗体的主要成分。实验证明蛋白质严重缺乏会使免疫细胞中的淋巴球数目大减，造成严重免疫机能下降。

（2）营养素中维生素 C、维生素 B_6、β-胡萝卜素和维生素 E 与免疫力关系密切。维生素 C 能刺激身体制造干扰素（一种抗癌活性物质），用来破坏病毒以减少白细胞与病毒的结合，保持白细胞的数目。一般人感冒时白细胞中的维生素 C 会急速地消耗，因此感冒期间必须大量补充维生素 C，以增强免疫力。

（3）维生素 B_6 缺乏时，会引起免疫系统的退化。

（4）维生素 E 能增加抗体，以清除滤过性病毒、细菌和癌细胞，而且维生素 E 也能维持白细胞的恒定，防止白细胞细胞膜产生过氧化反应。

（5）β-胡萝卜素缺乏时，会严重减弱身体对病菌的抵抗力。

除此之外，营养素中的叶酸、维生素 B_{12}、烟碱酸、泛酸和铁、锌等矿物质都和免疫能力有关联，人体缺乏时都会影响免疫机能。因此各类营养素的摄取必须十分充足，这样才能使我们的免疫系统强壮起来。

（六）盲目节食害处多

盲目节食会导致各种维生素的摄入量不足。谷类中含有丰富的 B 族维生素，特别是维生素 B_2，缺乏时会发生口角炎、舌炎；蔬菜中含有大量维生素 C，缺乏时可导致坏血病；维生素 D 缺乏可引起骨代谢异常，长不高或骨骼变形；维生素 A 缺乏可出现夜盲症。

节食可造成各种无机盐类及微量元素缺乏。钙、磷摄入不足或比例不当会直接影响骨骼发育；缺铁可导致贫血；缺锌可影响人体生长和性腺发育。

（七）日常生活中怎样注意饮食卫生

日常生活中要注意饮食卫生，否则就会传染疾病，危害健康，"病从口入"这句话讲的就是这个道理，要注意：

（1）养成饭前便后洗手的习惯。

（2）不喝生水。

（3）生吃瓜果要洗净。

（4）不吃腐烂变质的食物。

（5）正规商店超市购买食品。

三、食品污染

阅读材料

　　2017 年 4 月 23 日，消费者杨某在渭南市富平县一卤肉店购买卤猪蹄 2 斤（1 斤=0.5 千克），其侄子、侄女食用后出现嘴唇、手指发紫症状，经西安市儿童医院诊断为亚硝酸盐中毒。4 月 25 日，富平县市场监督管理局对店内的猪蹄和杨某家中剩余的猪蹄进行化验检测，两份送检样品的亚硝酸盐含量均超出国家标准。

（一）食品污染的来源

根据污染食品中有害因素的性质，食品污染的来源可概括分为以下三大类。

1. 生物性污染

（1）微生物污染：如细菌及其毒素的污染，霉菌及其毒素的污染。

（2）寄生虫及虫卵的污染：如蛔虫、绦虫、旋毛虫等。

（3）昆虫污染：如粮食中的甲虫类、蛾类、螨类等，肉、鱼、酱、咸菜中的蛆、蝇等。

2. 化学性污染

（1）金属与非金属：汞、镉、铅、砷、氟等。

（2）有机物：有机磷、有机氯、除虫菊酯等。

（3）无机物：亚硝酸盐、亚硝胺等。

3. 放射性污染

（1）电离辐射。

（2）食品中的放射性核素。

（二）污染的食品对人体的危害

有害物质对食品的污染种类繁多，性质各异，污染的方式和程度也是多种多样的。对食品污染的有害物质因种类和数量不同，对人体所造成的危害也有很大的不同，概括起来有下列几种情况。

1. 急性中毒

食品被大量的微生物及其产生的毒素或化学性物质污染，进入人体后可引起急性中毒。

2. 慢性中毒

食物被某些有害物质污染，其含量虽少，但如果长期连续地通过食物进入人体，可引起机体的慢性中毒。

3. 致突变作用

食品中的某些污染物能引起生殖细胞和体细胞的突变，不论其突变的性质如何，一般都是这种化学物质毒性的一种表现。

4. 致畸作用

某些食品污染物，在动物胚胎的细胞分化和器官形成过程中，可使胚胎发育异常。

5. 致癌作用

目前具有或怀疑有致癌作用的物质约为数百种，常见污染食品的为数也不少，如多环芳烃、芳香胺类、氧胺类、亚硝胺化合物、黄曲霉毒素、天然致癌物以及砷、镉、镍、铅等。

（三）正确处理和预防食品污染

1. 低温保藏食品注意事项及最佳方法

低温保藏无论是冷却（0℃左右）还是冷冻（−18℃以下），一般只能抑制微生物的生长繁殖和酶的活力，多不能杀灭微生物和破坏酶。因此在日常生活中低温保藏食品时应注意下列问题：①低温保藏的时间应有一定的期限，最好标明冷藏的日期。②食品冷藏前，应尽量保持新鲜防止污染，尽量减少机械性破损。③对各种类型的冷藏设备，必须有可靠的温度控制装置，保证冷藏温度，同时要严格防止污染食品。④食品长期冷藏时，注意要分类存放，并留有间距，应定期检查食品质量，特别注意脂肪酸和蔬菜霉变迹象。

食品冷藏时以采用急速冻结和缓慢解冻的方法为宜。速冻可使食品组织快速冻结，尽快通过对组织细胞有损害的冰晶形成的温度范围−5~0℃，减少组织破损，同时还可以提高微生物的死亡率。缓慢解冻，可以防止食品中营养物质的外溢，食品可恢复原有的鲜度性状。微波炉解冻也不失为一种好的解冻方法。解冻过程中还应注意卫生条件，防止微生物的污染。

2. 高温保藏食品方法

微生物对热敏感，食品经高温处理包括炒、炸、焙、烤等工艺杀死其中的大部分微生物，破坏了酶的活性或加以真空、密闭、冷却等手段，使食品提高保存时间。这是人类最基本的食物保存手段。

高温保存方式有：①炉灶，为最普遍的一种保存方式。②烘烤，可以直火烘烤，也可以用红外线加热。③微波加热，微波炉已逐渐进入城市家庭。④蒸汽加热。

3. 正确使用脱水

水分是微生物赖以存活的物质。在绝对无水的情况下，任何生物都无法存活，水分多少与微生物存活繁殖有关，在有水分的情况下酶才有活性，水分是食物腐败的主要因素之一。脱水保藏在于把食品中水分降低到足以抑制微生物的生长繁殖，防止腐败的程度。

脱水保藏方法：①日晒或阴干法，即食品直接日晒或在没有阳光直射下自然干燥的方法。②利用加热烘干食品。③利用热气流蒸发干燥。④喷雾干燥。⑤热风干燥。⑥减压蒸发。⑦真空干燥。⑧冷冻干燥。

预防食品发霉：①控制水分：把食物含水量降低到霉菌不能生长的最低程度。②降温：低温贮藏是保存食品的好办法，但是湿度应在 10% 以下。③隔氧：如对密封堆垛充填惰性气体（氮气或二氧化碳）。

四、食物中毒

阅读材料

2016 年 6 月 23 日，粤北翁源县发生 5 人（1 名成人，4 名青少年儿童）误食野生蘑菇的严重中毒事件，其中造成 2 人死亡，3 人在重症监护室（intensive care unit，ICU）抢救。

2016 年 8 月 6 日晚，11 名消费者在厦门湖里区某小炒店就餐后，发生疑似食物中毒症状。根据对所有病例的样本检测结果及剩余食物花蛤样本的检测结果，监管部门推断本次事件性质为：由摄入受污染的花蛤而导致的食物中毒。事件发生的诱因可能是餐馆食物加热不彻底，导致食品中的致病性微生物含量超过食品安全标准限量。

2017 年 2 月 27 日，广州真光中学大量学生出现腹、泻呕吐等不适症状，到医院就诊疑似诺如病毒传染。

（一）食物中毒后人体的反应

（1）发病过程急骤，呈急性暴发过程，潜伏期短而生病集中，一般在 24～48 小时发病。集体暴发性食物中毒时，有很多人在短时间内同时发病或食后相继发病。

（2）患者有共同的食物史，发病与食用有毒食物有明显的因果关系，病人在相近的时间内都吃过一种或几种有毒食物，发病范围局限于食用该种有毒食物的人群中，未进食这种食物的人不发病，停止食用这种有毒食物后，发病就很快停止。

（3）症状相似，所有病人的临床表现基本相似，多见急性胃炎症状，如恶心、呕吐、腹疼、腹泻等，所以一般胃肠道症状是食物中毒的早期症状。

（4）不传染、无余波，没有人与人之间的直接和链锁传染，所以发病曲线常于发病后呈突然急剧上升又迅速下降的趋势，无传染病所具有的拖尾余波。

以上特点，在集体暴发性食物中毒时比较明显，而散发性病例易被忽略，学生要注意。

（二）如何防止食物中毒

要防止食物中毒，应该在日常生活中注意一些问题：

（1）个人要养成良好的卫生习惯，养成饭前、便后洗手的卫生习惯。外出不便洗手时可以用酒精棉、消毒餐巾、杀菌湿纸巾等进行擦手。

（2）餐具要卫生，每个人要有自己的专用餐具，饭后将餐具洗干净存放在一个干净的塑料袋内或纱布袋内。

（3）饮食要卫生，生吃的蔬菜、瓜果、梨桃之类的食物一定要洗净皮。不要吃隔夜变味的饭菜。不要食用腐烂变质的食物和病死的禽、畜肉。剩饭菜食用前一定要热透。

（4）生、熟食品要分开，切过生食的刀和案板一定不能再切熟食，摸过生肉的手一定要洗净再去拿熟肉，避免生熟食品交叉污染。

（5）对不熟悉的野生动物不要随意猎捕食用，海蜇等产品宜用饱和食盐水浸泡保存，食用前应冲洗干净。扁豆一定要焖熟后食用。

（6）服用药品时一定要遵照医嘱服用，切不可超剂量服用，以免造成药物中毒。药物同时服用要遵医嘱，避免混合产生副作用。

（三）常见中毒情况

1. 蘑菇中毒

一旦误食中毒，要立即催吐、洗胃、导泻。对中毒不久而无明显呕吐者，可先用手指、筷子等刺激其舌根部催吐，然后用 1∶2000～5000 高锰酸钾溶液、浓茶水或 0.5%活性炭混悬液等反复洗胃。让中毒者大量饮用温开水或稀盐水，以减少毒素的吸收。

2. 细菌性中毒

食物在制作、储运、出售过程中处理不当会被细菌污染。食用这样的食物会导致细菌性食物中毒，中毒催吐后如胃内容物已呕吐完但仍恶心呕吐不止，可用生姜汁 1 匙加糖冲服，以止呕吐。生大蒜 4～5 瓣，每天生吃 2～3 次，几天内尽量少吃油腻食物。

3. 亚硝酸盐中毒

误食亚硝酸盐的人通常会出现胸闷憋气、发绀的现象。一旦发生亚硝酸盐中毒应立即抢救，迅速灌肠、洗胃、导泻，让中毒者大量饮水。患者一定要卧床休息，注意保暖。应将患者置于空气新鲜、通风良好的环境中。

4. 扁豆中毒

扁豆中含有皂素等有害物，如果吃了加热不透的扁豆，半小时到几小时就可发生中毒，表现为恶心呕吐，血细胞增高。食用急火炒或凉拌的扁豆发生中毒者多。中毒轻者经过休息可自行恢复，用甘草、绿豆适量煎汤当茶饮，有一定的解毒作用。

5. 服安眠药过量

服用过量安眠药会引起急性中毒，轻者有头痛、嗜睡、眩晕、恶心、呕吐等表现；重者会出现昏睡不醒、体温下降、脉搏弱等症状。服药早期，可先喝几口淡盐水，然后催吐；若服药已超过 6 小时，应口服导泻药，促使药物排出。有条件的可给予吸氧，还可刺激其人中、涌泉、合谷、百合等穴位。

（四）食物中毒如何自救

（1）注意个人卫生，生吃瓜果要认真清洗，并将腐烂部分摒弃。饭前便后要用清洁用品洗手。

（2）在外就餐时尽量不要选择无证无照的"路边摊"，而要去卫生条件好、管理严格的饭馆，就餐时如发现食物有异味要马上停止食用。

（3）一旦吃过东西后胃里有不舒服的感觉，马上用手指或筷子等帮助催吐，并及时到医疗机构寻求救治。

（4）自己制作的食物要做到生熟分开，尤其是案板、刀具等直接接触食物的用具；做好烹饪用具的消毒；食物要密闭存放，减少被外界污染的机会。

（5）在外就餐要吃经过长时间高温蒸煮后的食物。

第二节 疾病的预防

一、用药安全常识

（一）购买药品应注意的事项

（1）不擅自用药，确实要用药，需到有《药品经营许可证》的药店购药，并要求药店开具票据。

（2）仔细查看药品标签或说明书。标签或说明书必须注明药品的通用名称、成分、规格、生产企业、批准文号、产品批号、生产日期、有效期、适应证或者功能主治、用法、用量禁忌、不良反应和注意事项。产品批号、生产日期、有效期标识不全的药品不能购买。

（3）不要盲目随从广告。《中华人民共和国药品管理法》（简称《药品管理法》）对药品广告做出了严格规定。谨防神乎其神的药品广告，留心该广告可能存在虚假内容。

（4）不要轻信销售人员的推荐之辞。用药前最好咨询医生，请医生开具处方，到药店购药。

（5）慎重对待做活动售药、赠药、邮购药品。谨防一些不法药商利用集会、赠药以及邮购等手段，兜售假劣药品和保健品欺骗患者。

（6）了解药品的相关知识。例如，药品批准文号，目前市场上药品批准文号为：国药准字 H（Z、S、J）+8 位阿拉伯数字组成，其中 H 代表化学药品，Z 代表中药，S 代表生物制品，J 代表进口药品分包装。进口药品注册证号由字母 H（Z、S）+8 位阿拉伯数字组成，其中 H 代表化学药品，Z 代表中药，S 代表生物制品。凡在中国境内销售和使用的药品，包装、标签所用文字必须以中文为主。有关药品批准文号可以到国家食品药品监督管理总局网站上查询。

（二）常用药的用药方法

用药方法又称给药途径或给药方法。常用的用药方法有以下几种。

（1）口服。药物口服后，可经过胃肠道吸收而作用于全身，或留在胃肠道作用于胃肠局部。口服是较方便的用药方法，也是最常用的，适用于大多数药物和病人。

（2）注射。注射用药分为皮下、肌内、静脉、鞘内注射等数种。皮下注射，即将药物注射在皮下结缔组织内，常在做皮肤试验时使用。肌内注射，即将药物注射于肌肉内（多在臀部肌肉内），油剂、混悬剂、刺激性药物均宜用肌注。静脉注射，用量可较大，并且奏效快，常用于急救情况，使用危险性较大。用药量如果更大，可采用输液法，使药液缓慢流入静脉内。在药物不能进入脊髓液或不能很快达到所需浓度时，可采用鞘内注射。

（3）舌下用药。只适用于少数容易穿透黏膜的药物，起效快且有效，如舌下含服硝酸甘油可较快缓解心绞痛。

（4）吸入用药。药物通过扩散自肺泡进入血液，其起效速度与吸入气体中的药物浓度有关。

（5）局部用药。例如，涂擦、撒粉、喷雾、含嗽、湿敷、洗涤、滴入等方法，主要在局部发挥作用。

（三）滥用药物的危害

滥用药物，就是无针对性地用药，会引起各种不同程度的危害。

（1）滥用抗生素。这是指不注意抗生素的适应证，一有伤风感冒等小痛小病就使用抗生素，这很可能引起过敏、二重感染、耐药性等情况。

（2）滥用解热镇痛药。这不仅易使有些人对解热镇痛药形成依赖性，且可导致许多严重的药源性疾病。

（3）滥用补药。这个问题比较普遍，有些人迷信人参、鹿茸、维生素与矿物质等所谓的补药，认为这类药品有益无害，其实不然，无针对性、无时限、过量地服用这类药品，对人体可能会有害处。

（4）不合理的联合用药。根据治疗的需要，联合用药是必要的，但使用的药物越多，产生不良反应的可能性就越大。因此，应尽量避免不合理的联合用药。

（四）如何识别家庭贮备药品是否变质

有些药品观察其外观形状便可判断出其内在质量是否发生了变化，现简要介绍如下：

（1）片剂：白色片变黄；有色片颜色加深，并有斑点；有疏松、裂片、粘连、异臭等现象时，说明药片已潮解或发霉、变质，不可再用；糖衣片稍褪色时尚可考虑继续使用，若已全部褪色或糖衣发黑，出现严重花斑、发霉、糖衣层裂开、粘连等情况时，则不宜再用。

（2）胶囊剂：若出现破裂、变色、粘连、结块、发霉等情况时，不宜再用。

（3）水剂（包括眼药水、滴鼻剂、滴耳剂）：若有结晶、沉淀、混浊、霉点、变色等，不可再用。

（4）针剂：若出现浑浊、沉淀、结晶析出、变色或霉点等现象则不应使用。

（5）糖浆剂、合剂、口服液：若有析水、沉淀、混浊、霉变等现象及嗅之有异味，打开后有气泡产生，说明已变质。

（6）软膏剂：若出现膏质油水分离、结晶析出，有酸败、异臭，则不能使用。

（7）中药：不少家庭贮备了人参、燕窝、鹿茸等贵重中药，若贮存不当会出现霉烂、虫蛀等变质现象，则不宜再用。

变质药品不能再使用。在不能确定药品是否变质时应送到药品检验机构进行检验。

二、流行性疾病的基本特征和传播方式

高校是人员密集、交流频繁、周边环境需要重点整治的场所，各种传染病容易在校园内流行，如果我们不加重视，将会产生严重的后果，必须防患于未然。所以，大学生要自觉预防流行性传染疾病。

（一）什么是传染病

传染病是由各种病原体所引起的一组具有传染性的疾病。病原体通过某种方式在人群中传播，常造成传染病流行。这将对人的生命健康和国家经济建设产生极大危害。

（二）传染病的基本特征

（1）有病原体。每种传染病都有其特异的病原体，包括病毒、立克次氏体、细菌、真菌、螺旋体、原虫等。

（2）有传染性。病原体从宿主排出体外，通过一定方式，到达新的易感染者体内，呈现出一定传染性，其传染强度与病原体种类、数量、毒力、易感者的免疫状态等有关。

（3）有流行性、地方性、季节性。

第一，流行性，按传染病流行病过程的强度和广度分为以下几种。

散发：是指传染病在人群中散在发生。

流行：是指某一地区或某一单位，在某一时期内，某种传染病的发病率超过了历年同期的发病水平。

大流行：指某种传染病在一个短时期内迅速传播、蔓延，超过了一般的流行强度。

暴发：指某一局部地区或单位，在短期内突然出现众多的患有同一种疾病的病人。

第二，地方性是指某些传染病或寄生虫病，其中间宿主受地理条件、气温条件变化的影响，常局限于一定的地理范围内发生，如虫媒传染病、自然疫源性疾病。

第三，季节性是指传染病的发病率，在年度内有季节性升高。此与温度、湿度的改变有关。

（4）有免疫性。传染病痊愈后，人体对同一种传染病病原体产生不感受性，称为免疫。不同的传染病、病后免疫状态有所不同，有的传染病患病一次后可终身免疫，有的还可感染。

（三）传染病的传播途径

病原体从传染源排出体外，经过一定的传播方式，到达与侵入新的易感者的过程，被称为传播途径。主要分为四种传播方式。

1. 水与食物传播

病原体借粪便排出体外，污染水和食物，易感者通过污染的水和食物受染。菌痢、伤寒、霍乱、甲型肝炎等病通过此方式传播。

2. 空气飞沫传播

病原体由传染源通过咳嗽、喷嚏、谈话排出的分泌物和飞沫，使易感者吸入受染。流脑、猩红热、百日咳、流感、麻疹等病通过此方式传播。

3. 虫媒传播病

原体在昆虫体内繁殖，完成其生活周期，通过不同的侵入方式使病原体进入易感者体内。蚊、蚤、蜱、恙虫、蝇等昆虫为重要传播媒介。例如，蚊传播疟疾、丝虫病、乙型脑炎，蜱传播回归热，虱传播斑疹伤寒，蚤传播鼠疫，恙虫传播恙虫病。由于病原体在昆虫体内的繁殖周期中的某一阶段才能造成传播，故称生物传播。病原体通过蝇机械携带传播于易感者称机械传播，如菌痢、伤寒等。

4. 接触传播

接触传播有直接接触与间接接触两种传播方式，如皮肤炭疽、狂犬病等均为直接接触而受染，乙型肝炎因注射不当受染，血吸虫病、钩端螺旋体病为接触疫水传染，均为直接接触传播；多种肠道传染病通过污染的手传染，谓之间接传播。

（四）传染病流行过程的基本环节

传染病的流行必须具备三个基本环节就是传染源、传播途径和人群易感性。三个环节必须同时存在，方能构成传染病流行，缺少其中的任何一个环节，新的传染不会发生，不可能形成流行。

三、几种常见流行性疾病的预防

（一）病毒性肝炎的预防

病毒性肝炎（包括甲型、乙型、丙型、丁型与戊型）是法定乙类传染病，具有传染性强、传播途径复杂、流行面广泛、发病率高等特点；部分乙型、丙型及丁型肝炎病人可演变成慢性，并可发展为肝硬化、肝癌，对人体健康危害甚大。病毒性肝炎存在于病人或病毒携带者的唾液、汗液、鼻咽分泌物与乳汁中，通过黏膜或皮肤微小的创口进入机体造成感染，尤其是唾液传播。因此，对病毒性肝炎的防疫必须做到以下几点。

（1）提高个人卫生水平，养成饭前便后洗手的良好习惯。

（2）不要随意在流动小摊点、小饭店吃饭，这些地点的食具往往大多未经消毒处理，极易造成感染。

（3）同学之间不要相互使用茶具、餐具、毛巾等。

（4）要注意性接触的卫生。因为病毒性肝炎病毒还可存在于病人的精液、阴道分泌物及经血之中，故性接触也是一条重要的传播途径，切不可粗心大意。

（5）利用各种宣传手段，广泛开展生理卫生健康教育。

（二）艾滋病的预防

艾滋病即获得性免疫缺陷综合征，是一种相对来说比较新的疾病。科学家认为，艾滋病是由一种病毒引起的，艾滋病病毒侵袭了免疫系统，即人体对疾病的内在防御系统，使免疫系统不能正常工作，所以艾滋病患者会因患了其他人相当容易治愈的疾病而病入膏肓。艾滋病患者还可能患上免疫系统健全的人根本不会患上的某些罕见的、威胁生命的疾病，艾滋病病毒还可能使大脑感染，造成严重和致命的脑部疾病。

有些艾滋病人起初没有任何症状，他们看起来良好并且自我感觉完全健康。有些人开始生病时则有一种或几种下列症状：腺状组织肿大、极度疲乏、没有食欲；体重意外地突然下降、盗汗、出皮疹、发烧、头痛、腹泻，以及舌上长白斑或白苔。这些症状中有许多在患有包括感冒和流感在内的较为常见的疾病时也能出现。它们的区别是，艾滋病症状持续时间比正常情况预期的要长。

当艾滋病病毒使免疫系统崩溃时，就会得其他疾病，引起其他症状。例如，许多艾滋病患者患一种罕见的癌症，致使体内或体外长粉红色、褐色或紫红色的肿块。有些人患一种罕见的肺炎，导致咳嗽、胸痛和呼吸困难。有些人患脑部疾病，有诸如个性改变、丧失记忆力等症状和其他精神病迹象。

艾滋病人都是通过下列途径的一种传染上的：性接触传播、静脉注射针头、输血、孕妇传给胎儿。

艾滋病是一种病死率极高的严重传染病，目前还没有治愈的药物和方法，但可以预防。避免艾滋病的最好办法是通过教育改变个人行为，使其养成防止染病的生活方式。多开展公益活动向公众阐明艾滋病的危害以有效地预防、控制艾滋病的传播。激励人们克服不正确的观念，提高对艾滋病的警惕性，学习到保护自己的生存技能，避免受到感染。

根据中国疾病预防控制中心发布关于艾滋病学的相关报道，截至 2016 年 9 月，我国报告现存活艾滋病病毒感染者和病人 65.4 万例，累计死亡 20.1 万例。经性传播已是最主要的传播途径，2016 年 1～9 月，新报告经性传播感染者比例达到 94.2%。从艾滋病传播和流行的规律看，中国艾滋病疫情已经处在由高危人群向普通人群大面积扩散的临界点。

艾滋病是一种传播性强、危害严重的疾病，但在不少中国人看来，它同时又是一种"很不光彩"的疾病，甚至可以说是对那些道德败坏、生活糜烂的人的惩罚和"报应"。由此导致了人们对艾滋病的极端恐慌，以及对艾滋病患者的极度歧视，给患者的心理造成极大的压力，不但影响了防治工作的正常开展，而且还可能引发患者对社会的仇视与报复。在高校，对待艾滋病重在预防，大学生要做到：

（1）正确认识艾滋病，增强自我保护意识，洁身自爱。

（2）生病时要到正规的诊所、医院求治，注意输血安全。

（3）坚定不移地抵制贩卖、吸食毒品和卖淫嫖娼的违法犯罪行为，遏制以至彻底清除这些社会丑恶现象。

（4）积极推广性行为时使用安全套，切断经性传播艾滋病的途径。

（三）肺结核的预防

肺结核是由结核杆菌所引起的一种慢性呼吸道传染性疾病，患者如不及时进行治疗，轻者丧失劳动力，重者导致死亡。有关资料表明，当前世界人口中有三分之一已感染结核菌，今后一段时期内，全世界每年将有 900 万新发肺结核病患者，每年至少有 300 万人死于肺结核。因此，肺结核病严重影响和危害着人们的身心健康，列于单一传染病致死的首位。

在校大学生，由于人员交往多、学习压力重、饮食营养跟不上，尤其是家庭经济困难的大学生，容易受其影响。因此，要做到：

（1）注意参加体育锻炼，保持身体健康，增强免疫力。

（2）注意个人和公共卫生，注意保持宿舍卫生清洁和室内通风。

（3）有传染性的活动期病人，要主动进行隔离治疗。

（4）避免接触具有传染性的病人。

（5）生病之后，需耐心彻底治疗，避免复发。

（6）注意休息，进高营养饮食，忌烟酒。

（四）流行性感冒的预防

流行性感冒简称流感，是由流感病毒引起的急性呼吸道传染病。其特点是起病急，传染性强，流行广泛，传播迅速，易引起流行和大范围流行。

流感是通过飞沫传播的。当病人咳嗽、喷嚏及大声说话时，病毒随飞沫喷到病人周围空气中，侵入正常人的鼻黏膜而传染，通过尘埃及日常用品的间接接触传播也有可能。

针对流感应做到：

（1）在流感多发季节，尽量少去人员密集的场所。

（2）注意个人和公共卫生，注意保持宿舍卫生清洁和室内通风，勤晾晒衣被。

（3）出现流感症状应卧床休息，多饮水和进流质或半流质饮食，要漱口，保持鼻、咽、口腔卫生。

（五）狂犬病的预防

狂犬病是由狂犬病毒引起的人畜共患传染病。狂犬病主要通过患狂犬病的动物咬伤、抓伤或从黏膜感染引起，在特定条件下亦可通过呼吸道气溶胶传染。受感染动物唾液内含有狂犬病毒，该病毒主要侵犯中枢神经系统，其典型症状为恐水征，又称"恐水病"。狂犬病极为凶险，病死率几乎100%。其直接传染源主要是犬（超过90%），其次为猫。

阅读材料

2016年5月，武汉市医疗救治中心的一周内连续收入了3名狂犬病患者，其中年龄最小、年仅1岁9个月的男童叮叮（化名）于5月16日下午因抢救无效不幸死亡。

3月4日，跟爷爷奶奶一同喝喜酒的叮叮被突然窜出的狗扑面咬伤额头，流血后立即进行了简单的伤口处理，随即前往疾控部门接种狂犬疫苗，并按要求已接种3针。

5月14日，叮叮出现恶心、呕吐、精神萎靡等症状。15日，家长发现孩子汗多、涎多，16日开始面部惊恐、烦躁不安，当地医院诊断为狂犬病并建议转院，最终辗转来到武汉市医疗救治中心。16日下午2点多来院，随后出现呼吸窘迫、心搏骤停，经两个多小时的抢救，叮叮于16日下午5点多不幸去世。

来自随州43岁的邹某是一位爱心人士，专门收养流浪猫和流浪狗。4月14日，收养的一只流浪狗咬伤他的右手手指，出现流血。但他自恃经验丰富，未作任何处理。5月11日下午，他开始头痛、唾液增多，不停地吐口水，同时伴有恶心、呕吐、恐光、精神萎靡，被诊断为狂犬病并于14日转入武汉市医疗救治中心。

56岁的郝某，于3月31日右手小指被狗咬伤出血，村卫生院进行了简单的伤口冲洗及消毒，并未作其他处理。5月11日，情况出现异常被转入武汉市医疗救治中心。

对于幼童叮叮的死亡，感染性疾病科主任文丹宁深感伤痛。她介绍，狂犬病又名恐水症，是由狂犬病毒引起的一种侵犯中枢神经系统为主的急性人兽共患传染病。迄今为止，病死率达100%。

为了预防狂犬病，在高校要做到：

（1）宣传养狗及其他野生动物的危害。目前，高校有少数大学生私自在宿舍养宠物，这无形中增加了狂犬病感染的概率。

（2）一旦被疑似狂犬病的狗、猫等动物或家中的宠物咬伤、抓伤，首先要及时用 20%肥皂水清洗伤口，也可用 40%～70%酒精或烧酒涂擦伤口，但不宜包扎。处理完伤口后，要及时注射狂犬病疫苗针剂，最好就近到卫生防疫部门注射并登记。

（六）禽流感的预防

禽流感是禽类流行性感冒的简称，是由 A 型禽流行性感冒病毒引起的一种禽类（家禽和野禽）传染病。禽流感一般是经过呼吸道飞沫与空气传播、消化道感染引起人发病的。禽流感病毒感染后可以表现为轻度的呼吸道症状、消化道症状，死亡率较低；或表现为较严重的全身性、出血性、败血性症状，死亡率较高。这种症状上的不同，主要是由禽流感的毒型决定的。

根据禽流感致病性的不同，可以将禽流感分为高致病性禽流感、低致病性禽流感和无致病性禽流感。2004 年国内外由 H5N1 血清型引起的禽流感称高致病性禽流感，发病率和死亡率都很高，危害巨大。2013 年 3 月 31 日，国家卫生和计划生育委员会通报，上海市和安徽省发现 3 例人感染 H7N9 禽流感病例，其中两个抢救无效死亡。

高校是人员流动性大、人员密集的场所，我们不能忽视禽流感的威胁。因此，大学生要做到：

（1）积极开展宣传教育。了解高致病性禽流感发病及流行特点。

（2）提倡健康的生活方式。平时加强体育锻炼；多休息，避免过度劳累；不吸烟。

（3）发现疫情时，应尽量避免与禽类接触，不吃未彻底煮熟的鸡肉等禽类食物，积极参与防治。

（七）血吸虫病的预防

血吸虫病分急性、慢性和晚期三种。急性血吸虫病发病凶险，如不及时治疗可导致死亡。慢性血吸虫病一般无明显的症状，若不及时治疗可发展为晚期血吸虫病。晚期血吸虫病主要表现为肝硬化和肝腹水等症状，重者丧失劳动能力，给家庭和社会造成沉重的负担。

对于血吸虫病的防疫，大学生要做到：

（1）不在有钉螺的湖水、河塘、水渠里进行游泳、戏水、捕鱼、洗衣、洗菜等接触疫水的活动。

（2）因学习、实习或其他原因需要接触疫水时，要采取涂抹防护油膏，穿戴防护用品等措施，预防感染血吸虫病。

（3）在无防护的情况下接触疫水后，要及时到当地医院或血吸虫病防治机构进行检查和早期治疗，若确诊被感染要在医生的指导下积极治疗。

（4）生活在疫区的高校，要在当地血吸虫病防治机构的指导下，组织开展查螺、灭螺、查病和治病工作。

（5）加强对饮用水和厕所的管理，防止粪便污染水源，保证生活饮用水安全，改变不利于健康的生活习惯。

（八）传染性非典型肺炎的预防

传染性非典型肺炎又称严重急性呼吸道综合征，是由一种变异冠状病毒引起的新发的呼吸道传染病，2003年曾在广州、北京等地流行。

其传播途径是：呼吸道传播、消化道传播、空气传播、昆虫传播等。

在高校，对非典的防范要做到"四勤三好"，即勤洗手、勤洗脸、勤饮水、室内勤通风；口罩戴得好、心态调整好、身体锻炼好。

（1）勤洗手。要时常保持双手洁净，洗手时手心、手背、手腕、指尖、指甲缝都要清洗，肥皂或洗涤液要在手上来回搓，最后用流动水冲洗干净。有条件的，应照此办法重复两到三遍。触摸过传染物品的手，至少应搓冲五六遍。

（2）勤洗脸。脸部容易寄居病毒。非典型肺炎的病原体主要是通过鼻、咽和眼侵入人体的。洗脸可把病毒清洗掉，使鼻、口腔和眼等病菌容易侵入的部位保持洁净，大大减少感染的机会。

（3）勤饮水。春季气候多风干燥，空气中粉尘含量高，鼻黏膜容易受损，勤饮水可以使黏膜保持湿润，增强抵抗力。同时，勤饮水还便于及时排泄体内的废物，有利于加强机体的抗病能力。

（4）室内勤通风。非典型肺炎是呼吸道传染病，主要通过近距离空气飞沫传播。空气流通后，病原菌的浓度稀释了，感染的可能性就很小。使用空调的房间更要注意定时开窗通风。尽量避免前往空气流通不畅、人口密集的公共场所。

（5）口罩戴得好。戴口罩犹如给呼吸道设置了一道"过滤屏障"。但口罩没必要出门就戴，在进入医院看病、探视病人或空气不流通的地方，建议戴上12层以上的棉纱口罩。

（6）心态调整好。对非典型肺炎我们应正视它的存在，不必恐慌，但也不能掉以轻心，因为它的传染性极强，对生命健康会带来威胁。只有以健康的、科学的良好心态生活，我们的免疫系统才会免遭侵袭。

（7）身体锻炼好。大家应积极参加体育锻炼，多到户外、郊外呼吸新鲜空气，但要注意根据气候变化合理安排运动量。

一旦出现了发热、咳嗽、头痛、畏寒、乏力、关节痛、全身酸痛、腹泻等"非典"症状，应及时到正规医院就医，明确诊断治疗，千万不要乱投医、乱吃药。

第三节　交通安全

随着社会的发展，交通越来越发达，便捷的交通给我们的生产、生活带来巨大便利。但是，我们在享受便利交通的同时也正时刻面临着交通安全隐患的威胁。高校校园内人数众多，环境开放，校园内人流量、车流量急剧增加，道路建设和交通管理相对滞后。大学生也应强化相关交通安全意识教育。

一、交通常识

（一）日常交通安全规则

（1）靠右行的原则。靠右行是指行人或车辆在法律、法规规定的范围内，必须遵守靠右边一侧行走或行驶。确定这个原则，原因是行人和各类车辆在同一道路内往同一方向行进，可以保证交通流向的一致性，能有效地减少和避免行人、车辆之间相撞现象的发生。我国自古就有靠右行驶的传统和习惯，所以一直沿用靠右行的规则。

（2）按指示标志各行其道的原则。各行其道是指车辆、行人在规定的机动车道、非机动车道和人行道上分开行驶（行走），互不干扰。我国人口众多，近几年随着轿车进入家庭的步伐加快，道路上的车流量也明显增加，如果机动车、非机动车和行人混行在同一道路上，会增加交通事故。因此，法律规定，行人和车辆各行其道。

（3）确保交通安全的原则。根据粗略统计，在我国交通事故的发生原因中，各种交通违章占90%以上。交通法规是公民的生命之友，每个人都必须遵守交通法规，不做违反交通法规的事情。如果遇有交通法规没有明文规定的例外情况下，广大大学生则要遵守"车辆、行人必须在确保安全的原则下通行"的原则。

（二）个人步行、骑行应注意的事项

（1）学生们在道路上行走时，要注意以下几个方面。

第一，严守交通规则。行人依交通标志和指示行走，靠路的右边行走。过马路要走人行横道，不设人行横道，过马路时要一慢、二看、三通过，不要抢行，千万不能在车辆临近时突然猛跑横穿马路。首先，穿过马路前，先等等，降低交通事故概率。其次，依次左边看看，右边看看。车辆靠右行驶，从左边来车离过马路的人距离近些，降低事故发生风险。最后，在确定没有车辆过来时，就应尽快直行通过。在没有人行横道的地方，不要翻越道路中央的安全护栏和隔离墩。

第二，步行时要精神集中，不要边走边玩，如玩手机、戴耳机听音乐等。不得在道路上使用滑板、旱冰鞋等滑行工具，不得在车行道内坐卧、停留、嬉闹，不得扒车、强行拦车，不得实施追车等妨碍道路交通安全的行为。夜间走路要防止意外事故的发生，夜间行走时，要尽量走熟悉路段，注意观察，及时发现异常情况，以防不测。集体外出时，最好有组织、有秩序地列队行走。

（2）我国交通法规规定，未满12周岁，不准在道路上驾驶自行车（三轮车）。驾驶电动自行车和残疾人机动轮椅车必须年满16周岁。对于大学生骑自行车，则应当注意以下内容。

第一，骑车前要注意确认车况，车闸、车铃是否灵敏、正常，车胎、链条是否完好，这些尤其重要。

第二，骑车时要遵守交通规则，要在非机动车道上靠右边行驶，不逆行；转弯时不抢行猛拐，要提前减慢速度，看清四周情况，以明确的手势示意后再转弯。电动自行车

在非机动车道内行驶时，最高时速不得超过 15 公里。不能随意超车行驶，骑车时不要手中持物，不要双手撒把，不多人并骑，不互相攀扶，不互相追逐、打闹。

第三，骑车时也要精神集中，不要戴耳机听广播或音乐，骑自行车不准载人，因为自行车的车体轻、刹车灵敏度低，轮胎很窄，如果载人的话，车子的总重量增加，容易失去平衡，遇到突发情况时，容易发生事故。

第四，在雨雪天气情况下骑自行车应更加注意安全。雨天骑车，最好穿雨衣、雨披，不要一手持伞，一手扶把骑行。雪天骑车，道路泥泞湿滑，骑车要精力更加集中，与前面的车辆、行人保持较大的距离，随时准备应付突发情况。不要猛捏车闸，不急拐弯，骑行的速度要比正常天气时慢些才好。车轮胎不要充气太足，这样可以增加与地面摩擦，不易滑倒。

（三）乘坐公共交通工具应注意的事项

乘坐公共交通工具时，要排队等候，按先后顺序上下，不要拥挤。不要把汽油、爆竹等任何易燃易爆的危险品带入公共交通工具内。乘坐公共交通工具时，要注意防扒手，携带的财物，要放在安全的地方。

（1）乘坐机动车应注意在乘坐时系好安全带，乘车时不要把头、手、胳膊伸出车窗外，以免被对面来车或路边树木等刮伤，也不要向车窗外乱扔杂物，以免伤及他人。

（2）乘坐火车应注意按照车次的规定时间进站候车，以免误车。在站台上候车，要站在站台一侧白色安全线以内，以免被列车卷下站台，发生危险。乘坐卧铺列车，睡上、中铺要挂好安全带，防止掉下摔伤。

（3）乘坐地铁应重点注意安全地进站出站，乘站台滚梯时不要拥挤，不要追跑，按顺序靠右边上下，站稳扶牢，防止跌伤。地铁有严格的安检，不携带危险品进站乘车。乘车时一定要紧握扶手，不要倚靠车门，以免影响车门开启。尤其特别注意的是，当车门正在关闭时，切勿强行上下车。若你的物品掉落轨道，千万不要自行取物，可联系车站工作人员寻求帮助；车站如有紧急情况需要疏散时，千万不要慌乱，不要拥挤，要听从指挥，留意广播，使用离自己最近的楼梯、扶梯、出入口，快速离开车站；若车上发生火灾，应该按压列车上的报警按钮联络司机，按照司机或工作人员的指引尽快离开车站。

（4）乘轮船首先注意不要乘坐无证船只。上轮船后，要弄清安全通道的方位和救生设备放置的地方，一旦发生意外，要保持镇静，听从有关人员指挥。若遇天气恶劣时，如遇大风、大浪、浓雾等，应尽量避免乘船，更不要去划船。乘船时，不在船头、甲板等地打闹、追逐，以防落水；不拥挤在船的一侧，以防船体倾斜；在船上不要随意跨过"旅客止步"的界限；船上的许多设备都与保证安全有关，不要乱动，以免影响正常航行。

（5）乘飞机首先要注意机场安检问题，不要携带机场禁止的物品上飞机，大件行李切勿随身携带上飞机。上机后，细心聆听客机上讲解的飞行安全须知，熟悉紧急出口的位置及其他安全措施，以免遇到紧急情况手足无措。飞行时，一定注意系紧安全带，飞机遇到气流时，系紧安全带可防止碰撞，多了一份安全。如遇意外发生时，机上乘客应该保持冷静，一定要听从乘务人员的指示，毕竟乘务人员在飞机上的首要任务就是为了维护安全，而且他们都受过严格训练，善于应付紧急事故。乘飞机时尽量穿棉质地的衣服，最好不要穿容易燃烧的化纤衣服。特别是女性不宜穿丝袜。因为几乎所有发生空难的飞机都会起火，如果穿上容易燃烧的衣服，即使生还也可能被烧伤。

（6）乘电梯首先要按规范操作，规规矩矩地使用电梯按钮，在任何状况下都不扒门，这样就增加了乘电梯的安全系数。你用按钮呼来了电梯，或者是乘梯到达了目的层，看准后还要一步跨入、跨出。乘电梯也可能不巧被困在里面，这如同堵车一样很正常，因而没必要惊慌，更不能因此乱扒、乱踢等。因为突然停梯的原因有很多种，可能是停电所致，也可能是其他原因造成，在不知晓原因之前，听从电梯外工作人员指令，不要莽撞逃离带来巨大风险。如果你所乘电梯处于无工作人员自动运行状况，那你就在操纵面板上寻找警铃按键（或采用轿内电话）向外呼救，只有安全规范的解救办法才是最可靠的。即使很不走运，你在轿厢内遇上了电梯失控，也应当安心在电梯里等待救援。因为失控后电梯还有好几套可靠周密的保护装置，保护你安全"着陆"。在这种情况下，一怕过度惊慌，二怕逃离心切。很多事例表明，逃离之害甚于受困轿厢之中，安心在轿厢内等待救援才是安全的唯一选择，其他行为均有危险。

二、高校交通安全问题及处理办法

（一）学校内部交通安全

学校内部的交通不像城市道路那样交通繁重，但是也有其特殊问题存在，主要是以下几点。

（1）校园内路面较窄，尤其是年代久远的校区道路转弯抹角多，容易引发事故。

（2）人、车流量并不均衡，有的地段流量小，有的地段流量大。

（3）时间上相对集中，开学以后，上下课时段，假期前后或恰逢大型集会、文体活动，是校园交通秩序最为复杂的时期。

（4）校外车辆进入校园较多，而校内的交通路线并不全为校外的驾驶员熟悉。

（5）校内交通安全设施往往比较缺乏，路上人员的安全意识不够，缺乏专职交管人员。

这些因素的存在，决定了貌似清静幽雅的校园也难免发生交通事故。如某校一条南北走向的校园通道，一辆校外的汽车驶入校园，无人指挥，因车速过快，在转弯处将一学生撞倒，造成重大事故。了解上述这些特点，作为一个大学生就应该有意识注意如下几个问题。

（1）切勿错误地认为校内无危险，要树立交通安全观念，时时提高警惕。

（2）熟悉校内路线地形，记住容易出事故地段。

（3）走路留神，见到各种车辆提前让路，防止那些认为"校内可以不讲交通规则"的人意外肇事。

（4）骑车、驾车要慢速行驶，复杂地段要缓缓而行。必要时骑车者可下车推行。

（5）不要在校园道路上玩轮滑、滑板、平衡车等易引发交通事故的器材和玩具，以免引发交通事故。

（6）现在校园内共享单车很多，骑行要查验所租车辆的安全性能。

（二）交通事故应急处理

1. 交通事故主要应急措施

（1）及时报案。应及时将事故发生的简要情况打电话（112或110）向公安机关或值勤民警报案。

（2）保护现场。保护现场的原始状态，不得故意破坏、伪造现场。

（3）抢救伤员和财物。当确认受伤者的伤情后，能采取紧急抢救措施的应尽最大努力抢救，设法送附近医院抢救治疗。

（4）做好防火防爆措施。如果车辆上装有危险品，还应及时通知消防部门，做好防范措施。

（5）协助现场调查取证。有关人员必须如实向公安机关陈述事发经过，配合警察做好善后处理工作。

2. 遇险后的急救常识

（1）遇有交通人身伤害事故时，在无人救助情况下，要尽可能移至安全地带，以免再次受伤。

（2）保持镇静、放松过度紧张的心情，针对伤势情况采取止血、包扎、固定等自救措施。

（3）对暴露的伤口要尽可能先用干净布覆盖，再进行包扎，以保护好伤口。

（4）不要取出伤口内异物，不要随便清理伤口，避免损伤神经、血管。伤口禁止用水冲洗和随意涂抹药物，避免伤口感染。

（5）利用身边现有材料如三角巾、手绢、布条等折成条状缠绕在伤口上方，用力勒紧，可起到止血作用。

（6）如有骨折要尽可能减少移动，或利用现有材料固定骨折部位，避免骨折断端刺伤皮肤、血管和其他部位。

（7）扶托受伤部位，可以减轻痛苦。

（8）利用现有的衣物设置明显标志。如果是夜晚，应根据情况，尽可能转移到有照明或易被发现的位置，以便引起过往行人、司机注意，及时得到救助。

三、常用道路交通标志

（一）什么是道路交通标志

道路交通标志是用图形符号、颜色和文字向交通参与者传递特定信息，用于管理交通的设施。道路交通标志分为主标志和辅助标志两大类。主标志又分为：警告标志、禁令标志、指示标志、指路标志、旅游区标志和道路施工安全标志。辅助标志是指紧靠主标志下缘，起辅助说明作用的标志。其形状为长方形，颜色为白底、黑字、黑边框。用于表示时间、车辆类型、警告和禁令的理由、区域或距离等主标志无法完整表达的信息。

（二）标志介绍

1. 警告标志

警告标志是警车车辆和行人注意危险地点的标志。其形状为正等边三角形，颜色为黄底、黑边、黑图案。现列举部分警告标志示例，如图 2-1 所示。

交叉路口

用以警告车辆驾驶人谨慎慢行，注意横向来车

交叉路口

用以警告车辆驾驶人谨慎慢行，注意横向来车

交叉路口

用以警告车辆驾驶人谨慎慢行，注意横向来车

二侧变窄

用以警告车辆驾驶人注意前方车行道或路面狭窄情况，遇有来车应予减速避让

右侧变窄

用以警告车辆驾驶人注意前方车行道或路面狭窄情况，遇有来车应予减速避让

左侧变窄

用以警告车辆驾驶人注意前方车行道或路面狭窄情况，遇有来车应予减速避让

反向弯路

用以警告车辆驾驶人减速慢行

反向弯路

用以警告车辆驾驶人减速慢行

图 2-1　警告标志示例

2. 禁令标志

禁令标志是对车辆加以禁止或限制的标志，如禁止通行、禁止停车、禁止左转弯、禁止鸣喇叭、限制速度、限制重量等。禁令标志的颜色，除个别标志外，为白底、红圈、红杠、黑图案。图案压杠。禁令标志的形状为圆形、八角形、顶角向下的等边三角形。禁令标志目前有 42 种。现举部分禁令标志示例，如图 2-2 所示。

禁止机动车驶入

表示禁止各类机动车驶入

禁止通行

表示禁止一切车辆和行人通行

禁止直行和向右转弯
表示前方路口禁止一切车辆直行和向右转弯

禁止直行和向左转弯
表示前方路口禁止一切车辆直行和向左转弯

禁止掉头
表示禁止机动车掉头

禁止鸣喇叭
表示禁止车辆鸣喇叭

图 2-2　禁令标志示例

3. 指示标志

指示标志是指示车辆、行人行进的标志。其形状为圆形、正方形或长方形，颜色为蓝底、白图案。现举部分指示标志示例，如图 2-3 所示。

掉头车道
表示车道的行驶方向

掉头和左转合用车道
表示车道的行驶方向

右转车道
表示车道的行驶方向

机动车行驶
表示该道路只供机动车行驶

机动车车道
表示该车道只供机动车行驶

图 2-3　指示标志示例

4. 指路标志

指路标志按标志的功能可分为路径指引标志、地点指引标志、道路沿线设施指引标志及其他道路信息指引标志。一般公路指路标志是为对路网不熟悉但对出行有所规划的公路使用者服务，即既不是很熟悉的当地人也不是毫无准备的出行人。一般公路指路标志应兼顾近途与远途公路使用者的需求，提供去往目的地所经过的道路、沿途相关城镇、重要公共设施、服务设施、地点、距离和行车方向等信息。如图 2-4 所示。

箭头杆上标识公路编号、道路名称的公路交叉路口预告

箭头杆上标识公路编号、道路名称的公路交叉路口预告

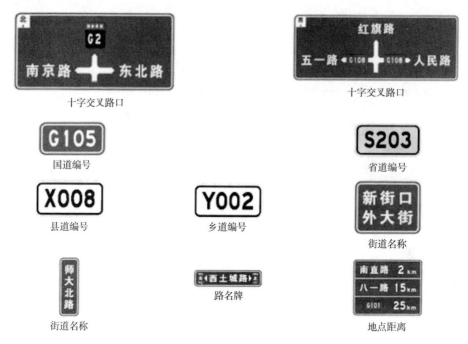

十字交叉路口　　　　　　　　　十字交叉路口

G105　国道编号　　　　　　　　　S203　省道编号

X008　县道编号　　　Y002　乡道编号　　　新街口外大街　街道名称

师大北路　街道名称　　　西土城路　路名牌　　　南直路 2km 八一路 15km G101 25km　地点距离

图 2-4　指路标志

5. 其他标志

其他标志分辅助标志和告示标志，辅助标志是指紧靠主标志下缘，起辅助说明作用的标志。其形状为长方形，颜色为白底、黑字、黑边框。用于表示时间、车辆类型、警告和禁令的理由、区域或距离等主标志无法完整表达的信息。现列举部分辅助标志，如图 2-5 所示。

表示时间

7:30-10:00　时间范围

7:30-10:00 16:00-18:30　时间范围

表示车辆种类、属性

除公共汽车外　除公共汽车外

货车拖拉机　货车、拖拉机

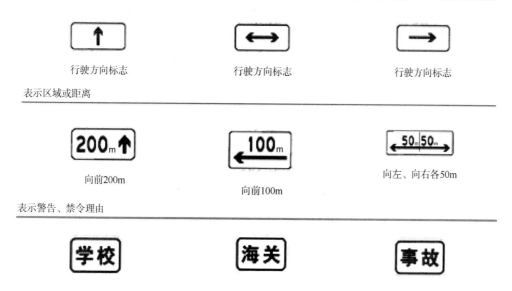

表示方向

行驶方向标志　　　　　行驶方向标志　　　　　行驶方向标志

表示区域或距离

向前200m　　　　　　向前100m　　　　　向左、向右各50m

表示警告、禁令理由

图 2-5　辅助标志

阅读材料

不良交通习惯引发诸多事故

交通事故责任纠纷案件伤残数量多，电动自行车及老年人等易受伤害，餐饮、快递业从业者交通事故多发，不良交通习惯引发诸多事故……这是北京市西城区人民法院对该院办理的上千起交通事故责任纠纷案件调研分析后，得出的结果。2015 年 8 月 4 日，北京市西城区法院召开新闻发布会，对外通报了上述情况。

伤残案件数量多

西城区法院调研了该院 2014 年 7 月 21 日至 2015 年 7 月 20 日受理的 1898 件侵权赔偿类民事案件，其中交通事故责任纠纷案件 1196 件，占西城区法院办理的全部侵权类案件的 63%。

在西城区法院办理的交通事故责任纠纷案件中，受害人构成伤残的案件 490 件，构成伤残的受害人 90% 为非机动车驾驶人及行人，其中又以电动自行车车主、老年人最容易受到伤害，受害人为 60 周岁以上老年人的案件有 167 件，占西城区法院调研的所有交通事故损害责任纠纷案件的 14%。

据统计，近年来，老年人在交通事故中受伤的比例逐步增高，且涉及老年人的交通事故伤亡往往较重。其中，老年人直接死亡或者诱发自身既往病史死亡的事故，占涉老年人事故总数的 15% 左右。

此外，西城区法院发现，当事人到法院提起诉讼的，以人身损伤的案件比较集中。由事故导致一方伤残、死亡或加重原发疾病症状的，需要进行法医临床或病理鉴定的案件又占了绝大多数。

在新闻发布会现场，西城区法院民八庭副庭长张达介绍说，这是因为城区内发生的机动车之间的交通事故大多比较轻微，一般的剐蹭、追尾如仅涉及财产损失的事故，双方可通过快速处理程序确定责任，再通过保险公司定损修理即可解决纠纷。加之西城区地处城区，因超速驾驶、高速飙车类型的事故少，多车连环追尾或者货车超载导致的严重事故更是鲜见。

冒失开门闯祸多

通过梳理上千起案件，西城区法院发现，机动车驾驶员在上路行驶时一般都比较谨慎，但在非机动车道内临时停车时则容易疏忽大意，常忘了观察周围环境，或者没有提示乘车人观察，驾驶员或乘车人冒失打开车门，导致后方驶来的电动自行车猝不及防被撞。

"非机动车道内打开车门未尽到观察义务，与闯红灯、超速等严重违章行为相比，侵权人的主观恶意也许是最小的，但由于电动自行车自重比较大，车速相对较快，损害后果往往比较严重。"张达说。

2013年11月25日，原告杨某骑行电动自行车行驶到西城区德外大街附近路口，适逢停靠在非机动车道内的被告黄某开启面包车左侧车门，杨某摔倒骨折，车辆损坏，骨折伤情被评定为九级伤残。事后，被告黄某称事发当时在送货，下车时在接听电话，忘记观察反光镜情况。法院判定黄某承担事故全部责任，共计赔偿杨某全部损失14万元。

此外，西城区法院调研发现，还有许多不良交通习惯引发了诸多事故。比如，有些行人为了"抄近路"，不按规定横穿马路，甚至越过封闭道路，导致"近路"成了"伤亡之路"；还有一些机动车车主盲目相信倒车影像，殊不知倒车影像和雷达都有盲区，盲目相信设备，增加了行车风险；还有些机动车车主及乘车人不系安全带，加重了交通事故的损害结果。

餐饮快递事故多

西城区法院发现，电动车因其灵巧便捷成为人们生活中重要的交通工具。尤其是餐饮、快递等行业，不少从业人员以电动车为主要交通工具。而这些从业者一般缺乏专门的交通培训，安全意识相对淡薄，同时，为了增加业务量、保障时效性，通常时速较快，相关行业成为该类事故的重灾区。

2014年12月5日上午，被告北京某餐饮管理有限公司的员工张某在送餐途中，驾驶电动自行车与原告甘某驾驶的小轿车发生交通事故。经交警认定，原告负此次事故次要责任，张某负此次事故主要责任。原告以此为由，诉至法院要求被告北京某餐饮管理有限公司赔偿车辆修理费及车辆补贴。后经法院调解，被告给付原告甘某车辆修理费6000元。

此外，由于电动车超标车多，安全防护性差，车主安全意识、规则意识较低等因素，涉电动车交通事故在所有交通事故中占较大比重。

第四节 外出旅游及户外活动安全

一、外出旅游的注意事项

（一）外出旅游要注意谨防食物中毒

这里所说的食物是指外出旅游时比较常见或较方便携带的食物。食物中毒是指食用了被致病细菌污染了的食品，如夏季吃了霉变熟食等，常见易中毒的食品如螃蟹、蘑菇、野菜以及腐烂变质的肉类、淀粉类食物以及罐头类食品。本章前文已经介绍过一些食物中毒的相关情况，这里就不再累述。

（二）外出旅游容易中暑

在夏、秋季节，由于气温偏高，空气缺少流动，此时学生外出旅游若处于太阳光线直接照射下，会大量失去水分，体内热量不能得到及时散发，便会发生中暑。中暑的症状主要表现在：突然感到胸闷气短、呼吸困难，四肢无力、皮肤热烫而无汗，头晕头疼、恶心呕吐，继而昏迷昏睡。对于大学生来说，在酷暑季节应注意少在阳光下暴晒，外出旅游时注意防护，戴好遮阳帽等，并要限制活动量，及时补充水分。

夏、秋季节外出旅游时，一旦有中暑症状，应赶快避开阳光的直接照射，采取必要解暑措施。首先要解开中暑者衣扣，敞开衣服，使身体内的热量尽快散发出来，可给中暑者扇风，也可用低挡电扇吹风，如有条件可用毛巾沾温水擦患者四肢及全身。其次要让中暑者多喝水，最好为温盐水或西瓜汁，既补充体内水分流失，又可解毒消暑。对于伴有头疼头晕者，可服用人丹、十滴水等解暑药物。最后，如果中暑症状较重，患者发生昏迷、抽搐、说胡话、大小便失禁、呕吐等，要及时送医院救治，错过抢救时间会危及生命安全。

（三）外出旅游的行李准备

外出旅游时，鞋子最好选用平时惯穿的运动鞋或布鞋。但是，若有去往正式场所的计划，则需准备好相应的鞋子。

此外，对外出旅游者而言，上下分身的雨衣和风雪大衣也是必携之物。而那些只游览大城市的人，雨具类只带一把折叠伞就足够了。

小型旅行包和背包等物的选择，由在旅行地点的行动及所持物品而定。背包使两手可以自由活动，比硬旅行箱或大型肩包易于行动，但其难点是不易将其中物品取出。因此，可将那些频繁使用的东西或小物品分放于背包侧袋或外袋里。无论如何，旅行中行李应尽量精简，即便缺某样物品也可在现场筹办。请记住外出旅游"有了方便""没有亦无妨"。

二、户外运动的安全问题防范

户外运动已经融入我们的生活，尤其是年轻人。越来越多的人加入其中，一个时尚的运动方式在慢慢成形。户外运动主要包括徒步旅游、登山、徒手攀登、野外露营、蹦极、速降、漂流溯溪等。这种回归大自然、远离城市喧嚣的生活方式是人们物质生活水平提高后不可阻挡的，在寻找快乐的同时征服自我，是一种时尚性的运动。

当然，大自然在带给我们快乐和健康的同时，也充满了各种各样的危险和不确定因素。因此，必须注意出行安全。没有安全保障的项目是绝对不能做的，没有安全把握的路径绝对不能涉足。我们现在列举两种大家经常性的"跋山""涉水"活动做具体介绍。

（一）登山的注意事项：

（1）平时应多进行体能及技能训练，并阅读专业书籍、杂志，随时吸收野外新知。出发前应先做健康检查，尤其是平日很少运动的学生，更需认真检查。

（2）登山时应有完整的装备及充足的粮食。上山时要带足开水、饮料和必备的药品，以应急需。上山要轻装，少带行李，以免过多消耗体力，影响登山。如果要在山上过夜的话，由于山上夜晚和清晨气温较低，上山要带厚一点的衣服。

（3）山区气候变化很大，时晴时雨，反复无常。登山时要带雨衣，下雨风大，不宜打伞。

（4）登山以穿登山鞋、布鞋、球鞋为宜，穿皮鞋和塑料底鞋容易滑跌，为安全考虑，登山时可买一竹棍或手杖。

（5）活动前或进入山区后，应随时注意气象资料及变化。从上山到下山，均需随时向留守人员、途中警察机关或家人报告行踪。对于每一座山峰，都不可掉以轻心。

（6）游山时应结伴同行，相互照顾，不要只身攀高登险。

（7）雷雨时不要攀登高峰，不要手扶铁制栏杆，亦不宜在树下避雨，以防雷击。

（8）登山期间，可多休息，但休息的时间不宜过长，以免着凉。喝水时不可狂饮，否则汗量会增加，更容易造成身体疲劳，此外，行进中应随时调整步伐及呼吸，不可忽快忽慢。

（9）登山时身略前俯，可走"之"字形。这样既省力，又轻松。

（10）切勿让身体及衣物受潮，以免体温散失。在面临危机、疲劳等压力时，维持体温是首要之务。

（11）切忌在无路的溪谷中溯溪攀登，亦不可在深山无明显路径时沿溪下降。因为高山溪流的地形由缓渐陡，对于登山技能不足，地势情况不清楚的登山者，容易失足跌落，因此，登山时最好能沿途标示记号，或依循前人所留下的旗帜辨别方向。

（12）山中不知深浅的水潭千万不要下去游泳，即使夏日，泉水也会很凉，发生险情的可能性较大。迷路时应折回原路，或寻找避难处静待救援，以减少体力的消耗。

（13）在高峻危险的山峰上照相时，摄影者选好角度后就不要移动，特别注意不要后退，以防不测。

（14）在山林中活动时，切勿乱丢烟蒂，离去时应将营火彻底熄灭。

（二）游泳的注意事项

游泳是大学生们喜爱的运动，如果没有足够的安全防范意识，常常会发生溺水事件。为此，学生们要注意以下几点。

1. 游泳安全要点

学游泳一定要在水浅的游泳池里，并且要有识水性的人陪同。学会游泳之后，没有人带领也不能在江、河、湖、海或池塘里游泳。即使在这些地方游泳，下水之前也要先观察地形情况，遇到水中有暗流或漩涡、乱石、水草或淤泥等，要赶紧离开，以免陷在淤泥里、卡在暗礁中或被水草缠住不能脱身。在不明水下情况的地方绝对不能跳水。

游泳时要注意安全，在近水的地方玩耍也得小心。在沙滩或砂岩上停留时，要观察周围的情况，有些沙滩一眼看上去是实的，但是其实下面有裂缝或底层是空的，如果人在上面动作太大，就会出现沙崩，将人埋在下面。在海滨玩耍时，要注意涨潮落潮的规律，涨潮时要迅速离开海边，免得被潮水卷走。

下水时不要太饿、太饱。饭后一小时才能下水，以免抽筋；下水前应试试水温，若水太冷，就不要下水；下水前观察游泳处的环境，若有危险警告，则不能在此游泳；外出旅行时不要在地理环境不清楚的峡谷游泳。这些地方的水深浅不一，而且凉，水中可能有伤人的障碍物，很不安全；游泳时不得跳水。

入水前一定要做伸臂、弯腰、压腿、转身等简单的热身动作，使全身的关节、肌肉、内脏器官以及神经系统都进入活跃状态。入水前要先用池水淋头部、胸腹、四肢等部位，尤其是头部，不要猛然扎入水中，否则很可能会头痛。

一次游泳时间不能过长，要量力而行，注意休息。过度疲劳容易造成脑缺血，引发头晕、脑涨等问题。

2. 预防游泳时下肢抽筋

游泳前一定要做好暖身运动。游泳前应考虑身体状况，如果太饱、太饿或过度疲劳时，不要游泳。游泳前先在四肢撩些水，然后再跳入水中，不要立刻跳入水中。游泳时如胸痛，可用力压胸口，等到稍好时再上岸。腹部疼痛时，应上岸，最好喝一些热的饮料或热汤，以保持身体温暖。

3. 怎样预防溺水

一般来讲，不识水性时千万不要在不知深浅的水域单独学习游泳。下水前要做好准备运动，以免由于冷水刺激产生痉挛。疲劳、饥饿时不应下水，患有冠心病者或其他严重疾病者，不宜单独行动，以防在游泳中发病而溺水死亡。游泳前不宜过度换气，以免呼出大量二氧化碳气体，使体内二氧化碳含量降低以致不能刺激呼吸中枢，而在水中不知不觉地陷入昏迷状态。

4. 溺水自救方法

对水情不熟而贸然下水，极易造成生命危险。万一不幸遇上了溺水事件，溺水者切莫慌张，应保持镇静，按照以下方法积极自救。

对于手脚抽筋者，若是手指抽筋，则可将手握拳，然后用力张开，迅速反复多做几次，直到抽筋消除为止；若是小腿或脚趾抽筋，先吸一口气仰浮水上，用抽筋肢体对侧的手握住抽筋肢体的脚趾，并用力向身体方向拉，同时用同侧的手掌压在抽筋肢体的膝盖上，帮助抽筋的腿伸直；要是大腿抽筋的话，可同样采用拉长抽筋肌肉的办法解决。

5. 正确抢救溺水者

救人者下水前尽量脱去外衣，下水后应从落水者背后接近救护，或扔下救生圈、木板等漂浮物相助。如救出后溺水者已失去知觉，应以最快的速度进行抢救。抢救时，第一，使其头偏向一侧，并立即撬开口，清除口鼻内泥沙、污物，将舌头拉出口外，保持呼吸道通畅。第二，救护者取半跪姿势将溺水者俯卧，将其腹部横放在膝盖上，轻压其背部；或取站立位，用双手抱溺水者腹部，使其胃和气管内的水排出；或将其腹部放在急救者肩上扛着快步奔跑，使其积水倒出（切忌因倒水过久，而忽视人工呼吸和胸外心脏按压）。如其呼吸停止，应及时进行胸外心脏按压与人工呼吸，同时按压或用针刺激其人中、十宣等穴位。如果抢救无效应及时请医务人员进行具体的抢救。自动呼吸恢复后，可活动、按摩四肢（向心性按摩），促进其血液循环，也可喂些热茶、姜糖水、热酒。

阅读材料

新华社维也纳 2017 年 7 月 21 日发布消息，中国驻奥地利大使馆 21 日证实，一名中国学生上周在奥地利首都维也纳游泳时溺水身亡。

中国大使馆官员告诉记者，这名溺水身亡的男性学生是到奥地利短期交流的中国学生。事件发生后，使馆协调帮助该学生家属前来奥地利处理善后事宜。

中国大使馆官员说，现场目击者称，该学生下水游泳后不久就不见踪影，此后搜救人员将其救出并送往医院，但最终因抢救无效不幸身亡。

中国大使馆提醒游客不要到非正式游泳场地或在没有安全员的情况下下水游泳。

还有滑冰（雪）、攀岩、漂流、野营、蹦极等诸多户外活动，大学生也有可能会接触，本书就不再一一展开介绍，但是要给大家做如下提醒：①参加任何一项户外活动前要系统地学习相关知识，了解和熟悉相关注意事项；②对专业性很强的户外运动不能盲目开展，不能抱有侥幸心理，要防微杜渐；③在进行户外运动时如遇突发状况一定不要慌乱，按前期掌握知识和方法积极进行呼救和自救。

第五节 勤工俭学活动安全

越来越多大学生在校期间选择进行社会实践和体验，勤工俭学就是一种很好的认知社会的方式，因学生的专业等特点可选择的勤工俭学方式并不多，调查显示，主要集中在家教、兼职、零工等几种类型。

（1）家教。家教可能最适合学生。

（2）兼职。据相关资料，大约60%的调查对象对兼职比较感兴趣。选择兼职的原因大概有3个：一是工作比较稳定，有相对较高的报酬；二是较其他方式能更好地培养各方面的能力；三是为以后到公司谋职作职业准备。

（3）零工。零工包括发传单、送报纸、去肯德基或麦当劳做服务员等，对女生来说还可以做平面模特，但这类打工需要克服低贱的思想观念。

从事兼职和零工可以参考本书中就业安全注意的问题，本书重点介绍家教活动中应该注意的事项。

家教是一种勤工俭学活动，可以锻炼大学生，也可在一定程度上减轻家庭的负担。但近年来发生的大学生家教受伤害事件，也必须引起大学生高度重视。

一、大学生家教中易发生的问题

阅读材料

据湘潭在线报道，大学生小胡本想找份家教工作，以减轻家里负担。没想到她遇到了一个大色狼，结果钱没有挣到，自己还吃了亏。2013年10月21日，江西男子彭显铭犯强奸罪，被湘潭县法院判处有期徒刑3年。

2013年4月的一天，彭显铭通过某家教网查找到小胡的信息后，谎称自己是消防队的领导，下属有几个人想考公务员，需请家教。小胡表示同意。

第二天中午，两人在湘潭县易俗河镇的街边面谈后，约定4天后试教。两人再次见面后，彭显铭提出要找一家有电脑房的宾馆试教，将小胡骗至易俗河某宾馆强奸，直至隔天凌晨6点才放人。

案发后，彭显铭的家属与小胡达成了赔偿协议。

办案法官提醒大学生，找兼职时一定要擦亮眼睛，要学会保护自己。

据了解，大学生们自己找家教工作存在着一定的风险。因为大学生们在做家教时，大部分只是口头协议，所以权益往往无法得到保障。有不少大学生都曾遇到过雇主无理拖欠工资，如在家教进行了近一个月就要付薪金时，被雇主以"教得不好"为名开除，并拒付薪水，或干脆拖欠几个月薪水不给，最坏的情况就是遇到性骚扰。这就要求大学生在家教工作中注意保护自身的安全。

二、家教中的安全防范

（一）选择正规的家教联系渠道

大学生找家教一定要通过正规的渠道，如学校的勤工俭学中心、正规的家教服务机构、大型的人才市场等，通过报纸、街头举牌、散发和张贴小广告等找家教方式很容易被不法分子所利用。

（二）选择正规的家教服务机构

大学生通过家教中心找家教一定要选择正规的家教服务机构，观察家教服务机构是否具备一定的规模，服务年限的长短，是否有健全的服务体系，工作人员素质是否优秀等，另外还要看是否有工商部门颁发的营业执照，如果有网站还需要有电信部门颁发的《电信与信息服务业务经营许可证》，即 ICP 证。欺骗大学生的往往都是那些仅仅有几张桌子、几部电话，蜗居在十几平方米房间内的"皮包家教中心"。

（三）认清家教职责

不排除有些请家教的人有着不良的动机，由于条件的限制，家教中心也无法确定每位家长的真实身份，大学生和家长见面后所发生的事情，这是家教中心所不能预料和控制的。对付此种骗局，就需要大学生本人一定要认清自己的工作职责，我找的是家教，是挣钱的，而不是其他任何职业，不是需要我预先付钱的，认清这一点，骗子的计谋就不可能得逞。一旦发现可疑人员要及时报告，上当受骗后要及时报案、大胆揭发，使犯罪分子受到应有的法律制裁。

（四）不要轻信他人

家教一般在学员家中进行，或者是在双方约定的图书馆、自习室里进行，如果对方和你约见在其他与家教不相关场合并提出要借用你的贵重物品时，一定要提高警惕。

（五）要及时结算报酬

做家教之前一定要和对方确认好价格，并在每次上完课后即时结算，如果对方是按照月付费，则最好与对方签订劳务合同，从而充分保障自己的利益。

此外，为了确保自身的安全，大学生还应注意以下几点：一是在初次见面时要"谨慎"。大学生虽然是成年人，但因对社会认识不深，应该不断加强自我保护的意识和能力，不能因为一时的求职心切而降低自我防范意识。二是要合理安排家教时间。一旦当上家教后，大学生要制定辅导计划和辅导时间表，以使辅导时间相对固定，没有特殊情况，不要随意改动，辅导时间也不宜过晚，应尽可能将家教辅导时间安排在周六、周日的白天。三是在第一次和雇主见面时，要给家里人或者学校老师做个告知，最好能约同学陪同前往，让同学对自己的行踪有一个了解。四是把家教课程表让同学和朋友知道。这样一旦有问题，同学和朋友可以做出正确的判断。

第六节 校外租房的安全问题

一、校外租房的原因和弊端

（一）大学生校外租房的心理透视

目前大学生到校外租房现象严重，他们一般在学校附近找居民住宅来租住。据有关部门调查，大学生在外租房居住的现象在全国各地高校已十分普遍，租房比例高的学校已经达到10%以上。从主观上讲，大学生租房现象出现的原因是多方面的，心理因素有以下几种。

（1）追求所谓自由、方便学习。部分学生认为学校住宿条件不是很好，平时用电、上网都受到一定限制，且6～8人住一间房，没有自己的私人空间，可以在经济条件允许的情况下，考虑搬出学校住。另据了解，租房者大多为大学三四年级学生，他们往往喜欢独立，也有的因为在外实习，就希望搬出来。

（2）为了打工方便和苦于经济方面的压力。有的大学生是为了打工不受学校的束缚，现在的大学生希望锻炼能力，增加社会实践经验，有的学生从进校就开始在社会上找兼职。由于工作多安排在下午和晚上不能按时回宿舍，就在外租房居住。另外，学校学生公寓收费标准对于许多贫困家庭来说是不小的数目，从经济角度考虑，在校外租房相对能减少开支。

（3）为了谈恋爱方便。当代大学生多为 20 岁左右的年轻人，他们的生理和心理条件俱已成熟。大学期间对学生的管理也不像中学那么严格，再加上大多父母都不在身边，许多大学生进校后不但谈起了恋爱，更有甚者公开在校外同居。这种恋爱同居的现象在各高校并不鲜见，催生了高校周围一大批情侣房的出现。

阅读材料

昆明某大学一位大三男生，和女友谈恋爱一年多，在学校附近租了一套两室一厅的房子，过起了"夫妻"生活。男生毫不隐讳地说："我们很相爱，将来会结婚，我在一家不错的单位实习，毕业后便转正，因这份工作获得的收入足够维持租房的费用，每天下班回家，女友已把饭菜做好，吃完饭，我们一起散步，到学校图书馆看书，这样的日子非常舒服。"谈到家人的态度，男生说："我们没有对家人说，这是我们两个人的生活。"另据该男生介绍，他的七个男友中，有四个人把女友带回宿舍留宿。

（4）为了生活舒适方便。少数大学生在家生活条件较好，过不惯高校集体生活，干脆到学校附近租间小房子，不用受学校的约束，不用为一点小事和同学争吵。经济条件好的一人租住，更多的是邀请志同道合的人合租。据了解，一些家境富裕的租房大学生，甚至请来计时工做饭、洗衣服、打扫卫生。

（二）大学生校外租房危及安全

虽然大学生校外租房不是什么新鲜事，也屡禁不止，但由此而引发的治安和刑事案件是不容忽视的大问题。

（1）大学生在外租房从安全角度上讲，有百害而无一利。由于学生租借私人住房，不属于学校的管辖范围，而且较为分散，学校不好去管理，容易形成管理上的"死角"，学校对在外租房学生也难以保护。特别需要引起重视的是，多名不熟悉的人合租以至当前较为时尚的"异性合租"是学生在外租房的大忌，其形成的安全隐患最大，造成的危害后果也最严重。

阅读材料

> 湖北荆州某高校一名大三女学生范某因在出租屋内与男友发生争执，被愤怒男友失手掐死。

可以想象，悲剧之所以发生在范某身上，除去其交友不慎方面的原因外，与其在外租房是有极大关系的。假如范某居住的是校内学生公寓，此类案件本来是可以避免的。

（2）大学生由于涉世未深、阅历不足，往往忽略租房过程中的诸多细节问题。很多学生由于租房心切，或过于注重房租价格，加之自己的安全意识不够，缺乏安全常识，而将房主的信用程度、合租者的身份背景、房子本身的安全条件、用电用气安全问题置于其次，轻者上当受骗，严重者招致飞来横祸。

（3）不少高校的新校区属郊区或城乡接合部，周边环境问题突出，暂住人口多，鱼龙混杂，治安混乱。而大学生在附近租房，常常在路边店、大排档、流动饮食摊位就餐，卫生条件极差，饮食安全得不到保证，特别是流动饮食摊点。在这种环境下，大学生发生食物中毒、治安案件是不可避免的。

（4）不少大学生和房东达成"默契"，一般不透露他们之间的房屋租赁关系，其原因很多。对房东而言，他们担心居委会和所在单位知道后要收管理费和有关税费；而大学生在外租房本身就是一种"地下"行为，也希望房东为他们保密，一旦发生问题，校方不知道，警方不知道，家长不知道，房东又不管，经常耽误处理问题的最佳时机，铸成大错。

（5）容易虚度光阴。不少大学生租房的初衷是为了获得更大的个人生活空间，但实际情况却是，所租房屋离校园有一段距离，缺乏学习的大环境，迟到、早退、旷课成了家常便饭。课余时间，一些人喜欢聚在一起打麻将、玩游戏、看影碟，极大地影响了正常的学习、生活。同时，这些学生离群索居，缺乏和班上同学正常的思想交流，不利于自己的身心健康成长。而且在外同居的少数大学生，在校内外造成了不良影响，有的因一时冲动而后悔终生。

二、大学生校外租房的管理

（一）大学生校外租房的管理内容

（1）学校要加快后勤社会化的改革进度，尽快完善后勤设施和各项服务，力争让学生不想出去或不愿出去住。纵观某些高校的建设历程，十年间的变化是巨大的，虽然现在每年招生数在不断扩大，但校园规范建设使人感到变化更大，这一切都表明，只要学校建设和管理改革方向对，目标就一定能实现。

（2）切实做好校外租房大学生的思想政治工作，认真了解其在外租房的原因，有针对性地做好疏导和劝解工作，让其尽早回到学生公寓住宿。充分发挥共产党员在学生住宿管理中的先锋模范作用和党支部政治核心与战斗堡垒作用，要切实选派足够数量的政治素质高、思想作风好、具有较强管理能力、善于做学生工作的辅导员进驻学生公寓，并做好已在校外租房居住大学生的思想工作，做到"同住、知情、关心、引导"，了解学生思想、生活，引导学生正确处理各种问题。

（3）对于因身体等特殊原因，确实需要单独居住的，必须由本人提出书面申请，说明租房的原因，并办理相关审批手续，实行谁审批谁负责制度，所在学校要积极创造条件帮助其在校内解决租房问题。对经批准租房居住的，申请人必须提供详细地址，并不得在没有安全保障的地点租房。学校对经批准租房居住的要逐一登记，逐一核实其住宿安全情况，并向他们耐心说明可能产生的后果和个人应承担的责任。

（二）校外租房需注意以下事项

（1）选好位置。如果是为了工作或者实习方便而出去租房，最好选择离单位近一点的房子，那些房子就算价格贵些，却可以减少因出行而受到伤害的概率。

如果是为了避免宿舍内的摩擦与矛盾，或者想求得安静的学习环境，最好选择学校附近干净而安全、条件较好的地方。这样一方面便于回校学习，另一方面也便于遇到麻烦时及时向老师、同学和学校求助。

（2）选好合租对象。如果因房租较贵而需要找合租对象的，一定要找熟悉的同学或朋友，最好是一起生活过而且志同道合的、生活习惯也比较接近的。否则，与住学校的集体宿舍没什么区别。此外，合租对象最好不要是异性朋友。

（3）留意居住环境。租房子住是为了寻找更好的生活与学习环境，而不是放任自流的环境，所以在选择时应该注意居住环境不要过于嘈杂、人员不要过于复杂；或者我们可以向房东、邻居了解一下周围人员的大致情况。

第三章　公 共 安 全

第一节　自然灾害的防范

一、地震

（一）地震的前兆

地震前，在自然界发生的与地震有关的异常现象，我们称之为地震前兆，它包括微观前兆和宏观前兆两大类。常见的地震前兆现象有：①地震活动异常；②地震波速度变化；③地壳变形；④地下水位异常变化；⑤地下水中氡气含量或其他化学成分的变化；⑥地应力变化；⑦地电变化；⑧地磁变化；⑨重力异常；⑩动物异常；⑪地声；⑫地光；⑬地温异常等。当然，上述这些异常变化都是很复杂的，往往并不一定是由地震引起的。例如地下水位的升降就与降雨、干旱、人为抽水和灌溉有关。再如动物异常往往与天气变化、饲养条件的改变、生存条件的变化以及动物本身的生理状态变化等有关。因此，我们必须在首先识别出这些变化原因的基础上，再来考虑是否与地震有关。

大震前，飞禽走兽、家畜家禽、爬行动物、穴居动物和水生动物往往会有不同程度的异常反应。大震前动物异常表现有情绪烦躁、惊慌不安，或是高飞乱跳、狂奔乱叫，或是萎靡不振、迟迟不进窝等。动物异常观测对地震预报具有一定的意义。大震前，地下含水层在构造变动中受到强烈挤压，从而破坏了地表附近的含水层的状态，使地下水重新分布，造成有的区域水位上升，有些区域水位下降。水中化学物质成分的改变，使有些地下水出现水的味道、水的颜色变异，出现水面浮"油花"，打旋冒气泡等。地下水位和水化学成分的震前异常，在活动断层及其附近地区比较明显，极震区更常集中出现。不少大震震前数小时至数分钟，少数在震前几天，会有地声从地下传出。有的如飞机的"嗡嗡"声；有的似狂风呼啸；有的像汽车驶过；有的宛如远处闷雷；有的恰似开山放炮。

（二）防范与应急

1. 地震发生前的避灾措施

家中应准备救急箱及灭火器，需留意灭火器的有效期限，并告知家人所储放的地方，了解使用方法。

（1）知道煤气、自来水及电源安全阀如何开关。

（2）家中高悬的物品应该绑牢，橱柜门窗宜锁紧。

（3）重物不要放在高架上，拴牢笨重家具。

（4）在任何地点都要了解所处的环境，并注意逃生路线。

（5）若家人分散了，决定好何时何地会面。

（6）不要在地震过后就立刻使用电话。

（7）若有家庭成员不会说汉语，替他们准备好书面的紧急卡，注明联络地址和电话。

（8）每半年与家人举行一次地震演习：蹲下、找寻保护物与冷静。

（9）重要文件资料（例如银行账号等）做备份放在安全的储物盒中，置于其他城镇。

（10）地震前先打电话给当地的红十字会或相关机构，询问紧急的避难所及救护机构在何地。

（11）了解最近的警察局及消防队在何地。

（12）事先找好家中安全避难处。

2. 地震发生后的避灾自救措施

（1）查看周围的人是否受伤，如有必要，予以急救，或协助伤员就医。

（2）检查家中水、电、煤气管线有无损害，如发现煤气管有损，轻轻将门窗打开后离开，并向有关部门报告。

（3）打开收音机，收听紧急情况指示及灾情报道。

（4）检查房屋结构受损情况，尽快离开受损建筑物。

（5）尽可能穿着皮鞋、皮靴，以防震碎的玻璃及碎物弄伤腿或脚。

（6）保持救灾道路畅通，徒步避难。

（7）听从紧急救援人员的指示疏散。

（8）远离海滩、港口以防海啸的侵袭。

（9）地震灾区，除非经过许可，请勿进入，并应严防歹徒趁机掠夺。

（10）注意余震的发生。

3. 地震避灾自救口诀

大震来时有预兆，地声地光地颤摇，虽然短短几十秒，做出判断最重要。

高层楼撤下，电梯不可搭，万一断电了，欲速则不达。

平房避震有讲究，是跑是留两可求，因地制宜做决断，错过时机诸事休。

次生灾害危害大，需要尽量预防它，电源燃气是隐患，震时及时关上闸。

强震颠簸站立难，就近躲避最明见，床下桌下小开间，伏而待定保安全。

震时火灾易发生，伏在地上要镇静，沾湿毛巾口鼻捂，弯腰匍匐逆风行。

震时开车太可怕，感觉有震快停下，赶紧就地来躲避，千万别在高桥下。

震后别急往家跑，余震发生不可少，万一赶上强余震，加重伤害受不了。

二、洪涝

（一）洪涝的成因

自古以来，洪涝灾害一直是困扰人类社会发展的自然灾害。时至今日，洪涝依然是对人类影响最大的灾害之一。

洪涝灾害具有双重属性，既有自然属性，又有社会经济属性。它的形成必须具备两方面的条件。第一是自然条件：洪水是形成洪水灾害的直接原因，只有当洪水自然变异强度达到一定标准，才可能出现灾害。主要影响因素有地理位置、气候条件和地形地势。第二是社会经济条件：只有当洪水发生在有人类活动的地方才能成灾。受洪水威胁最大的地区往往是江河中下游地区，而中下游地区因其水源丰富、土地平坦又常常是经济发达地区。

（二）洪涝的防治

洪涝灾害的防治工作包括两个方面：一方面减少洪涝灾害发生的可能性；另一方面尽可能使已发生的洪涝灾害的损失降到最低。加强堤防建设、河道整治以及水库工程建设是避免洪涝灾害的直接措施，推行水土保持可以从根本上减少发生洪涝的机会。切实做好洪水天气的科学预报与滞洪区的合理规划，可以减轻洪涝灾害的损失。建立防汛抢险的应急体系，是减轻灾害损失的最后措施。

（三）洪涝中的自救与逃生

（1）不要惊慌，冷静观察水势和地势，然后迅速向附近的高地、楼房转移。如洪水来势很猛，附近无高地、楼房可避，可抓住有浮力的物品如木盆、木椅、木板等。必要时爬上高树也可暂避。

（2）切记不要爬到土坯房的屋顶。这些房屋浸水后容易倒塌。

（3）为防止洪水涌入室内，最好用装满沙子、泥土和碎石的沙袋堵住大门下面的所有空隙。如预料洪水还要上涨，窗台外也要堆上沙袋。

（4）如洪水持续上涨，应注意在自己暂时栖身的地方储备一些食物、饮用水、保暖衣物和烧水用具。

（5）如水灾严重，所在之处已不安全，应考虑用自制木筏逃生。床板、门板、箱子等都可用来制作木筏，划桨也必不可少。也可考虑使用一些废弃轮胎的内胎制成简易救生圈。逃生前要多收集些食物、发信号用具（如哨子、手电筒、颜色鲜艳的旗帜或床单等）。

（6）如洪水没有漫过头顶，且周边树木比较密集，可考虑用绳子逃生。找一根比较结实且足够长的绳子（也可用床单、被单等撕开替代），先把绳子的一端拴在屋内较牢固的地方，然后牵着绳子走向最近的一棵树，把绳子在树上绕若干圈后再走向下一棵树，如此重复，逐渐转移到地势较高的地方。

三、台风

（一）台风的成因

台风是发生在北太平洋西部热带洋面上的一种很猛烈的大风暴。这种热带气旋在中国称台风，在美洲被叫作飓风，在南亚则称旋风。在海洋的某些区域里面，由于海水被太阳晒得很热，海面上的空气就向高空直升，这时在它周围较冷的空气乘势补缺，一起朝中心流动，由于地球自转，空气成反时针方向剧烈旋转。它一边旋转，一边朝西或者西北方向移动，越转越快，越转越大。台风中心就是这个旋转空气区域的最中心，它的气压极低，风力很微弱。其中心范围大约为直径 10 公里的圆面积内。在中心区域外，它的风力就大了。"台风边缘"是指靠台风外缘风力达到 6 级的区域。台风造成的灾害以狂风和暴雨最为显著，有时会引起海潮，使海水倒灌。台风中心附近风力经常在 10 级以上，并有暴雨，在海洋上能掀起山岳般的巨浪。

（二）台风预警信号

一旦台风来临，受台风影响地区的气象部门会及时发布台风预警信号，提醒有关单位和人员做好防范准备。台风预警信号从低至高共分为蓝、黄、橙、红四级。

台风蓝色预警信号：24 小时内可能受热带气旋影响，平均风力可达 6 级以上，或阵风 7 级以上；或者已经受热带气旋影响，平均风力为 6～7 级，或阵风 7～8 级并可能持续。

台风黄色预警信号：24 小时内可能受热带气旋影响，平均风力可达 8 级以上，或阵风 9 级以上；或者已经受热带气旋影响，平均风力为 8～9 级，或阵风 9～10 级并可能持续。

台风橙色预警信号：12 小时内可能受热带气旋影响，平均风力可达 10 级以上，或阵风 11 级以上；或者已经受热带气旋影响，平均风力为 10～11 级，或阵风 11～12 级并可能持续。

台风红色预警信号：6 小时内可能已经受热带气旋影响，平均风力可达 12 级以上，或者已达 12 级以上并可能持续。

另外，气象部门根据编号热带气旋的强度和登陆时间、影响程度分别发布消息、警报和紧急警报。当远离或尚未影响到预报责任区时，根据需要可以发布"消息"，报道编号热带气旋的情况，警报解除时也可用"消息"方式发布；发布"警报"是指：预计未来 48 小时内将影响本责任区的沿海地区或登陆时发布警报；发布"紧急警报"是指：预计未来 24 小时内将影响本责任区的沿海地区或登陆时发布紧急警报。

（三）防范与应急

（1）气象台根据台风可能产生的影响，在预报时采用"消息"、"警报"和"紧急警报"三种形式向社会发布；同时，按台风可能造成的影响程度，从轻到重向社会发布蓝、黄、橙、红四色台风预警信号。公众应密切关注媒体有关台风的报道，及时采取预防措施。

（2）台风来临前，应准备好手电筒、收音机、食物、饮用水及常用药品等，以备急需。

（3）关好门窗，检查门窗是否坚固；取下悬挂的东西；检查电路、炉火、煤气等设施是否安全。

（4）将养在室外的动植物及其他物品移至室内，特别是要将楼顶的杂物搬进来；室外易被吹动的东西要加固。

（5）不要去台风经过的地区旅游，更不要在台风影响期间到海滩游泳或驾船出海。

（6）住在低洼地区和危房中的人员要及时转移到安全住所。

（7）及时清理排水管道，保持排水畅通。

（8）有关部门要做好户外广告牌的加固；建筑工地要做好临时用房的加固，放好建筑器材和工具；园林部门要加固城区的街道树。

（9）遇到危险时，请拨打当地政府的防灾电话求救。

四、泥石流

（一）泥石流的成因

泥石流是介于流水与滑坡之间的一种地质作用。典型的泥石流由悬浮着粗大固体碎屑物并富含粉砂及黏土的黏稠泥浆组成。在适当的地形条件下，大量的水体浸透山坡或沟床中的固体堆积物质，使其稳定性降低，饱含水分的固体堆积物质在自身重力作用下发生运动，形成泥石流。泥石流是一种灾害性的地质现象。泥石流经常突然暴发，来势凶猛，可携带巨大的石块，并以高速前进，具有强大的能量，因而破坏性极大。

（二）防范与应急

1. 减轻泥石流灾害应以防护、避让为主

保护环境，有计划地整治江河与山沟，封山育林使泥石流不具备产生的条件。在泥石流发育分布区，工矿、村镇、铁路、公路、桥梁、水库的选址以及旅游开发等一定要在查明泥石流沟谷及其危害状况的情况下进行，尽量避开造成直接危害的地区与地段。兴建为保护危害对象免遭破坏而采取的防护、排导、拦挡及跨越等工程设施。

2. 保持警惕，及时转移

前往山区沟谷时，一定要事先了解当地的近期天气实况和未来数日的天气预报及地质灾害气象预报。应尽量避免大雨天或连续阴雨天前往这些地区。如恰逢恶劣天气，宁可蒙受经济损失、调整外出路线，也不可贸然前往。

正确判断泥石流的发生时间，及时防范。坡度较陡或坡体成孤立山嘴或为凹形陡坡、坡体上有明显的裂缝、坡体前部存在临空空间，或有崩塌物，说明曾经发生过滑坡或崩塌，今后还可能再次发生。河流突然断流或水势突然加大，并夹有较多柴草、树木；深谷或沟内传来类似火车的轰鸣或闷雷般的声音；沟谷深处突然变得昏暗，还有轻微震动感，这些迹象都能确认沟谷上游已发生泥石流。

3. 采取正确的逃生方法

泥石流发生时，选择最短最安全的路径向沟谷两侧山坡或高地跑，切忌顺着泥石流前进方向奔跑；不要停留在坡度大，土层厚的凹处；不要上树躲避，因泥石流可扫除沿途一切植物；避开河（沟）道弯曲的凹岸或地方狭小高度又低的凸岸；不要躲在陡峻山体下，防止坡面泥石流，或崩塌的发生；长时间降雨或暴雨渐小之后或雨刚停，不能马上返回危险区，泥石流常滞后于降雨暴发；白天降雨较多后，晚上或夜间密切注意雨情，最好提前转移、撤离；人们在山区沟谷中游玩时，切忌在沟道处或沟内的低平处搭建宿营棚。游客切忌在危岩附近停留，不能在凹形陡坡危岩突出的地方避雨、休息和穿行，不能攀登危岩。

五、雷击

（一）雷击的成因

引起雷击的原因很多，主要与上升气流有很大关系。夏天地面受到太阳照射变热，地面水分蒸发，水蒸气向上升，遇到上空的冷空气，变为冰粒。这些冰粒会带电，正电的冰粒会与负电的冰粒互相撞击，发出极大的声响，这即是打雷。打雷会引起雷击，太平洋沿岸，6～9月正午到傍晚，常发生雷击。

预知打雷和雷击很重要。如果看到天空积雨云变大变黑，就要想办法到安全的地方躲一躲；如果带小型收音机，收听广播时，有刺耳的杂音，即表示附近有雷云；如果忽然下大颗雨滴，也是要打雷的表现。

（二）防范与应急

有雷击发生时，我们可以采取以下措施加强自我保护：

（1）远离建筑物的避雷针及其接地引下线，这样做是为了防止雷电反击和跨步电压伤人。

（2）远离各种天线、电线杆、高塔、烟囱、旗杆。如有条件，应进入有防雷设施的建筑物或金属壳的汽车、船只，但帆布篷车、拖拉机、摩托车等在雷雨发生时是比较危险的，应尽快远离。

（3）尽量离开山丘、海滨、河边、池塘边；尽量离开孤立的树木和没有防雷装置的孤立建筑物；远离铁围栏、铁丝网、金属晒衣绳。

（4）雷雨天气尽量不要在旷野行走；外出时应穿塑料材质等不浸水的雨衣；不要骑在牲畜上或自行车上行走；不要用金属杆的雨伞；不要把带有金属杆的工具如铁锹、锄头扛在肩上。

（5）人在遭受雷击前，会突然有头发竖起或皮肤颤动的感觉，这时应立刻躺倒在地，或选择低洼处蹲下，双脚并拢，双臂抱膝，头部下俯，尽量降低自身位势、缩小暴露面。

（6）如果雷雨天气待在室内，并不表示万事大吉，必须关好门窗，防止球形雷窜入室内造成危害；在雷雨天把电视机室外天线与电视机脱离，而与接地线连接；尽量停止使用电器，拔掉电源插头；不要打电话和手机；不要靠近室内金属设备（如暖气片、自来水管、下水管）；不要靠近潮湿的墙壁。

当碰到有人遭雷击时，可采取以下措施。

第一，人体在遭受雷击后，往往会出现"假死"状态，此时应采取紧急措施进行抢救。首先是进行人工呼吸，雷击后进行人工呼吸的时间越早，对伤者的身体恢复越好，因为人脑缺氧时间超过十几分钟就会有致命危险。

第二，如果伤者遭受雷击后引起衣服着火，应马上让伤者躺下，以使火焰不致烧伤面部，并往伤者身上泼水。或者用厚外衣、毯子等把伤者裹住，以扑灭火焰。

除了上述所提到的自然灾害，还有雪灾、冰雹、沙尘暴、海啸等自然灾害在部分区域也时有发生，应对这些灾害的基本原则是，及时掌握灾情预报，听从救援组织的指挥，加强自我防护意识，积极参加防灾演练，遇到灾害发生时保持冷静，不放弃一切自救的机会或者寻找相对安全的场所等待救援。

第二节　火灾的预防

学生公寓是防火灾的重点地带。学生公寓一旦发生火灾事故，轻则造成学校和学生的财产损失，重则危及生命安全，影响学生正常的学习、生活及学校的教学秩序。

一、高校发生火灾的原因

（一）违章使用明火引发火灾

1. 违章点蜡烛

有的大学实行按时集体熄灯的规章制度，一些学生熄灯后违章使用蜡烛，极易引起火灾。

2. 蚊香放置不当

点燃的蚊香温度达到700℃，而布匹的燃点为200℃，纸张燃点为130℃。若这类可燃物品接近点燃的蚊香，极易引起燃烧。

3. 乱扔烟头

个别大学生在校园内吸烟，并未能及时熄灭烟头，而随意乱扔，极易引起火灾事故。

4. 违章使用灶具

个别大学生为图省事方便，在宿舍内使用煤油炉、酒精炉做饭烧水，并因使用不当而引起火灾事故。

5. 违章烧废纸

有的大学生在宿舍内烧废纸等物，如果靠近蚊帐、衣被等可燃物或火未彻底熄灭，人就离开，火星飞到这些可燃物上也能引起火灾。

6. 树林草坪违章用火。

在校园内树林和草坪吸烟、玩火、野炊、烧荒，都能引发火灾。因树林地下有较多落叶、松球和枯草，特别是冬季草坪枯萎，天气干燥，一遇火种，极易引发火灾。

阅读材料

> 2010年6月2日上午9时左右，某高校10号男生楼302室发生火灾，经调查，是烟头引起的。系该室一名男学生7点30分起床后点燃一支烟，吸了一半，另一半的烟放在床头的架子上后，急忙关门去上课，结果烟头掉在被子上引发了火灾。

（二）实验操作不当引起火灾

大学生在实验室中用火、电等危险物品时，如果违反规章，就能引发火灾。如在使用有电感的实验设备时将物品覆盖在散热孔上，使设备聚热，导致设备燃烧。用火时，周围的可燃物未清理完，火星飞到可燃物上引发燃烧。化学实验时，将相互抵触的化学试剂混在一起，试液温度过高或操作不当也能引起火灾事故。

阅读材料

> 2009年11月30日，某大学一名学生进行化学实验时用可燃溶剂清洗后未晾干，就放进烘箱，同时烘箱的排风分流未开，使可燃溶剂达到爆炸极限而爆炸，加上周围又有许多的可燃试剂，爆炸后又引起燃烧。

（三）操作电器不当引起火灾

在高校校园里，大学生常常因不懂电、乱用电，甚至错误用电而引发火灾伤害。如有的同学，违章使用电热炉、热的快、电热毯等大功率电器，有的学生违章乱接乱拉电源线路，还有个别同学购置和使用伪劣电器产品，这些都很容易导致火灾的发生。

阅读材料

> 2003年11月24日凌晨1时17分，正是夜深人静之时，一场突如其来的特大火灾毫不留情地在俄罗斯莫斯科人民友谊大学一留学生楼发生了，大火在短短的三个小时内就将一栋五层大楼吞噬，由于火势迅猛，从睡梦中惊醒的学生们纷纷跳窗逃生。火灾中有41名学生或被火烧死，或窒息而死，或摔伤致死，还有180多名学生受伤，其中有不少是中国留学生。消息传出，举世震惊。据俄罗斯官方消息，这场震惊世界的火灾事故是由用电不当导致电线短路而引发的。

（四）人为纵火引发火灾

纵火是指故意用放火焚烧公私财物的方法危害公共安全的犯罪行为。侵犯的是公共安全，即不特定的多人的人身安全和重大公私财物的安全。人为纵火都带有一定的目的性，一般多发生在夜深人静的时候，对高校校园安全有较大的危害性。有企图毁灭证据逃避罪责或破坏校园安全等多种形式的刑事犯罪分子纵火，也有抱有目的的烧毁他人财物和危害他人生命的私仇纵火等，这类纵火都是国家严厉打击的犯罪行为。另外还有精神疾病人员纵火，这类纵火是由于精神疾病人员对自己的行为无法控制而发生的。

二、发现火灾隐患的方法

（1）燃气泄漏。燃气泄漏的时候，通常会有一股臭鸡蛋和干白菜叶的味道，同学们闻到类似味道的时候一定要警惕，可能燃气泄露了。

（2）电器短路。电器短路时，一般会散发出一种烧胶皮、烧塑料的难闻气味。

（3）物体燃烧。物体燃烧时，通常都会冒烟同时发出相应的气味，有时会很刺鼻：纸制品、衣服和被褥燃烧的时候，微微有种辛辣的感觉，非常呛鼻；毛绒制品以及其他含有蛋白质的物品燃烧时，会产生一种烧焦羽毛气味；食用油燃烧的时候会有一种粗糙浓厚的煳味。

三、初起火灾的扑灭方法

阅读材料

2016年5月1日凌晨1时许，济南市某重点大学中心校区12号女生宿舍楼外堆放的废品起火。事发后，该宿舍楼学生骨干赶紧拨打校园110电话和119报警电话，并与宿舍楼管理人员一起迅速组织学生撤离到宿舍楼外安全地带，学校保卫处工作人员第一时间赶到现场进行灭火。在消防车到来之前，该宿舍楼和其他宿舍楼的消防志愿者与学校保卫处工作人员一起灭火，火势得到及时控制，事故未造成人员伤亡。

（1）火灾初起，如果现场只有一名同学和少数同学时，不能见火就跑。在确保安全的前提下，要利用周围的消防器材和可利用的灭火工具物品等，积极进行扑救。

（2）在自己无力扑灭火灾，火势增大的情况下，应赶快离开起火房间，关闭门窗，防止火势和烟雾向相邻的房间蔓延、扩散。

（3）立即向学校保卫部门报告，并拨打火警电话119报警，组织人员按方案撤离。此时逃生第一，不要浪费时间去取贵重物品等。

（4）在可能的条件下，要迅速转移火场和火场附近的易燃、易爆物品及高压容器、贵重物品和资料等。

（5）当撤到安全区域后，如发现还有人没撤出来，一定不能贸然返回，要等公安消防人员救援。

（6）当第一消防出口被火势堵住后，应从第二消防出口采取有效方法撤离。因为一般教室、宿舍等都会有两个以上的消防出口。

四、扑灭火灾的基本技巧

（1）冷却灭火法。冷却灭火法就是根据可燃物质发生燃烧时必须达到一定温度的条件，将灭火剂直接喷洒在燃烧着的物件上，使可燃物的温度降低到燃点以下而停止燃烧，常用的方法有用水和用二氧化碳进行冷却灭火等。

（2）隔离灭火法。隔离灭火法就是根据发生燃烧必须具备可燃物质的条件，将燃烧物体与附近的可燃物隔离和疏散开而使燃烧停止。

（3）窒息灭火法。窒息灭火法就是根据燃烧需要足够的空气的条件，采取适当措施防止空气流入燃烧区，或者用惰性气体稀释空气中氧的含量，使燃烧物质因缺乏氧气而熄灭。

（4）抑制灭火法。抑制灭火法就是使灭火剂参与燃烧的连锁反应，使燃烧过程中产生的游离基消失，形成稳定分子或低活性的游离基而使燃烧反应停止，常用的方法有干粉灭火器灭火。

五、手提灭火器的使用方法

（1）使用手提式干粉灭火器时，应手提灭火器的提把，迅速赶到着火处。

（2）在距离起火点五米处左右，放下灭火器，在室外使用时，应占据上风方向。

（3）在使用前，先把灭火器上下颠倒几次，使桶内干粉松动。

（4）如果使用的是内装式和贮压式干粉灭火器时，应先拔下保险销，一只手握住喷嘴，另一只手用力压下压把，干粉便会从喷嘴喷射出来。

（5）用干粉灭火器扑灭流散液体火灾时，应从火焰侧面对准火焰根部喷射，并由近而远，左右扫射，快速推进，直至把火焰全部扑灭。

（6）用干粉灭火器扑救容器内可燃液体火灾时，亦应从火焰侧面对准火焰根部，左右扫射。当火焰被赶出容器时，应迅速向前将余火全部扑灭。灭火时应注意不要把喷嘴直接对准液面喷射，以防干粉气流的冲击力使油液飞溅，引起火势扩大，造成灭火困难。

（7）用干粉灭火器扑救固体物质火灾时，应使灭火器嘴对准燃烧最猛烈处，左右扫射。并应尽量使干粉灭火器均匀地喷洒在燃烧物的表面直至把火全部扑灭。

（8）使用干粉灭火器时，应注意灭火过程中始终保持直立状态，不得横卧或颠倒使用，否则灭火器不能喷粉。同时注意干粉灭火器灭火后，火的复燃，因为干粉灭火器的冷却作用甚微，在着火点存在着炽热物的条件下，灭火后容易复燃。

第三节 化解矛盾纠纷

一、正确认识矛盾纠纷

大学生的纠纷可分为学籍管理纠纷、生活管理纠纷、财物纠纷、恋爱纠纷、公共活动纠纷；按参与纠纷的人数或规模，又可定为个人纠纷、群体纠纷。它的表现形式主要是两种：一是争吵斗嘴，互相攻击、谩骂；二是打架斗殴，争吵不断升级，发展为你推我拉，最后大打出手。两种形式联系紧密，以争吵开始，以打架，甚至造成伤害，构成犯罪而告终。

（一）其危害的主要表现

（1）损害了大学生的形象。当代大学生生活在改革开放的伟大时代，是未来社会的中坚力量和知识的主要载体。争争吵吵、打打闹闹等不文明行为，不仅损害了自己的人格，而且玷污了大学生"天之骄子"的称号。

（2）妨碍内部团结，破坏大学生成才的环境。同学之间和睦相处，可在良好的环境中培养良好的品德，而且可以从他人身上得到帮助，受到启发，以增长自己的学识和处事能力。而"内战"纷争不休，只会伤害感情，削弱友谊，破坏团结，瓦解集体，从而影响自己成才。

（3）酿成刑事治安案件，葬送自己的前程。大多纠纷发生于微不足道的小事、小矛盾，但是一旦成为纠纷，有的则难以收拾，甚至违法犯罪，酿成刑事治安案件。

（二）分析纠纷的起因及处理方法

发生纠纷的原因主要有：不拘小节容易发生纠纷；开玩笑过分容易发生纠纷；猜疑容易发生纠纷；骂人容易发生纠纷；嫉妒他人容易发生纠纷；目中无人容易发生纠纷；极端利己容易发生纠纷。那么如何处理这些矛盾纠纷呢？这就要求我们做到以下几点。

1. 冷静克制

无论矛盾由哪方面引起，都要持冷静态度，绝不可情绪激动，要虚怀若谷。只有"大着肚皮容物"，才能"立定脚跟做人"。对于那些可能发生摩擦的小事，要宽容，一笑了之。如果能够做到这一点，就能"猝然临之而不惊，无故加之而不怒"，一切纠纷化为乌有。

2. 诚实谦虚

在与同学以及其他人相处中，诚实谦虚是加强团结，增进友谊的基础，也是消除纠纷的灵丹妙药。有了诚实谦虚的精神，在发生纠纷的时候，就能认真听取他人的意见，进行认真的自我批评，宽容他人的过失，处理好相互间的争执。要知道，诚实、谦虚并不是什么懦弱，而是品德高尚的表现。

3. 注意言词

大学生中的纠纷多数由口角引起，俗话说："病从口入，祸从口出"、"话不投机半句多"，深刻揭示了语言与纠纷的辩证关系。语言美是社会主义精神文明的重要内容。要做到语言美，一是要说话和气，心平气和地与人说话，以理服人，不强词夺理，不恶语伤人；二是说话要文雅，谈吐雅致，不说粗话、脏话；三是说话要谦虚，尊重对方，不说大话，不盛气凌人。

二、有效避免、化解纠纷

阅读材料

> 2016年4月15日晚10时左右，济南市大学科技园某高校计算机系的田某打了一杯水放在宿舍公共的电脑桌上，遭到室友反对，于是田某就把水杯放在了板凳上，室友仍不同意，两人先是发生了口角，随后开始争抢水杯。在争抢过程中，田某用力过大，猛地一拉，水就泼到了室友身上。室友的脸部和肩部被烫伤，半边脸上起了很多水泡，室友气愤下打了田某两拳，田某没有还手，以为就此了事。几分钟后，室友到走廊接了一杯滚烫的热水泼向了田某的后背，导致田某身上烫伤面积达5%，室友烫完田某后告诉他："我烫完你，现在咱俩扯平了。"

（一）同学之间纠纷防止

同学之间发生矛盾纠纷后，双方不能冷静处理，既不能克制自己的情绪，也不通过组织解决，而是采用了暴力行动，致使事态扩大，从而影响了同学之间的关系。妥善处理同学之间的矛盾冲突，同学们要从以下几个方面入手。

1. 冷静克制

无论争执由哪一方引起，都要持冷静态度，不可情绪激动，避免矛盾激化。对于那些可能发生摩擦的小事，要宽容对待。

2. 诚实谦虚

在与同学和其他人相处中，能认真听取他人的意见，进行认真的自我批评，宽容他人的过失，处理好相互间的争执。

3. 文明礼貌

当你不小心触犯了别人时，你讲一句对不起很抱歉。别人触犯了你向你道歉，你回敬一句别客气没关系，紧张的气氛就会烟消云散。

4. 相信组织

同学之间发生了矛盾和问题，如果自己解决不了，应及时向学院领导、辅导员说明情况，或者报告地方公安机关、学校保卫部门，由组织出面协调解决。

（二）社会交往中防止纠纷

近年来，随着高校社会化进程的加快，高校师生与校外人员的交往日益增多，校园周边及校内的治安环境日趋复杂，师生与校外人员发生纠纷、斗殴或遭受不法侵害的案件也时有发生。在社会交往中，有的同学为了一点小事就大打出手、拳脚相加，与他人斗殴甚至杀人，反映了个别同学遇事不冷静、法律知识欠缺。防范社会交往过程中的安全隐患，同学们要切实做到以下几点：

1. 谨慎交友

"择其善者而从之"，一个人的朋友如何，对自身的成长、发展能起到一定的作用，与正直、讲信用的人交往会受益匪浅，与心术不正、华而不实的人交朋友，会带来害处。

2. 明辨是非

这是社会交往中的原则问题，不能因为是同乡、同学或好友，讲所谓的"义气"，感情用事，不分是非曲直，使自己误入歧途而断送前程。

3. 虚心求教

在社会交往中，会遇到各种各样的人和事，也会出现许多自己把握不定的问题。不要盲目听信他人，也不要自作主张、自行其是，要及时与老师和家长沟通，征求他们的意见，取得他们的帮助，这样才会避免交往中的各种危险。

4. 提高警惕

多年以来，大学生尤其是女大学生在社会交往中警惕性不高，被拐卖、杀害的事件时有发生，这与学生们对社会的认知和适应能力不高、相关的法律知识和安全意识薄弱有关，因此学生们在对外交往的过程中一定要提高警惕，将自身的危险系数尽量降到最低。

三、如何处理矛盾纠纷

（一）避让

在校园生活之中与同学发生矛盾时，不要一味地争强好胜，争一时之勇，逞口舌之快，这样只会更加激发矛盾，导致事情愈演愈烈，甚至上升至手脚之争。首先，不管事情谁对谁错，在矛盾加深前，不要再做争论，避开产生矛盾的地点与人，让自己与同事都冷静下来，思考事件的对错，再来处理。

（二）冷静

远离矛盾后，让自己冷静下来，分析事情的对错与后续处理的方法。如果实在不能平静下来，可以试着将事情与其他朋友倾诉一下，将自己的观点与想法分享出来，这样能让自己的怒气减缓。但是要记住在倾诉时，不要迁怒于他人，也不要将个人情绪发泄到别人身上。

（三）转移注意力

如果因为这些问题心情变坏，实在不能从矛盾中走出来，可以先试试做些别的事情，让自己的心思不要着重于矛盾点，转移自己的注意力，这样自己也能从不愉快的心情中走出来。但是一定要记得，不要急躁，否则心乱如麻，再急躁的话，事情反而会越来越糟。

（四）将情况反映给老师

如果是生活处理上的问题，同学之间就此发生分歧，进而引发矛盾。这时，如果双方都不能说服对方，不需要再继续争论，这样只会加深矛盾。可以将双方的看法与处理方法收集起来，将这些一并反映给老师，让老师来做出决定，再根据老师的决定进行处理。

（五）找出问题

冷静下来后，将事情再从头到尾认真分析一遍，找出双方的不足，找出产生矛盾的原因，也可以适当听听周围同学对此事的看法与观点，记住要以正确的态度来处理这些，态度过分偏向自己或者别人，会影响你对整个事情的看法与处理方式。

（六）缓解双方关系

同学之间产生矛盾，在所难免，主要在于事后如何处理这个问题。大家是一个集体，不可能因为一些小矛盾而老死不相往来。在找出问题所在后，如果是自己本身的问题，那么老老实实地道个歉，不要让这些矛盾再横在两人之间。如果是对方的问题，也不要咄咄逼人，以平常的态度对待对方。

（七）平常心对待

找出产生矛盾的问题点后，不管谁对谁错，不要刻意去将这些矛盾传播出去，也不要拉帮结派孤立别人。不管对方态度如何，都应以平常心去对待，平时该如何行事，还应该如此。如果对方咄咄逼人，可以将事情交给老师处理，没必要去做无谓的争论。

第四节　崇尚科学　反对邪教

崇尚科学，就是一切要按照客观世界的本来面目揭示客观规律，用科学的思想观察问题，用科学的方法处理问题，用科学的知识解决问题。一部人类文明进步史，就是一部科学不断战胜愚昧的历史。可以说，人类的进步就是科学技术的进步带来的社会进步的历史。由于人类对自然规律的认识，带来了蒸汽机和工业革命，而现代航天技术、数字化技术、信息革命又给世界带来了全新的面貌。

这里所说的科学，既是指自然科学，如牛顿和爱因斯坦的自然科学，也包括洛克、孟德斯鸠、韦伯、哈耶克这类思想大师对社会进行研究得出的见解，即社会科学。社会科学对于破除人类历史上的种种蒙昧主义，唤醒人类对自身和社会真实关系的看法起着非常重要的作用。

一、邪教的反动本质

从世界范围来看，邪教组织是指冒用宗教、气功或者以其他名义建立，利用神化教主、制造和散布歪理邪说等手段，聚敛钱财、发展控制成员，危害家庭、危害社会的非法组织。反科学、反社会、反人类、反政府、谋私利，是古今中外一切邪教组织的共同本性。

邪教是以各种谎言、骗术、心理暗示等手段对信徒进行"洗脑"，进而实行其变态的精神控制。这种精神控制能使信徒丧失人的正常理智、丧失判断是非的基本能力，最终酿成精神失常和彻底崩溃的后果。据不完全统计，全国练"法轮功"致死者多达一千四百多人，如此严重损害身心健康乃至危及生命的"功法"，绝不是正常的健身活动，更不是正常的宗教活动。因为，第一，在宗教中神和人是有区别的，即使再有权威和德高望重的神职人员也不得自称为神，而邪教教主却自称为神；第二，宗教的传教活动是公开合法的，邪教活动则有不可告人之处；第三，宗教并不反社会、反人类，而邪教则反社会、反人类；第四，宗教不允许神职人员骗取钱财，而邪教教主则大肆掠夺别人的钱财；第五，宗教有自己的典籍和教义，而邪教的所谓教义都是危言耸听的歪理邪说。因此，邪教不仅在世界上受到各国政府的打击，也受到宗教信徒和宗教团体的反对。我国政府对"法轮功"邪教组织坚决依法取缔和严厉打击，这是维护人民群众根本利益的具体体现。

二、反对迷信

邪教的本质是反社会、反政府、反科学、反人类，是一种具有危害性、对抗性的破坏力量，严重影响着国家安全和社会政治稳定。迷信是邪教的温床。邪教现象虽然不能简单地用迷信来概括，但它究竟是一种迷信，是迷信的极端表现形式。人们通常认为，随着科学技术的进步，人类对自然的认识越来越深入，迷信就会越来越失去立足之地。然而，邪教组织却利用一些人对生老病死和大自然的迷信心理，诱使人们迈入邪门后加以精神控制。例如，健康是人人都渴求的，邪教就抓住人们的这个心理，宣称"法轮功"可以强身健体，包治百病，鼓惑人们有病不去医院，只要按它的功法修炼，疾病就会自动消失。从而诱使许多人信以为真，纷纷加入练功的行列。

科学与迷信是对立的。科学是人类认识和改造世界的最高成果，是破除迷信，反对邪教的最有力武器。尊重科学，相信科学，运用科学解决现实生活中的种种问题，社会才能进步，人类才有希望。科学知识有助于人们消除无知和愚昧，从根源上遏制迷信的形成。因此，我们应该崇尚科学，反对迷信。倡导"学科学、爱科学、用科学"，用已有的科学知识做基础，学习更多、更广的新科技，树立正确的人生观和价值观，这样才能防止邪教组织乘虚而入。

作为掌握现代科学文化知识的当代大学生，应该走在反邪教斗争的前列，用我们的实际行动，崇尚科学，提倡文明，抵制邪教，拒绝邪教的传单、邮件等一切宣传活动；拒绝邪教向我们的渗透和宣传；拒绝邪教向我们家庭的渗透和宣传。应带头深入城市社区、农村乡镇，通过各种形式的社会实践活动，宣传马克思主义唯物论、无神论，在全社会大力弘扬科学精神，带头实践文明健康的生活方式，积极参加健康向上的文体活动，努力形成崇尚科学的人生观和价值观，以我们文明进步的思想和言行塑造当代大学生健康向上的精神风貌。

第四章　国　家　安　全

国家安全是指国家主权独立和领土完整以及政治制度不受侵犯，经济发展、民族团结、社会安定不受威胁，国家机密不被窃取，国家工作人员不被策反，国家机构不被渗透，人民生命、财产不受外来势力的威胁和侵害，是一个国家处于没有危险的客观状态。

第一节　国家安全的主要内容

一、国家主权的独立

主权在国际法上是指一个国家独立自主地处理对内、对外事务的最高权力。按照近代国家的概念，国家和主权是不可分的，主权是国家区别于其他社会集团的特殊属性。国家主权的基本内容有：对内的管辖权，主要是属地（领域）管辖权和属人（国籍）管辖权；对外的独立权，即国家可以按照自己的意志处理本国事务而不受其他国家干涉的权力；对外的平等权，即各国不论大小、强弱、贫富、社会制度的差异，都平等参与国际事务、相互尊重的权力；对外的自卫权，即国家为保卫自己的生存而进行国防建设和进行单独或集体自卫的权力。国家主权独立和安全是国家安全的前提和基础。

二、国家领土完整

领土是构成国家的主要因素之一。世界上任何一个国家都必须有一定的领土。有了一定的领土，才能供居民定居，才能组织政权，才能为国家行使主权提供空间，才能生产居民和国家赖以生存和发展的物质财富。领土完整包括领陆、领水、领空等地理方面的内容，但更主要的是体现了国家领土的完整性，表示国家领土不能被侵占、被肢解、被分裂。领土完整是国家独立的重要标志，是国家主权、国家安全的重要组成部分。领土主权不可侵犯也是国际法早已确认的重要原则。《联合国宪章》第二条第四项规定："各会员国在其国际关系上不得使用威胁或武力或以与联合国宗旨不符之任何其他方法，侵害任何会员国或国家之领土完整或政治独立。"

三、经济安全

国家经济安全是指维护国家经济正常运转，不受内外干扰、威胁、破坏的一种状态。它既包括一国抗击各种风险的能力，也包括该国为确保国家经济稳定和持续发展而确立的战备目标以及为此采取的各项措施。经济安全在国家安全诸要素中起着基础性作用。这是因为，经济利益是国家、民族赖以生存和发展的最根本利益，在各国国家利益中居主要地位，而国家经济安全所体现和维护的正是国家经济利益。针对我国实际，国家经济安全所面临的威胁主要包括：经济制度安全、民族经济安全、金融安全、贸易安全、粮食安全及合作安全等。

四、军事安全

所谓军事安全，是指国家运用军事力量捍卫国家安全，维护国家的主权完整和长治久安，保卫人民的生命财产，为国家的发展和人民的生活提供一个相对稳定的内部和外部环境。军事安全包括三个方面的内容：一是指国家在客观上是否存在军事威胁，可分为外敌入侵和内部动乱；二是指国家主观上是否具有军事安全感；三是指一个国家是否拥有维护国家安全的手段和军事能力。维护军事安全是通过自身的军事实力来实现的。

五、政治安全

政治安全是传统国家安全的重要内容，即主权国家如何防止来自外部的政治干预、压力和颠覆以及内部敌对势力的破坏活动。其主要表现是国际政治斗争。政治安全更多的是通过外交斗争和政府行为来维护，但也离不开经济实力和军事实力的支撑。政治安全同时也是增强民族凝聚力的重要基础。因此，我们只有不断增强国家的经济实力、国防实力和民族凝聚力，中国的社会主义才能立于不败之地。

六、信息安全

信息安全是由于近年来网络空间迅速发展而产生的一个独立的安全概念，也可以说是国家安全概念延伸到计算机网络空间的结果。所谓信息安全，是指在电脑网络空间中，主体利益不受到来自外部和内部的威胁、破坏以及其他任何危害性影响的一种状态。它既可以在电脑网络空间直接提供国家安全保障，也可以通过经济安全、军事安全、政治安全和社会安全等因素对国家安全产生重大影响。

七、科技安全

科技安全是指保障国家科学技术的发展不受内外干扰和威胁，即通过政治、经济、外交、军事、情报等手段，使国家的科学技术体系以及各项工作免受内部和外部的干扰、破坏，保障本国科学技术的先进性和重要科学技术发展战略计划的顺利实施。科技安全是国家安全的一个重要组成部分。当今世界各国之所以重视科技安全，努力保障和维护科技安全，是因为科学技术在整个社会发展过程中，在提高综合国力上，在保障国家安全方面，都发挥着越来越重要的作用。

八、环境生态安全

随着世界工业化的发展，全球性的环境问题日益凸显，生态环境安全也日益引起国际社会的普遍关注。所谓生态环境安全，主要是指人类的生存免于受到环境恶化的威胁，以及国家安全和国际社会免于受到环境破坏和生态恶化的威胁。联合国在 1992 年召开的

"地球首脑会议"上将环境保护与"一个更安全、更繁荣的未来"等问题联系起来，突出强调了环境安全的重要性。主要包括如下几个方面：一是环境污染，二是全球气候变化与臭氧层的破坏，三是资源破坏与短缺，四是生物多样性丧失。

九、文化安全

文化安全是指一个主权国家的文化价值体系，特别是一个主权国家的主流文化价值体系，免于遭受来自内部或外部文化因素的侵蚀、破坏或颠覆，以完整地保持自己的文化价值传统，在自主和自愿的基础上进行文化革新，吸收和借鉴一切对本民族有益的文化价值观念和生活方式。文化安全在国家安全中的地位是独特的，文化安全为一个国家提供了稳定的国内政治环境和强大的发展经济与科学技术生产力的精神动力，为人民大众的幸福生活提供了深厚的道德基础。

第二节　树立国家安全意识

一、危害国家安全的行为

危害国家安全的行为，是指境外机构、组织、个人实施或指使、资助他人实施的，或者境内组织、机构、个人或与境外机构、组织、个人相勾结实施的危害中华人民共和国国家安全的行为。危害国家安全行为的表现是多种多样的，但总的来说就是《刑法》第102条至112条所规定的各种危害国家安全的行为，即危害国家主权、破坏国家的领土完整和安全、分裂国家、颠覆国家政权，或者侵害国家的其他基本利益，危害中华人民共和国国家安全的行为。

根据《中华人民共和国国家安全法实施细则》第八条规定，下列行为属于危害国家安全的其他破坏活动：①组织、策划或者实施危害国家安全的恐怖活动的；②捏造、歪曲事实，发表、散布文字或者言论，或者制作、传播音像制品，危害国家安全的；③利用设立社会团体或者企业事业组织，进行危害国家安全活动的；④利用宗教进行危害国家安全活动的；⑤制造民族纠纷，煽动民族分裂，危害国家安全的；⑥境外个人违反有关规定，不听劝阻，擅自会见境内有危害国家安全行为或者有危害国家安全行为重大嫌疑的人员的。

二、公民维护国家安全的义务和权利

（一）公民维护国家安全的义务

根据《中华人民共和国国家安全法》（以下简称《国家安全法》）规定，公民和组织维护国家安全的义务有以下几个方面：①遵守宪法、法律法规关于国家安全的有关规定；②及时报告危害国家安全活动的线索；③如实提供所知悉的涉及危害国家安全活动的证据；④为国家安全工作提供便利条件或者其他协助；⑤向国家安全机关、公安机关和有关军事机关提供必要的支持和协助；⑥保守所知悉的国家秘密；⑦法律、行政法规规定的其他义务。机关、人民团体、企业事业组织和其他社会组织应当对本单位的人员进行维护国家安全的教育，动员、组织本单位的人员防范、制止危害国家安全的行为。企业事业组织根据国家安全工作的要求，应当配合有关部门采取相关安全措施。

（二）公民和组织在维护国家安全方面所享有的权利

根据《国家安全法》的规定，国家对支持协助国家安全工作的公民和组织给予保护，对维护国家安全有重大贡献的给予奖励；任何公民和组织对国家安全机关及其工作人员超越职权、滥用职权和其他违法行为，都有权向上级国家安全机关或者有关部门检举、控告；对协助国家安全机关工作或者依法检举、控告的公民和组织，任何人不得压制和打击报复。

三、维护国家安全是当代大学生的职责

随着改革开放的进行，中国的经济有了较快的发展，国际竞争力和国家地位得到了提升，实现了中国崛起。面对中国所取得的巨大成就，一些国家别有用心地提出了"中国威胁论"，他们的一些举措给中国的国家安全构成了一定的威胁。

当代大学生由于涉世不深，国家安全意识相对薄弱，同时深受西方享乐主义和拜金主义的影响，在思想上存在着深层的危机。从爱国主义教育方面来看，目前的爱国主义教育方式僵化，内容空洞，效果欠佳。大学校园是一个思想活跃的地方，大学生处在这种思想活跃的环境中，如果缺乏正确的引导，势必被一些不良思想所左右。这就迫切需要对大学生进行安全教育，培养国家安全知识，树立新的国家安全观。大学生应从以下几个方便来履行维护国家安全的义务。

（一）防止邪教侵害

高等学校是传播科学文化知识的殿堂，担负着为国家培养社会主义现代化建设人才的艰巨任务。高校的大学生应当牢固掌握辩证唯物主义和历史唯物主义，反对唯心主义，反对封建迷信。广大青年学生应当努力学习科学知识、科学思想和科学方法，只有这样才能正确地分析问题，解决问题，正确地认识世界和改造世界。

大学生应当参加合法的社会组织，参与健康向上、有益身心的社会活动，包括体育健身活动。对于邪教组织、会道门或者其他以祛病健身、修身养性为幌子的非法组织活动，要时刻保持政治警惕性，防止上当受骗，防止做违法的事情。如果发现有人利用邪教组织、会道门，利用迷信蒙骗群众，危害社会治安，要及时向公安、保卫部门举报。我国《刑法》中有打击"组织和利用会道门、邪教组织或者利用迷信破坏国家法律、行政法规实施"的规定。如果有亲友参加了会道门、邪教组织或搞迷信活动，应当劝他们尽快脱离非法组织，终止非法活动。

（二）防止民族分裂

民族分裂主义，指多民族国家内部某个民族的一种极端势力，以"民族自决"和维护"民族利益"为幌子，主张国家分裂，建立单一民族国家的反动的社会思潮和社会行为。

大学生反民族分裂的基本要求有以下几个方面。

第一，大学生应自觉维护和促进国家的统一与发展。

民族分裂是危害国家安全的重要因素之一。中国是一个统一的多民族国家，由56个民族组成，各民族之间平等、团结、互助、共同繁荣。中国政府禁止对任何民族的歧视和压迫，也禁止任何破坏民族团结和制造国家分裂的行为。大学生应自觉维护和促进国家的统一和发展，弘扬爱国主义精神，在维护国家统一问题上毫不动摇，并时刻准备着同破坏祖国繁荣稳定的分裂分子做斗争。

第二，大学生应当加强对祖国统一、民族团结相关知识的关注与宣传。

我国的民族分裂主义打着民族、宗教等旗号进行分裂活动，企图把少数民族聚居的地区从中华大家庭中分裂出去。针对民族分裂势力的阴谋，大学生应加强对民族团结相关知识的关注，认清民族分裂主义破坏祖国统一和发展的本质，同时积极宣传党的民族政策，让身边的人都能清醒地认识到：只有在中国共产党的正确领导下，才能真正实现各民族平等互助，达到共同富裕。

第三，大学生应坚决拥护我国政府加强对民族分裂势力的打击力度，旗帜鲜明地和分裂势力做斗争。

民族分裂主义对国家的统一和民族的团结具有极大的破坏性和严重的危害性，因而，我们要旗帜鲜明地反对民族分裂主义，依法打击极少数民族分裂主义分子。同时也要反对国际敌对势力明目张胆地支持我国民族分裂势力，妄图颠覆人民政权，分裂中国的统一的行为。民族问题关系到国家命运，大学生应坚决支持政府严厉打击分裂主义，依法严惩制造骚乱、爆炸、杀人等恐怖活动的分裂分子，以确保公民的人身财产安全。

（三）防止恐怖分子侵害

1. 恐怖组织活动的主要方式

1）爆炸

这是恐怖分子经常采用的手段，世界上约一半的恐怖活动是用爆炸方式进行的。爆炸手段越来越多样化、现代化。他们使用的炸弹千奇百怪，如酒瓶炸弹、汽车炸弹、电话炸弹、邮包炸弹、手表炸弹，不仅可以定时，而且可以遥控引爆，甚至将炸弹绑在人身上，称之为"人体炸弹"，与受害者同归于尽。恐怖分子作案的地点多选择特定的军事、政治、经济目标，如政府办公大楼、警察局、军营、机场、商业大厦，攻击对象不仅包括党政要人，也包括无辜的平民百姓。

2）暗杀

为了达到制造混乱、消灭宿敌、扩大影响等目的。恐怖分子经常采用暗杀的手法。

暗杀对象既有国家军政要员、高级将领、知名人士，也有无辜的平民。

3）绑架（劫持人质）

恐怖分子为了达到敲诈勒索、交换在押人员等政治目的，时常出其不意地将选定的人质绑架，有的一关就是数年，有的甚至将人质杀害。

4）偷袭

主要包括扫射、炮击、空袭、纵火。袭击目标包括办公场所、军事设施、机场、码头、影剧院、商场等公共场所。

5）劫机

这是恐怖分子实施恐怖活动经常采用的手段。他们劫持民航飞机，以飞机上的人来胁迫有关政府或对手答应其要求。自1931年发生第一次劫机事件以来，全世界已发生近千次劫机事件。最为典型的是"9·11"事件，恐怖分子同时劫持四架民航飞机作为自杀式攻击武器，撞向纽约世贸中心和华盛顿五角大楼，造成数千人死伤。

6）施毒

这种方式不经常采用，但一旦使用，受害者难以防范，会造成更为严重的伤害。

2. 防范恐怖活动的主要措施

1）不去或少去恐怖活动的重灾区

恐怖活动的重灾区主要为亚洲的菲律宾、斯里兰卡、阿富汗、印度以及中东地区的伊拉克、巴勒斯坦、埃及、伊朗、以色列等国家；非洲地区的苏丹、利比亚、索马里、阿尔及利亚等国家；欧洲的英国、法国、西班牙、意大利等国家；南美地区的哥伦比亚、秘鲁；北美地区的美国。去这些国家，应尽量避开一些敏感时期（如重大的节假日、战争、演习等），到了这些国家，思想上要提高警惕，活动要格外小心，应处处防范恐怖分子的侵袭。

2）对爆炸恐怖活动的紧急应对

如遇到爆炸，应迅速背朝爆炸冲击波传来的方向卧倒，脸部朝下，头放低，在有水沟的地方最好侧卧在水沟里边。如在室内遭遇爆炸，就近躲避在结实的桌椅下；张开口，避免爆炸所产生的强大冲击波击穿耳膜，而引起永久性耳聋；用湿毛巾或衣服捂住口鼻，爆炸瞬间屏住呼吸，逃生时以低姿势为好。切忌乱跑乱窜，大呼大叫。

3）对恐怖分子实施毒气的紧急应对

尽快用衣服、帽子、口罩等，保护自己的眼、鼻、口腔，防止毒气摄入。在场人员应迅速撤离现场，镇静、沉着、有秩序地撤离。不可顺着毒气流动的风向走，应逆向逃离。逃离后，要脱去被污染衣服，及时消毒，立即到医院检查，必要时进行排毒治疗。

4）对恐怖分子人质劫持的紧急应对

首先，保持镇定，保存体力。不要意气用事，不要行为失控。

其次，设法传递信息。例如，人质可通过发送手机短信、写字条等方式，将所处地点及恐怖分子的数目、企图、特点等最重要的信息传递出去。

最后，警务人员在对恐怖分子发起攻击时，人质应立即趴倒在地，双手保护头部，随后迅速按警务人员的指令撤离。撤离时要避免惊慌混乱，首先搀扶老人和孩子。

（四）保守国家秘密

1. 国家秘密的概念

《中华人民共和国保守国家秘密法》第二条规定："国家秘密是关系国家安全和利益，依照法定程序确定，在一定时间内只限一定范围的人员知悉的事项。"这里我们讨论的保守国家秘密，主要从国家秘密、涉及国家安全的商业秘密和国际间谍这三个方面加以论述。国家秘密关系国家安全和利益，党和国家一贯重视对国家秘密的保护工作，重视对泄露国家秘密犯罪的打击。

2. 泄露国家秘密案件的几种主要渠道

随着改革开放的不断深入和社会主义市场经济体制的建立，保密工作不再是在一种封闭的环境下进行，而是面临着过去不曾有过的新情况。作为当代大学生了解与此相关的知识，对于我们将来走上工作岗位更好地保守国家秘密有着重要意义。造成国家秘密泄露的主要渠道有以下几个：

1）对外交往与合作中的泄密

我国实行对外开放以来，进一步扩大了与世界各国和地区间的交往，各种涉外活动特别是经济、科技、文化等方面的交流与合作日益增多，这大大促进了我国经济和社会的发展。但是，由于一些人员缺乏保密观念，失去了应有的警惕性，在对外交往中，不能做到内外有别，不能严格区分密与非密的界限，对外方有求必应，或让外宾进入限制进入的地区和部门进行拍照、摄像等，结果造成国家秘密泄露。

2）新闻媒体的泄密

有的新闻单位追求新闻效应，不顾有关规定抢先报道，造成泄密；有的单位为了宣传自己，提高知名度，把本不应该对外宣传的情况和盘托出，造成泄密。有的新闻、出版部门审稿人员保密知识缺乏，不了解保密范围，造成泄密。

3）通信和办公自动化方面的泄密

当前，通信和办公自动化的发展和普及，大大提高了工作效率，但也给保密工作带来了新的问题。一方面是我国保密防范技术落后，不能有效地克服技术性的泄密；另一方面，人为的泄密问题也时有发生，如有的在普通电话中谈论国家秘密，有的在拍发电报、传真时明密混用，有的信息网络不具备保密功能，用户却将一些涉密信息传到网上等。

4）普通公民的泄密

一方面，随着我国经济体制改革的日益深入，人才市场的人员流动已成为普遍的现象。有在职涉密人员的流动，也有离退休涉密人员重新应聘到境内外组织机构工作，从而造成泄密。另一方面，少数人受利益的驱使，非法提供或者出卖国家秘密的事件不断增多。

3. 如何保守国家机密

维护国家安全和保守国家秘密的意识，是指公民在履行维护国家安全、荣誉、利益和国家秘密的义务方面所应具备的观念的总和，是公民世界观、道德观、政治观在国家安全方面的具体体现。它是公民对国家的责任意识、认识背景的国际意识和公民的自我防卫意识构成的统一体。

1）确立责任意识

《中华人民共和国保守国家秘密法》第三条规定："国家秘密受法律保护。一切国家机关、武装力量、政党、社会团体、企业事业单位和公民都有保守国家秘密的义务。任何危害国家秘密安全的行为，都必须受到法律追究。"对维护国家安全和保守国家秘密的责任意识反映了公民和组织在对自身关系的认识中，国家安全所处的地位状况。人们依法行使作为中华人民共和国公民或法人而享有的相应权利时，也必然与国家安全相联系，因此没有责任意识，国家安全就会丧失存在的基础。

2）树立国际意识

公民和组织能否对国家安全，对自己的行为进行决策、调整和评价，一个很重要的认识方法是国际背景意识，即对自己将要实施和正在实施的行为及其可能引起的后果，放置于纷繁复杂的国际关系中进行评价、预测。任何因素之间的价值关系都有它特定的背景环境。背景环境的变更或移动，将牵动原来附着于其上的价值关系。例如，同样一种专利技术、产品或资源信息的披露，对国家安全的影响在国内环境和国际环境上的效应是不同的。

作为中国公民，任何时候都不能为了期望得到国际认同，或者是为取得某种轰动效应，而不注意"内外有别"的原则，泄露国家秘密，给国家安全和利益造成危害。

3）加强自我防卫意识

加强自我防卫意识的内容是公民和组织在各种表达自己意思或意思倾向的活动中，自觉、充分地预测意思表达后，将对国家安全利益造成危害的可能性，并以此对活动方式和意思表达程度进行调节的一种价值判断和心理感受状态。它是国家安全意识中最为积极、有效的意识形态。对公民来说，如果缺少职业敏感或经验积累，要确切了解危害国家行为的组织、行为人及其行为是很困难的。这是因为危害者的身份和危害行为往往具某种假面性而难以识别，如危害者常常以"投资者""友人""伙伴"等身份出现，迷惑国内公民和组织，阴谋获取我国秘密。因此，我们要不断提高政治意识和政权意识，增强政治鉴别力和政治敏锐性。严格自律，遵守法律法规。《国家安全法》第七十七条规定："任何个人和组织不得有危害国家安全的行为，不得向危害国家安全的个人或者组织提供任何资助或者协助。"

4）要有积极参与意识

国家安全的维护需要广大公民共同努力。《国家安全法》第七十七条规定，公民和组织应当履行维护国家安全的义务，及时报告危害国家安全活动的线索，如实提供所知悉的涉及危害国家安全活动的证据，为国家安全工作提供便利条件或者其他协助，向国家安全机关、公安机关和有关军事机关提供必要的支持和协助，保守所知悉的国家秘密。

5）学习保密常识

接受保密知识教育，正确认识保密与窃密的斗争，严格遵守保密制度，既要对外开放，扩大对外交流，又要确保国家机密不被泄露，正确处理两者的关系，克服那种有密难保、无密可保的糊涂认识。大学生到国外就读、学习或旅游之前要主动接受有关部门的国家安全教育，了解、掌握国家安全知识，不但要做好物资准备工作，还要做好充分的精神准备，提高国家安全和防范意识，自觉维护国家安全，抵制敌对势力的策反、拉拢、威胁、利诱等活动，并定期向学校汇报工作、学习情况；同时，要严格遵守外事纪律和有关规章制度，遵守前往国家的法律法规，尊重他国的社会公德和风俗习惯，决不做有损祖国和民族尊严的事情。

第五章 网络安全

近年来，我国网络发展迅速。2017年1月22日中国互联网络信息中心（CNNIC）发布的第39次《中国互联网络发展状况统计报告》显示：截至2016年12月，中国网民规模达7.31亿，普及率达到53.2%，超过全球平均水平3.1个百分点，超过亚洲平均水平7.6个百分点，中国网民规模已经相当于欧洲人口总量。《中国互联网络发展状况统计报告》同时显示：网民的上网设备正在向手机端集中，手机成为拉动网民规模增长的主要因素。截至2016年12月，我国手机网民规模达6.95亿，较2015年底增加7550万人。网民中使用手机上网人群的占比由2015年的90.1%提升至95.1%，提升5个百分点，网民手机上网比例在高基数基础上进一步攀升。学生群体所占比例远远高于其他群体，接近三分之一的网民为学生，其中很大一部分是在校的大学生。

第一节 警惕"网络综合征"

网络空间犹如一片浩瀚的信息、知识和娱乐的数字化海洋，容易使人们完全浸到网络虚拟的生活空间而不能自拔。特别是对求知欲望强烈、易于接受新鲜事物的大学生，网络更是充满了无限魅力。这种魅力对大学生产生的诱惑往往会导致大学生对网络的极度迷恋，进而发展成为病态的网络沉溺，染上网络"毒瘾"。

一、"网络综合征"的症状及成因

（一）何谓"网络综合征"

网络综合征（net synthesis）又名"互联网成瘾综合征"，还有人称之为"网瘾""网痴"，是人们由于沉迷于网络而引发的各种生理、心理障碍的总称，它是由过度上互联网络引发的机能失调症［IAD（internet addiction disorder）病］，全称为"国际互联网痴癖征"。这是新近出现的疾病之一，目前各国正开展对它的研究。美国心理学会冠以"病态使用因特网"的疾病名称，简称PIU（pathdogical internet use），并且宣布其为心理疾病之一。

"网络综合征"主要症状有：患者多沉湎于网上自由说谈或网上互动游戏，并由此而忽视了现实生活的存在，或对现实生活不满足。初时是精神依赖渴望上网"遨游"；随后发展为躯体依赖，表现为情绪低落、头昏眼花，双手颤抖、疲乏无力、食欲不振等。美国匹兹堡大学的一份研究报告表明，全球三十多亿网民中，有数亿人患有不同程度的"网络综合征"。官方消息称，我国有10%的青少年用户（约2400万人）网瘾严重。

大学生是网络综合征的易感人员，因为大学生大多正值青春期，心理发育还不成熟，自制能力差，容易产生逆反心理，特别易出现心理和行为的偏差。虚拟网络的理想化为他们提供了平台，结果导致从最初好奇的随意浏览，到不能自拔的精神依赖，最后发展为躯体依赖。他们具有"双重人格"，网络中的他们往往和现实中的自己判若两人。而且他们多数性格孤僻，不善于与人沟通，导致与家人、朋友关系紧张，面对挫折与失败习惯逃避。无论做什么事都想着上网，上网后精神极度亢奋并乐此不疲，行为不能自制以获得心理满足，或通过上网来逃避现实，并时常出现焦虑、忧郁、人际关系淡漠、烦躁不安等现象；他们上网时间每次都超过原来计划，甚至整夜地游荡在虚幻的环境中，而到白天学习、工作时则昏昏欲睡，对现实生活毫无兴趣；更有甚者不上网时手指会不停地运动，严重时全身打战、痉挛、摔东西；不上网就会心慌、心跳加剧，手发冷、发热，烦躁、情绪不稳；尤其会使人体的自主神经功能严重紊乱，导致失眠、紧张性头痛等，造成人体免疫机能严重下降，学习、工作、生活能力明显下降。

阅读材料

国外心理学家提出八项标准可以自我诊断"网瘾综合征"：

1. 你是否觉得上网已占据了你的身心？

2. 你是否觉得只有不断增加上网时间才能感到满足，从而使得上网时间经常比预定时间长？

3. 你是否无法控制自己上网的冲动？

4. 每当互联网的线路被掐断或由于其他原因不能上网时，你是否会感到烦躁不安或情绪低落？

5. 你是否将上网作为解脱痛苦的唯一办法？

6. 你是否对家人或亲友隐瞒迷恋互联网的程度？

7. 你是否因为迷恋互联网而面临失学、失业或失去朋友的危险？

8. 你是否在支付高额上网费用时有所后悔，但第二天却仍然忍不住还要上网？

如果你有 4 项或 4 项以上表现，并已持续一年以上，那就表明你已患上了"网络综合征"。

研究者认为，从临床表现来看，IAD 或 PIU 至少包括下列五种类型：

第一，网络交际成瘾（包括用微信、QQ、BBS 在网上进行人际交流）；

第二，色情网络成瘾（包括浏览网上的色情音乐、黄色图片和影像等）；

第三，网络强迫行为（包括强迫性地参加网上赌博、网上拍卖或网上交易）；

第四，强迫信息收集（包括强迫性地从网上收集无用的、无关的或不迫切需要的信息）；

第五，计算机成瘾（包括不可抑制地长时间玩计算机游戏）。

如果以上有关症状和类型的描述只是让你觉得不以为然，甚至你还觉得新奇，想跃跃欲试的话，下面这些研究结果与真实案例可能会让你警惕起来。

（二）大学生"网络综合征"现状及其成因

调查显示，华东师范大学的心理咨询中心随机抽取上海市四所大学的 430 名学生作为调查对象进行调查，最终结果表明全部学生已经接触并使用过网络，有 34 人符合网络成瘾的诊断标准，网络成瘾发生率为 7.9%。北京大学心理学系钱铭怡教授对北京 12 所高校的近 500 名本科生进行抽测，发现大学生中存在一定比例的网络成瘾者，在被测试者中占到 6.4%。我国台湾地区某时报针对上网学生作的调查显示，有高达 40% 的学生每天上网时间超过 15 个小时，超过了正常的上课时间，越来越多的学生因为整天沉湎于网络而造成学业荒废甚至辍学。我国大学生"网络综合征"现状由此可见一斑。下面就是因为忘情于网络而致学业荒废的例子。

> **阅读材料**
>
> 高校大一学生刘某某自从买了笔记本电脑，无论课程多少，每天在网上泡上五到六个小时是他的"必修课"。他不厌其烦地浏览各种网页，和朋友聊天，在 BBS 上学灌水，实在无聊了，就与同学联机打游戏。日复一日地上网闲逛，刘某某有时也会觉得无聊，可一旦下了线，就如同无头苍蝇没了方向，心里空荡荡的感觉让他很不踏实，甚至情绪低落，烦躁不堪。无奈，强大的孤独感又把他推回了那熟悉而又陌生的网络世界。周而复始，刘某某很茫然，却又摆脱不掉。
>
> 济南市某高校数学系本科生冯某曾因过度沉迷于网游，多门功课挂科，大四那年被学校勒令退学。退学后，冯某非但没有悔悟，反而从学校宿舍搬进网吧，并在网吧应聘了网管，一来解决了吃饭住宿问题，二来还能继续玩网游。打工挣来的钱依旧不能满足冯某的网瘾，于是他想到了偷。2013 年和 2015 年，冯某两次因盗窃自行车被治安拘留。2016 年 3 月 25 日，冯某在一小区盗窃自行车时被失主堵在了楼道，再次被警方刑事拘留。

研究表明，长时间上网会使大脑中的化学物质多巴胺（dopamine）水平升高，这种化学物质会令患者呈现短时间的高度兴奋，沉溺于网络中的虚拟世界而不能自拔，但之后的颓废感和沮丧感却更为严重。时间一长，就会带来一系列复杂的生理和生物化学变化，容易出现生理和心理异常。更有甚者，因为过度上网而死亡。

> **阅读材料**
>
> 中广网北京 2009 年 12 月 14 日消息，据中国之声《新闻纵横》7 时 29 分报道，湖北某大学二年级学生小梁痴迷网络游戏，一周前在网吧熬了四个通宵打网游，回到宿舍后猝死。网游之害在校园内外引起震动。
>
> 2015 年 8 月 12 日 9 时 30 分左右，浙江大学城市学院南区精诚宿舍 1 号楼的宿舍管理员在五楼的一间宿舍内发现一名大一男生陈某已经死亡多时。2015 年 8 月 9 日，陈某和同学一起出去玩，当天晚上便回到了宿舍，但从第二天开始就联

系不上了。8月12日早晨，宿舍管理员打开宿舍门时，发现陈某戴着眼镜仰面躺在床上，叫也叫不醒。据同学说，陈某是在寝室里连续好几天打游戏猝死的。

这些触目惊心的实例令人感到不可思议。究竟是什么因素导致上网者对网络如此沉溺而难以自控？

首先，网络因素。网络的开放性使网上交流不分国界、肤色、性别、年龄，只需轻点鼠标，便可拉开交谈的序幕。这时，你可以谈得无拘无束，不着边际，也无须理会对方的地位与自己的身份。一言以蔽之，在网络的世界里，地理的界限没有了，人与人之间的距离没有了，一切现实生活中交流的障碍不复存在。

其次，意识因素。科学研究表明，每个人都具有潜意识和显意识，前者制造了本我，后者则制造了自我。当一个人的潜意识长时间受到抑制，也就是本我不被表达时，便会产生各种心理和生理疾病。因此，人的潜意识需要在一定的时间和空间内通过各种方式得到表达。网络的虚拟性、超时空性、低责任性提供了宣泄压抑的潜意识的良好条件。

再次，心理因素。虽然我们不能把"网络综合征"完全归结为性格或人格的原因，但研究表明，患有"网络综合征"者往往具有某些特殊的性格或人格特征。一项对清华大学学生使用BBS的心理调查显示：越是在公开场合不敢发表自己意见的学生，越会利用BBS的匿名性而大胆发表意见；越是在现实生活中人际关系搞不好的学生，越有可能成为虚拟世界的交际高手。

最后，社会因素。还有一部分患有"网络综合征"者把上网作为逃避现实生活问题或消极情绪，或者追求超现实满足的工具。现代人在享受着完备的物质生活满足的同时，却不得不承受比前人更多、更大、更新、更无从逃避的压力：竞争的压力、都市生活快节奏的压力、思维需要急速转弯的压力、人际关系越来越复杂的压力。所有这些压力，都往往使现代人心理适应脱节，产生各种各样的心理障碍。而在这时，网络从某个角度上就成了现代人逃避现实问题、追求超现实满足的工具。

二、"网络综合征"的防治

网络的积极作用毋庸置疑，关键是要把握好一个度。建议大学生每天上网时间不要超过3个小时，而且要有良好的心态：利用网络来开阔视野、增长知识和扩大交往面，而不是将自己与现实世界隔离，发泄情绪。同时学会自我调节，舍得放弃网络上那些虚拟的东西。此外，要丰富业余文化生活，比如阅读、参加文体运动等，不可陷入"非上网不可"的陷阱。一旦罹患网络综合征，要尽快就医，求得心理帮助。一般来说，成瘾者仅凭自身的力量是难以摆脱成瘾行为的。那种教化式的引导对那些已经对网络中毒很深的"网络综合征"患者来说已不能起到有效的纠正作用，要真正克服还需要专业人员的指导和家人、朋友，特别是老师的支持和帮助。根据研究结论，我们建议可以从以下几方面着手做好网络成瘾的防治工作。

（一）习惯疗法

良好的行为习惯是预防网络成瘾的有力武器，按时作息、定期锻炼、积极参加各类课外活动，都可以有效减少学生们对网络的依赖。经常到图书馆查阅资料、阅读杂志等习惯也很有效。有些学生认为，在网上可以找到想要的任何东西，而不需要到图书馆去，这种想法是错误的。网络尽管能给学生们带来很大的帮助，但图书馆有着良好的学习氛围，能够对个别学生沉迷网络形成有效的外界约束。

（二）时间控制法

上网最难把握的就是时间，不管是患者还是一般的上网者，在网上的时间总在不知不觉中流淌、消失，特别是成瘾者上网以后几乎没有时间观念。因而，控制上网的时间应该是行之有效的办法。每次上网之前，花上几分钟时间，想想上网要干什么，把具体要完成的任务列在纸上，这样可以使上网更有目的性，更有效地控制上网时间。但是要真正限制成瘾者的时间那又是一件非常不容易的事，要打乱他惯常的网络时间表，让其适应一种新的时间模式，从而打破其上网的习惯，即通过提高个体的自我效能感和给予适当的支持，帮助个体建立一种积极的应对策略以取代消极的成瘾行为。

（三）群体支持法

任何人都是社会中的人。大学生作为特有的群体应该说给成瘾者提供了一个良好的校园文化氛围。现实生活中的乐趣越多，就越不会逃避到网络上去追求虚幻的东西，也不会陷入网络成瘾的泥潭而不能自拔。因此，学生们一方面应该经常与父母、老师、同学、朋友沟通情感，有事主动与他们商量，自觉接受父母与老师的教育，积极与同学和朋友进行学习生活等方面的交流；另一方面积极培养兴趣爱好，丰富课余生活，把自己的注意力从专注于网上内容，转移到现实生活中来，多参加学校的各种社团活动、文体活动、志愿者活动等，从而减少或降低乃至最终脱离对网络的依赖。

（四）自我警示法

为了帮助成瘾者将精力集中在减轻和摆脱成瘾行为的目标上来，可以让成瘾者分别用两张卡片列出网络成瘾导致的主要问题和摆脱网络成瘾将带来的好处。然后，让成瘾者随身携带这两张卡片，时时处处约束自己的行为。另外，让成瘾者列出网络成瘾后被忽略的每一项活动，并按照重要性进行排序，使其意识到自己以前在成瘾行为和现实活动之间所做的选择的差异，并使其从现实生活中体验到满足感和愉悦感，从而降低其从网络环境中寻求情感满足的内驱力。

（五）"家庭"治疗法

以上的方法需要有较强的自制力，这一点正是"网络综合征"患者最为缺乏的。因此还望家人、老师、寝室同学、朋友以及社会大家庭的成员给予支持和理解。当沉迷网络后，多数家长都体现出神经质一样的焦虑情绪，常常指责孩子，言语中往往刺伤其自尊心，有的家长甚至粗暴地骂孩子。这些家长平时一味地关注孩子物质方面的保障，甚至简单地用物质刺激来达到教育的目的，实际上，他们更需要的是尊重、理解、沟通，他们更需要精神层面上的启迪与指导。所以，帮助他们克服网瘾，其父母的"良性改变"是决定性因素之一。网瘾的系统家庭疗法则是一种特定的家庭治疗方法，它重视家庭成员之间的互动关系，把整个家庭看作一个系统。通过家庭疗法，多角度透视家庭功能失调的内在原因，科学分析孩子情绪骤变、心理与行为不协调的症结，把握孩子心理成长、学业成功的关键因素，构建和谐的家庭心理氛围，激发孩子的学习与生活的内在动力，从而摆脱网瘾。另外让成瘾者与"家人"一起共同制定具体的行为契约和计划，让成瘾学生接受外界监督，"家人"给予有效的督促和及时的鼓励与鞭策。

大学生自身可以结合自己的实际，控制上网时间和方式，相信经过一段时间的努力，是完全有可能逐渐康复的。

1. 辩证对待网络，防止网络崇拜

随着网络的普及，不让大学生上网是不可能的，应该引导大学生正确客观的认识网络，不要加入太多自己的想象，网络实现的是一种人—机—人的互动，网络虽然带有匿名性，但是机器的另一端都是活生生的人，这些人和我们身边的个体一样，也许他们其中某一位就是你的同学、朋友或邻居。互联网不是无所不能的，它给我们提供的只是一种娱乐。大学生要面对生活结合自身的现状，正确客观地认识网络。大学生要实现从校园向社会的转变并在现实社会中生存下来，大学生要本着对自己负责的态度理性地思考网络，网络为人们提供的只是一种服务于大学生自身生活的方式。明白了这一点，我们对计算机、因特网，就不会产生盲目崇拜，而会冷静地思考，明智地使用，就会有意识地预防包括"网络综合征"在内的网络负面效应的产生。

2. "心瘾"还需"心药"医

要想戒除"网络综合征"并康复，最终要靠患者的个人努力。心理学的思想是想通过人性中的积极层面，促进个人的进步和发展。心理品质包括积极的情绪和体验，积极的个性特征，积极的心理过程。积极的情绪和体验，如高兴、满足、爱、主观幸福感等；积极的个性特征，如独立、成就感、支持、乐观等。通过培养大学生积极的心理品质，促进个人的进步和发展，在预防网络综合征工作中取得进步。生活目标明确，人际关系良好，幸福乐观的人是不会沉迷于虚拟网络寻找解脱的。

3. 正视自己，转换角色

查找患上"网络综合征"的根本原因，要努力做到以下几点。

（1）不要试图逃避问题。正确看待自己的孤独与烦恼，不要在网上解愁，因为网上消愁愁更愁。努力找出问题的根源，积极想办法解决，要比网上消愁的效果更好。

（2）向心理医生咨询，接受必要的治疗。也可以服用抗抑郁药，或结合精神疗法进行综合治疗。

（3）转换角色。网络中的虚拟世界不等于现实世界，切忌将二者等同或混为一谈。同时，不要把网上行为带到现实生活中。

4. 注意饮食方式和习惯

在饮食方面要注意多吃胡萝卜、鸡蛋、瘦肉、动物肝脏等富含维生素和蛋白质的食物，并适当地喝些绿茶，以防上网过度时电脑辐射对人的身体产生危害。

第二节　预防网络犯罪

阅读材料

> 郭先生的妻子在新加坡工作，平日里都是利用QQ与家人联系。2012年7月30日，郭先生的岳母在QQ上聊天时，被冒充她女儿的人骗走了老人多年来积攒的8万元钱。这个就是典型的QQ账号被盗，冒充亲人骗取钱财的案例。
>
> 事主在家中上网，其电子邮箱里收到一封电子邮件，内容"您的银行网银账户不安全，请点击上面的链接地址（虚假钓鱼网站）"。事主链接对方提供的地址后，"客服人员"即诱导事主按其提示开通手机银行业务，并输入身份证号和密码；进入网银账户的页面，还可以使事主看见自己的账户内的存款余额。然而，操作完成后，事主再次查询时，发现账户内的存款已被转走。

随着计算机网络的普及与运用，中国的网络违法犯罪案件逐年猛增。网络犯罪不仅破坏了网络本身，更严重的是，网络作为一个强大的信息产生和传播途径，一旦瘫痪或者被犯罪分子掌握，将会直接影响到一个国家的政治、经济、文化等各个方面的正常秩序。网络犯罪的产生、发展和变化，除取决于犯罪人主观方面的各种因素外，还受制于社会客观存在的各种消极因素。为有效地预防网络犯罪，必须建立健全网络法制，建立网络监管体系，倡导网民进行自律。

一、网络犯罪的特点

网络犯罪，简而言之就是以互联网作为工具实施的犯罪行为，包括由网络所产生的新型犯罪以及利用互联网络作为犯罪工具从事的传统刑法所规定的普通犯罪。网络犯罪有着其独特的隐蔽性、智能性、无国界性以及巨大的危害性。网络犯罪呈现以下特点。

（一）犯罪主体智能化

网络犯罪主体的智能化是其区别于传统犯罪的一个最显著特征。网络系统都很注重网络安全问题，为网络提供严密的安全防范措施，要破解安全系统侵入计算机，必须具有较高的专业水平。因此，实施网络犯罪行为的人往往智商较高，很多都是计算机、网络的高手。据不完全统计，我国的网络犯罪嫌疑人一般为28岁以下的青少年，而且大多具有大专以上学历，有的甚至是硕士生或博士生。

（二）侵犯客体多样化

网络犯罪所侵犯的客体多样化是从犯罪学角度考察的，既有国家安全、社会秩序、经济秩序，也有财产权利、人身权利、民主权利等。

（三）极高的隐蔽性

网络犯罪具有极高的隐蔽性。网络世界是一个虚拟的空间，被称为是领陆、领水、领空、浮动领土以外的第五领域，即第五空间。绝大多数上网者都是以匿名方式进行网络活动的，这给网络犯罪提供了极为便利的条件，主要表现在：利用计算机信息技术犯罪不受时间、地点限制，没有特定的现场和客观表现形态，作案时间长则几分钟，短则几秒，因此不易被发现。与传统的犯罪相比，网络犯罪的无形性造成取证困难、难以侦破。

（四）犯罪成本低

网络犯罪可谓是典型的低投入、高回报类型犯罪，它不仅在经济成本、心理成本上低投入、高回报，而且在法律成本上也是如此。因此，遏制和打击此类犯罪，需要付出比较高昂的反犯罪成本。

二、网络犯罪行为分析

网络犯罪主要有以下几种类型。

（一）利用互联网进行侵财犯罪

网络本身并不是无懈可击的，存在着各种漏洞和缺陷。犯罪分子通过网络非法侵入他人的计算机，获取他人的账号、密码等个人信息，侵害他人财产，如入侵他人金融账号进行盗窃、使用他人账号进行上网或网购等。

（二）利用互联网进行网上欺诈交易

网上购物在人们现在的生活中占据着越来越重要的位置。同时，电子商务业正逐步取代传统的买卖双方见面的市场交易方式。在这种虚拟的网上交易中，消费者通常只能借助网络了解商品信息，通过电子银行进行结算，这就给网络犯罪提供了很多可以钻的空子。网上欺诈交易主要是通过网络商务活动进行，如开设网络商店、建立拍卖网站等。

阅读材料

在京城某电脑公司兼职的北京某大学学生白某，为获取更多钱财，想出了一条致富捷径：他先是在网上启用了"炒股赚钱"的网名，然后谎称自己是在某证券公司上班名叫白雪的女性，可以有偿向他人提供内幕信息。许多网友因为赚钱心切而轻信，结果白白损失数万元人民币。这些被骗的网友报了警。经过警方的侦察，白某因涉嫌诈骗很快被抓获。

（三）利用互联网传播淫秽信息

网络上关于淫秽、色情的信息有很多。调查显示网络中 47% 的非学术信息与色情有关，每天有数万张色情图片进入互联网。大学生正处于一个情绪易波动的年龄，面对淫秽、色情信息的抵抗力较低，容易成为网络色情犯罪的受害者。

📢 **阅读材料**

> 2012 年 4 月，南宁市某职业技术学院学生韦某发现一网友在群中询问"谁有日本某明星的黄色影片"。韦某发现自己正好有这样一部"匹配"的视频，便立即将该视频的"种子"复制粘贴在了 QQ 群上。出乎韦某意料的是，鼠标的点击却触犯了法律，韦某被南宁市公安局青秀分局刑事拘留。

上述案例中的韦某因缺少法律意识，没有考虑到自身的行为会给同学、社会造成什么样的危害，思想意识中只有满足个人需求的欲望，等到发现自己的行为触犯了法律时为时已晚。

《中华人民共和国治安管理处罚法》第六十八条规定："制作、运输、复制、出售、出租淫秽的书刊、图片、影片、音像制品等淫秽物品或者利用计算机信息网络、电话以及其他通讯工具传播淫秽信息的，处十日以上十五日以下拘留，可以并处三千元以下罚款；情节较轻的，处五日以下拘留或者五百元以下罚款。"

（四）利用互联网散布反动言论

网络信息量巨大，但是其中内容良莠不齐，有很多腐朽思想文化混杂其中。非法分子往往利用互联网的这一特点散布传播非法消息，通过技术软件进行造谣、煽动，影响社会稳定与民族团结。大学生是一个易冲动的群体，容易被冲动控制情绪，被非法分子利用，相信谣言或被腐朽文化逐渐侵蚀，影响正常的思维方式，从而在互联网上散布反动言论，破坏民族团结，影响社会稳定。

📢 **阅读材料**

> 2008 年 5 月 29 日 20 时，西安某高校的小贾在学生宿舍内，通过个人电脑控制了该校的电脑网络服务器并对陕西省地震局网站进行攻击，破解了该网站的用户名和密码，侵入信息发布页面。20 时 53 分，小贾怀着恶作剧的心态发布了一条自己编造的信息"今晚 23 时 30 分陕西等地有强烈地震发生"。该信息发布后，不断有群众向陕西省地震局打电话询问此事。他的行为严重扰乱了社会秩序，造成了社会恐慌。6 月 4 日，小贾被警方抓捕归案，西安市雁塔区检察院以编造、故意传播虚假恐怖信息罪提起公诉。8 月 29 日上午，雁塔区法院公开审理此案。小贾因编造、故意传播虚假信息罪，一审被判处有期徒刑一年零六个月。

（五）制造和散布计算机病毒

计算机病毒具有感染性、潜伏性、隐蔽性、可激发性等特点，对大中型计算机网络及电脑都具有很大的破坏性。个别大学生法制观念淡薄，往往出于炫耀自己的目的，开发出一些计算机病毒并在网络上散布。散布计算机病毒，造成严重后果，以显示自己的能力，并且有的学生还意识不到自己的行为已经严重危害了社会的安全。

阅读材料

> 2014年8月2日下午6时许，波及全国的"××神器"手机恶意程序案在深圳告破，深圳警方抓获犯罪嫌疑人湖南省中南大学软件工程专业的大一学生李某，同时收缴李某作案用的电脑一部、手机两部和编程书籍一本，在李某的电脑中发现了他写的源代码。2014年暑假，李某到深圳看望在深圳做生意的父母。据李某交代，他想做一款能够大范围传播的软件来证明自己的实力，一方面展示自己的能力，另一方面也觉得很酷。软件制作完成后，李某首先发送给了好朋友，接着就呈几何级蔓延开去。李某表示，他没有想到传播会如此迅速甚至失控，在全国范围内造成恐慌。

根据相关司法解释，手机是通信设备，手机系统也属于计算机系统。手机病毒破坏手机系统，获取用户的个人隐私信息，造成的损失是相当大的。李某作为一名软件工程专业的大学生，应当知道他的行为可能造成的后果。李某的行为涉嫌构成《中华人民共和国刑法》第二百八十六条规定的破坏计算机信息系统罪。

《中华人民共和国治安管理处罚法》第二十九条规定，有下列行为之一的，处5日以下拘留；情节较重的，处5日以上10日以下拘留：①违反国家规定，侵入计算机信息系统，造成危害的；②违反国家规定，对计算机信息系统功能进行删除、修改、增加、干扰，造成计算机信息系统不能正常运行的；③违反国家规定，对计算机信息系统中存储、处理、传输的数据和应用程序进行删除、修改、增加的；④故意制作、传播计算机病毒等破坏性程序，影响计算机信息系统正常运行的。

（六）攻击网站行为

这种行为是指犯罪分子通过互联网络对国家军事部门、政府机关和公共服务体系等要害部门的计算机信息系统进行非法攻击和破坏。这种行为的后果是扰乱社会和经济秩序，影响社会安定和政治稳定，甚至危及国家安全。

阅读材料

> 2001年8月，湖北黄石某高校计算机专业大学生王某以"花花公子"的网名，先后侵入"楚天人才热线""科技之光""黄石热线"等网站，涂改网站主页，导致这几家网站无法正常运行。在侵入某市网站对，他还恶作剧般地将该网站里某市党政领导的名字改成"王八蛋""傻子"。被王某"黑"掉的网站提出指控。王某在法庭上对检察机关指控的犯罪事实供认不讳。

这些攻击网站行为的出发点可能是出于"新鲜刺激"、"炫耀水平"和"发泄私愤"，但却为法律所不容。

三、网络犯罪的预防

目前，网络犯罪已成为危害社会公共安全的重大问题之一，作为互联网主要使用人群的大学生成为网络犯罪的高发群体。新形势下，有效预防网络犯罪的发生，已经成为大学生必须高度关注的重要问题。预防网络犯罪要将教育和管理结合起来，自律与他律结合起来，通过各种形式教育大学生增强上网的法律意识、责任意识、政治意识、自律意识和安全意识，培养健全人格和高尚情操，树立良好的网络道德，使大学生自觉远离网络犯罪，构筑抵制不良冲击的"防火墙"。

（一）建立健全网络法制

目前，由于法律建设的滞后，大量网上行为存在法律"真空"。要加强对网络犯罪的研究，尽快制定网络法规，完善网络法律体系，保证网络系统健康有序地发展。

（二）增强网络法制观念

大学生网络犯罪的发生在很大程度上与其法律意识淡薄、法律精神欠缺和法制观念不强有关，犯罪行为往往是为了好玩、新奇、尝试，或证明自己的水平而实施的。因此，学生必须大力加强网络安全、惩治计算机违法犯罪的法律法规学习。通过学习，了解什么是网络犯罪、网络犯罪的危害、网络犯罪的处罚规定等，认清虽然网络违法犯罪与普通违法犯罪形式不同，但其社会危害性却是相同的，都是触犯法律的行为。

（三）有效防止过度上网

在网络的虚拟世界里，人们不需要面对现实中的挫折，不需要接受社会规范和其他人的监督，可以随心所欲地宣泄情感。沉迷于网络中的人缺少现实生活中的人情味，他们在表现个人自我时，把社会自我抛得越来越远，甚至企图借助网络在现实社会凸显自我，将自我凌驾于社会之上，尤其是那些黑客和网络犯罪者，对自己的计算机技术沾沾自喜，却很少对自己造成的损失感到羞愧。目前，网络成瘾而导致青少年犯罪的案件在我国呈上升趋势。网络成瘾对大学生心理健康的影响也是巨大的，会使同学们淡化现实社会规范的要求，给网络犯罪埋下隐患。因此，同学们要从明确上网目的、端正上网态度、控制上网时间着手，正确合理使用计算机网络，防止由过度上网引发网络犯罪。

（四）切实坚持上网自律

网络行为的隐蔽性特征，对学生上网的自律性有了更高的要求。网络空间又是一个自由、开放的空间，学生畅游在丰富多彩而又复杂的网络文化中，更需要不断提升网络自律意识，设置"网络的第一道防火墙"。

第一，不以任何目的危害计算机信息系统安全，不滥用个人智商从事危害社会的活动；

第二，尊重他人的通信自由和知识产权，不进行网上侵权活动；

第三，尊重他人的个人隐私权，不进行电子骚扰或网络性骚扰；

第四，不制作、传播谣言、虚假信息或搞恶作剧愚弄别人，扰乱社会秩序；

第五，不因为以虚拟人的身份进入虚拟社会就肆意妄为，不在网上恶意攻击、诋毁、谩骂他人；

第六，不做"黑客""黄客"，不利用互联网查阅、复制、制作和传播宣扬封建迷信、淫秽色情、赌博、暴力、凶杀、恐怖、教唆犯罪的信息和图片。

第三节　提高网络素质

阅读材料

　　南昌某学院三年级学生李某入学成绩在班上名列前茅，一年级下半年迷恋上一款网络手机游戏，开始经常通宵达旦上网，后来发展到上课、吃饭都离不开游戏。有一段时间里，小李也曾想收回心来好好学习，可是由于他在网络游戏中确实占有霸主的地位，只要有什么大的网络游戏比赛，以前的网友总是千方百计找到他，只要他不出征，他们所在的战队就无法获胜。无奈，小李躲不过就得继续出征，而且一发不可收拾。虽然在现实中小李已经找不到成功的感觉，但是在网络游戏中他绝对是"大哥大"，受人追随和尊敬。学校多次劝说仍禁止不下，后来其父得知情况，来学校劝其改过，谈及贫寒的家境和跨出农门的不易，小李当面保证以后决不再玩网络游戏。谁知其父前脚刚走，他又点开了游戏。最终导致多门成绩挂红灯，不得不自动退学。

　　目前，在校大学生是我国上网用户中比例最大的一个群体，网络已成为当代大学生学习、生活的一部分，但也有不少学生认为网络就是发发邮件，玩玩游戏，聊聊天什么的，根本没有将网络应用到学习、拓展知识面以及提高自身综合素质这个层面上来。如何利用网络与自身的专业学习、人生发展、兴趣爱好结合起来，是高校学生管理工作的重要课题。从长远来看，大学生用户永远是未来网络用户中最主要的一支力量；要实现中国的信息化，与世界同步发展，最终在知识经济时代占有一席之地，大学生网民将发挥不可替代的作用。因此提高大学生的网络素质就是提高整个中华民族的科学文化水平，是我国信息化建设的基础，也是我国发展知识经济的根本，如果缺乏这个基础，中国网络建设的快速发展就会成为一句空话。因此，必须全面提高大学生的网络素质。

一、网络时代的生存技能

　　人类社会的历史，既是一部生产和经济发展的历史，又是一部人类自身不断完善、素质不断提高的历史。不同的时代对人的素质和能力的要求是不同的。

在 21 世纪这个崭新的时代，人类在经历了几千年的农耕文明和几百年的工业文明之后，正在大步走向网络与信息文明。经济全球化、政治多极化、科技信息化，从而最终把人类社会推进到网络社会将是这个时代的显著特征，网络以及与之相关的知识将取代能源和资本，成为社会发展的根本动力。

在网络背景下，就个人而言，网络素质在人的综合能力体系中占有越来越突出的地位，它对于增强学习能力，扩大知识面，了解科技前沿动态具有重要意义；对国家而言，网络素质已成为评价国民综合素质的一项重要指标，对一个国家在网络时代的可持续发展能力和国际竞争力具有重大影响。在这一时代背景下，对新世纪的高等教育也提出了新的要求：在实施和推进素质教育中，一定要注重大学生网络素质的培养和提高。作为大学生自身，更要重视网络素质的培养和提高，以增强在网络时代的竞争力，走好自己的人生之路。

大学生网络素质包含三个层次：技术层面的网络技能，知识层面的网络文化，意识层面的网络意识。具体来说，主要表现为以下几个方面的能力。

（1）熟练使用各种网络工具，根据自己的学习目标有效地收集各种学习资料与信息，能够熟练地运用阅读、访问、讨论、参观、实验、检索等获取信息的方法。

（2）能够对收集的信息进行归纳、分类、存储、鉴别、遴选、分析综合、抽象概括。

（3）在收集网络信息的基础上，准确地概括、综合、改造和表述成为所需要的信息。产生新信息的生长点，创造新的网络信息。

（4）使网络和网络信息成为跨越时空的"零距离"交流与合作的中介，使之成为延伸自己的有效手段，同外界建立多种和谐的协作关系。

（5）浩繁的网络信息泥沙俱下、良莠不齐，需要有正确的世界观、人生观、价值观、甄别能力以及自我控制和自我调节能力，能够自觉抵御和消除垃圾信息和不良信息的侵蚀，完善合乎时代要求的网络伦理素养。

二、抢占网络政治的制高点

互联网上的斗争是全球性高科技技术的较量，是政治思想、意识形态与综合实力的斗争。由于我国对互联网的控制力和信息的屏蔽能力还较弱，一些西方敌对势力利用其在网络上的技术优势，向我国青年宣扬不适合我国社会主义市场经济国情的政治思想文化，对广大青年特别是大学生进行西方意识形态的渗透。如近几年通过电子邮件、电子公告板、网上论坛、特设的网站大量发表煽动性、破坏性言论，散布谣言，鼓吹动乱。互联网使当代大学生的意识形态的防御能力面临严峻考验，政治思想观念和价值取向遭遇强烈的冲击。

（一）大学生政治价值观面临的冲击

第一，网络以其特有的开放性、平等性、互动性迎合了大学生崇尚民主、自由、平等的价值观。网络中的每一个成员，可以最大限度地参与（信息）文化的制造、传播。国际互联网用户普遍接受的道德规范是：进入计算机网络应该是无限制的，所有的信息应该是自由的，网络空间好像是没有警察的社区，各种各样的信息与思想在其中可以比较自由地相互渗透。互联网络的开放和自由，不仅使其拥有了无限的信息量，也使网络中每一成员可以平等地共享这些信息。当代大学生具有很强的求新性，他们试图摆脱束缚，任意驰骋，发展自己的个性，互联网正好提供了这样一个空间，因而受到大学生的欢迎，但也带来了很多不确定的因素。

第二，网络的异质性易使当代大学生的政治价值观产生倾斜。互联网作为 20 世纪西方社会的舶来品，在带来先进的科学技术和新的经济增长点的同时，也带来了与本民族文化特色大相径庭的西方异质文化。在外来文化和本土文化发生冲突时，其最终意义不是军事的、地域的，而是政治的，并最终在意识形态领域得到反映。互联网的产生源于美国，所使用的语言技术都来自于美国，网民自觉或不自觉地接受"美国文化"的影响。美国利用互联网的意识和意图非常明晰，"强权政治"在互联网上演变成为一种"文化霸权"。美国通过国际互联网向全世界全方位、全时空推销自己的价值标准、意识形态和社会文化。阿尔温·托夫勒在《权力的转移》中提醒我们："世界已经离开了暴力与金钱控制的时代，而未来世界政治的魔方将控制在拥有信息强权人的手里，他们会使用手中掌握的网络控制权、信息发布权，利用英语这种强大的文化语言优势，达到暴力、金钱无法征服的目的。"面对互联网上滚滚而来的、以美国为代表的西方文化的冲击，当代大学生一方面缺少理论根基与人生阅历，世界观、价值观还没有完全形成；另一方面我国还是发展中国家，当代大学生的思想价值观念也正处于激烈的动荡和交锋之中，长期接触互联网，易于被表面现象所迷惑而出现思想上的混乱和动荡，很容易受到网上内容所隐含的意识形态的影响，不同程度地消解我们民族文化的影响力，在政治价值观上产生倾斜，甚至会盲目地认为"西方的一切就是比中国好"。正如台湾大学哲学系教授傅佩荣指出，现今的青少年深受资讯泛滥的压迫：资讯越多，价值观越混乱。网络世界五花八门，现实世界的一切资讯、虚拟实境、电脑游戏充斥其间，有些心灵远未健全的青少年可能被电脑花样牵着走。

第三，网络造成当代大学生在政治生活中价值取向紊乱和政治判断力削弱。当代大学生的政治观念在网络的冲击下更趋个性化、多样化，在政治生活中呈现出双重或多元价值标准并存的局面，多元价值标准并存的社会现实又会使政府、学校甚至社会传统一直灌输的政治观念仅仅成为人们众多政治取向的一种。而传统社会的主要政治规范一直起的支配性作用则可能消失，由此而来造成的政治评价失范，最终导致有的大学生政治选择迷惘和价值取向紊乱。互联网所容纳的信息生产者数量极其庞大，信息的产出已无法由法律加以有效的控制。这样，就更增加了无意自律的信息生产者以及别有用心的信息生产者向社会大众倾泻反对主流意识形态的内容。当代大学生群体在信息消费中无法在完全自主的情形下认知事物和判断是非，政治的判断力因此下降甚至丧失，长此以往，对我国的社会主义建设事业势必造成负面影响。

（二）创新和深化大学生思想政治教育

传统的大学生思想政治教育一直都局限于一定的空间和时间，而如今网络将大学生思想政治教育的时空进行了无限地拉大，对其提出了全新的挑战，同时也为其发展和完善创造了新的契机。面对网络，思想政治教育必须抓住时机，积极应对网络的挑战，对原有的方式方法进行创新，用正确、积极、健康的思想文化占领网络阵地，扬网络之长，避网络之短，使网络在充分发挥教育与服务功能的同时成为大学生思想政治教育的新载体。

1. 引导大学生自主参与，实现自我教育

面对扑面而来的经济时代、信息网络时代，思想政治教育的一个重要使命就是帮助大学生学会正确地观察和分析的社会上包括网络的各种现象，获得一整套的知识和能力，用批判的态度对待大量的信息，取其精华，去其糟粕，增强对信息社会的适应能力。联合国教科文组织指出："未来的学校必须把教育的对象变成自己教育自己的主体。受教育的人必须成为教育他自己的人，别人的教育必须成为这个人自己的教育……这种个人同他自己关系的根本转变，是今后几十年内科学技术革命中教育所面临的最困难的一个问题。"因此，针对网络时代的特点，教育者要树立起受教育者主导地位和引导其自我教育的观念，构建成一种新型的教育者—受教育者的互动关系；认识并尊重他们的主体性，调动和引导他们的选择性，成为他们知识的开门人和心灵的守护者；唤起他们的兴趣、热情和好奇心，引导受教育者将其命运掌握到自己手中，使受教育者学会学习、工作、研究、发明，学会参与整个教育过程。

2. 注重理论研究，开拓大学生思想政治教育新领域

面对科技发展日新月异，知识经济初露端倪的大趋势，大学生思想政治教育应当注重工作研究和思考。这就要求我们用现代科技知识与观念来武装我们的头脑，认真研究思想政治教育与网络的结合点，更好地按照科学的理论方法和网络传播规律来开展工作。在充分发挥传统的思想政治教育优势的基础上，研究网络受众的心理，利用网络技术，拓展大学生思想政治教育的新领域，实现科学化、现代化，以增强实效性和针对性。主要措施有：进一步提高教育网络基础设施的水平，加强教育网络信息资源的开发；在高校中加快校园网的建设步伐，加大投资，扩大开放度。例如，可在现行网络上开辟思想政治教育管理网站，将各种信息资料输入网络，并可利用网络收集大学生关心的问题和关注的话题。认真挖掘网络的正面教育功能，依靠大学生的主动参与，成立包容学习、生活、娱乐为一体的大学生网站。网络思想政治教育应该不是孤立的枯燥说教，而是要与大学生成长和发展紧密结合，将主流文化、价值和意识形态贯穿在大学生的成长、成才、发展过程中，使他们在网上浏览中受到潜移默化的教育。

思想政治教育网络平台，是思想政治内容与网络技术有机统一的思想政治教育新平台，也是高校思想政治教育在方法手段方面的改革创新。教育部有关部门曾多次召开会议，探讨关于建设全国高校思想政治教育示范性网站的课题，并于 2004 年 5 月 17 日建立了教育部作为行政部门领导，委托一所高校承办、多所高校共建、面向广大大学生的公益性大型综合门户网站——中国大学生在线，以贴近同学的生活、学习与实际，发挥其教育、管理、服务、宣传的功能，在大众文化的引导下，充分利用网络这种交互式媒

体，寓教于乐，可有效占领校园网络阵地。

三、努力提高网络素质

西方发达国家非常重视大学生的网络素质。在美国最先应用互联网的不是商业领域，而是教育领域。随着互联网的飞速发展，超过半数的美国家庭已经上网，美国高校基本上都联入了国际互联网网络，由于学生的电脑普及率很高，美国的大学现在大部分都提供某种形式的远程教育，包括各种课程、讲义以及在线学习小组。美国大学生依靠互联网创业的成功案例亦不少。从根本来说，大学生是一个国家中接受过良好教育并将对国家未来走向产生巨大影响的群体，他们的网络素质如果跟不上时代的发展，那么整个国家也很难在未来的数字经济时代成为强国。因此我们必须思考培养和提高当代大学生网络素质的现实途径。

（一）提高坚定的网络政治素质

大学生要坚定共产主义的理想与信念，树立为社会主义事业奋斗的决心与信心。拥护"四项基本原则"，认真学习马克思列宁主义、毛泽东思想、邓小平理论和"三个代表"重要思想，树立正确的世界观、人生观和价值观。只有这样，才能在网络的海洋里遨游时不会迷失方向。

（二）提高网络道德素质

要认真学习并遵守《全国青少年网络文明公约》以及其他相关的互联网络法律法规，积极促成网上健康文明的道德规范。要积极开展、踊跃参与各种网上健康活动，倡导文明上网，创造一种全新的网上生活方式，做一个有正义感、责任感、上进心的合格大学生网民，在校园内形成文明上网的风气。

📢 阅读材料

2002年2月4日晚，浙江省某大学学生叶某与毛某因在网上对骂而引起纠纷，毛某扬言要在过年前解决此事。叶某的朋友徐某得知后，向叶某提出"这件事要摆平"。经叶某同意后，徐某便通过上网联系到余某、罗某和丁某，然后和叶某骑摩托车赶到余某等三人处，要求他们帮忙解决此事。余某等为了"兄弟义气"一口答应，并和徐某准备了西瓜刀等工具，一起赶到毛某所在的网吧。在网吧门口毛某和叶某对骂时，徐某立即上前推开毛某并用脚狠踢，余某也上前抓住毛某的头发实施殴打，而罗某、丁某拿出西瓜刀劈砍。毛某见势不妙连忙逃跑，徐某等又追着他砍，直至将毛某砍倒在地才逃离现场。毛某背部、双手、右前臂多处受伤，左手第一掌骨骨折、神经断裂。经法医鉴定，毛某左手损伤已构成重伤，背部损伤也已构成轻伤。2003年2月24日，徐某被公安机关抓获；同年7月2日，余某和罗某相继投案自首。

（三）提高网络技能素质

网络在给人们展示和提供一个高度开放的自由空间的同时，也对传统的伦理道德准则提出了挑战。有的人认为"自由是网络的灵魂""自由是网民们神圣不可剥夺的权利""网络无边，规则无限"，任何人可以自由地、无拘无束地想干什么就干什么，而不必受到道德的约束；有的人认为在网络独特的虚拟环境通过匿名的方式进行网络行为，可以不接受他人监督而随心所欲地发布自己的思想和言论，可以置道德规范于不顾，可以恶意使用网络技术等。因此，学生要大力加强道德修养，树立网络尊重意识、诚信意识、责任意识、政治意识、自律意识和安全意识，培养自己健全的人格和优良的网络道德，提高道德判断和道德选择的能力。同时，要注重强化责任担当意识，提高自我控制能力，抵御各种诱惑，在个人独处、独立学习、无人监督、有做各种坏事的可能时，自觉把网络当作学习的工具和获取知识的来源，而不是作为猎取不良信息的途径和实施违法犯罪行为的对象和工具。大学生要充分认识到，未来的社会必将是网络的社会，大学生应刻苦学习网络知识，努力使自己具有广博的网络计算机知识，学会熟练地运用网络，不断培养和提高自己的网络技能。只有这样，才能在未来日趋激烈的竞争中立于不败之地，才能更好地为人民服务，实现自己的人生与社会价值，为推动人类社会的进步与发展贡献自己的力量。

在平时要将网络应用到学习中，利用网络与教师的联系与交流，通过电子邮箱、聊天室等方式沟通，也可以通过网络上交作业，还可反映对学校事务的建议，利用网络了解学校的形势、政策。大学生应积极参与学校举办的网页制作大赛、网络创意比赛、Flash动画比赛、个人网站评比等活动，在活动中实践运用网络的综合能力，以此来提高网络技能素质。

第六章 预防不法侵害

近年来，以大学生为目标的违法犯罪案件不断上升。面对社会上各种各样别有用心的人将黑手伸向大学生群体，让大学生屡屡上当受骗、损失财物，甚至遭受人身伤害，我们应该在提高安全防范意识的同时，学习一些安全防范知识、了解基本的犯罪作案手法，贴近实际，练就辨别真伪的本领，以保护好自身的人身和财产安全。

第一节 防 盗 窃

一、高校校园盗窃的特征

盗窃是指以非法占有为目的、秘密窃取公私财物的行为。一般盗窃案件都有以下共同点。

（1）实施盗窃前有预谋准备的窥探过程。

（2）盗窃现场通常遗留痕迹、指纹、脚印、物证等。

（3）盗窃手段和方法常带有习惯性。

（4）有被盗窃的赃款、赃物可查。

由于客观场所和作案主体的特殊属性，高校校园的盗窃案件还具有以下几个特点。

（一）时间上的选择性

刚开学时，宿舍较乱，新同学缺乏经验，宿舍容易发生被盗案件。

放假前夕，到宿舍找人、串门的人多，宿舍容易发生盗窃案件。

放假期间，学生离校后，宿舍易发生撬门扭锁盗窃。

上课时间，特别是上体育课时，学生们习惯将钱包和手表放在宿舍内，容易发生被盗案件。

上晚自习时，相邻的几个宿舍人员走空，宿舍容易发生被盗案件。

夏秋季节，学生们开窗睡觉，宿舍易发生"钓鱼"盗窃。

夏季开门多，宿舍易发生乘虚而入的盗窃案件。

学校举办大型文体活动时，学校外来人员增加，校内发生盗窃的可能增加。

📢 阅读材料

2015年5月8日晚8时许，济南市天桥区公安分局堤口路派出所民警在堤口庄某网吧内将犯罪嫌疑人刘某抓获。2015年5月5日傍晚7时许，刘某独自一人潜入天桥区某高校学生宿舍楼，发现一楼某寝室内有两台笔记本电脑，且寝室的门没有关锁，就进入宿舍，将两台笔记本电脑放进一个电脑包内，迅速逃离现场。堤口路派出所民警接到报警后，对案发现场进行勘察，未发现门窗有被撬的痕迹。原来，该被盗寝室只是在上课期间才锁门，课余时间为了方便进出寝室，学生们就不再锁闭房门，学生们的这种错误行为给窃贼留下了可乘之机。

（二）目标的准确性

高校中的盗窃案件尤其是内盗案件，作案人的盗窃目标常常会很准确。由于大家每天都生活、学习在同一个空间，加上同学间互不存在戒备心理，东西随便放置，贵重物品放在柜子里也不上锁，这就使得有作案动机的人极容易下手，不动手便罢，一动手目标便十分准确，而且常常能迅速得手。

（三）技术上的智能性

在高校盗窃案件中，作案主体具有特殊性，一般以高学历高智商的人居多，有的本身就是大学生。他们智力高超，有的甚至利用自己的专业知识和技能，在实施盗窃的过程中，对技术运用的程度较高，自制作案工具，效果独特先进，其盗窃技能明显高于一般的盗窃作案人员。

（四）作案上的连续性

正由于上述作案技术上的智能性，作案分子比较"聪明"，其第一次作案很容易得手。在首战告捷以后，往往会产生侥幸心理，加之报案的滞后和破案的延迟，作案分子极易连续作案而形成一定的连续性破坏。

（五）手段上的多样性

盗窃分子往往针对不同的环境和地点，选择对自己较为有利的作案手段，以获得更大的利益。

（六）动机上的复杂性

第一，少数学生受"金钱至上"等价值观的影响，以至见钱眼开，见利忘义，贪图虚荣，不择手段，比享受、比吃穿，花钱如流水。久而久之，打起了歪主意去行窃，这样钱来得既快捷又省事省力，还可以继续摆阔。因此这类因追求享乐、摆阔气的作案在大学生内盗案件中占有很高的比例。

第二，有少数学生本来经济条件不好，加之花销大，债台高筑，又没有新的经济来源支持，最终个别学生就只有行窃，逐步走向犯罪的深渊。

第三，有个别的学生出于变态的不平衡心理，看不惯有钱的学生大大方方地花钱而进行偷盗，有的则是因为与同学有其他矛盾，为了寻求报复，发泄私愤转而去偷他的钱物，并加以损毁从而获得快意和心理平衡。这类盗窃作案人仅仅是出于对他人或集体的一种报复。

第四，有类作案人心理扭曲变态，患有盗窃癖，偷盗只是为了得到自己内心的满足，盗窃成瘾。

二、高校盗窃分子的主要手段

（一）溜门盗窃

作案分子利用学生宿舍门未锁、午休和夜间睡觉不关门而溜进室内进行盗窃。在室内有人的情况下，作案分子如果是陌生人，则会以找人或推销商品来掩盖自己的真实目的；作案分子如果是熟人，则会以找同学或串门为由，稍作攀谈后离开。

（二）顺手牵羊盗窃

利用这种手段而实施的盗窃多发生在教室、图书馆、食堂等公共场所。作案分子利用物品在、人不在，或物品在、人睡觉的时机而实施盗窃。作案分子中除了一些惯偷之外，还有一些人见财起意而实施盗窃。

（三）网络及技术盗窃

作案分子利用自己的计算机知识，破译和偷窃同学的网络账户及密码之后，盗用同学的网络账户进行上网。

（四）配钥匙换锁入室作案

作案分子主要利用以前作案时盗得的钥匙，或事先配好的钥匙，更换宿舍的门锁开门入室盗窃。

（五）利用银行卡或存折进行盗窃

此类案件的作案分子多是利用同学、朋友的关系而得到被害人的银行卡或存折及其密码，伺机进行盗窃。

（六）爬窗盗窃

盗窃分子趁宿舍窗户敞开之际，把纱窗弄开进入，进行室内盗窃。特别是夏天气温高，学生寝室的窗户常开，极易发生此类被盗案件。

（七）钓鱼盗窃

所谓"钓鱼"，是指犯罪分子利用竹竿把学生晒在窗外或窗户附近的衣物钓走，或把纱窗弄开，钓走学生放在桌、凳上的衣物和包等物品。夏秋季节，学生寝室的窗户基本是开着的，极易发生此类被盗案件。

（八）乘虚而入盗窃

作案分子趁学生不在寝室或睡觉时寝室门未关好，乘机盗窃。此类盗窃者主要作案目标是现金、存折和贵重物品。如果居住的寝室管理混乱，人员混杂，或者寝室经常不锁门，则往往给乘虚而入者以可乘之机。

三、预防盗窃的措施

（一）防盗原则

（1）增加实施犯罪的时间。

（2）减少犯罪的所得。

（3）加大犯罪的代价，即加大惩处的力度。

（二）场所防盗

1. 宿舍防盗

（1）宿舍中不要存放大量现金。

（2）电脑、手机、相机等贵重物品应妥善保管。

（3）最后离开房间的学生要锁好门，养成随手关门的习惯。

（4）宿舍内千万不要留宿外来人员。

（5）对形迹可疑的陌生人应提高警惕。

（6）住一楼的学生应特别注意关好窗户，注意将衣物及贵重物品远离窗口放置。

（7）房间换人换锁，不要将钥匙借给他人，保管好自己的钥匙。

（8）寝室门锁、窗户及铁栅栏损坏的，寝室门如果与门框之间留有较大缝隙的，应及时修复。

（9）拒绝上门推销。

（10）节假日、假期离校，不要将贵重物品留在宿舍。

> **阅读材料**
>
> 李某是某高校的一名学生，2007年9月的一天，一名曾和他一起在外打工的葛姓朋友从外地来找他，说是到他这里来玩，李某碍于朋友面子接待了他。葛某也很是大方，又是请客，又是叙旧，于是顺理成章，晚上李某就把葛某留在了自己的寝室住。这一住就是十多天，白天李某和他的同学去上课，葛某要么睡觉要么上网，加上为人热情，和寝室里的其他同学关系也搞得不错。可第12天，葛某突然不见了，一起不见的还有寝室里谢某、丁某的两台手提电脑。李某这才大呼上当，一查，自己的存折也不见了，存折内的6000多元现金也不见踪影。报案后，当问及葛某的具体情况时李某也是一知半解，甚至连是否用的是假名也不得而知。

2. 图书馆、自习室防盗

（1）不要用书、衣服等物品占位。

（2）不要携带贵重物品去图书馆和自习室，注意保管好衣服、书包和手机。

（3）需暂时离开时，应将现金、贵重物品带走，或交给同伴代管。

（4）自习阅览时不要打瞌睡。

（5）若图书馆有储物柜供大家存放物品，切记存放物品时要上锁。

3. 运动场防盗

（1）去运动场锻炼时不携带过多现金、贵重物品。

（2）物品书包要放在存包处或置于显眼处轮流看管，不可往地上、台阶上、凳子上一放就走人。

（3）对形迹可疑的人应提高警惕。

（4）离开前应清点物品。

4. 食堂防盗

（1）尽量和同学一起去吃饭，相互照看。

（2）贵重物品放置在贴身感强的口袋，随时感知是否有异动拉扯。

（3）排队等候时养成经常有意识地触碰探摸等习惯，确认物品是否还在。

（4）饭卡不能随手置于桌上，有必要时设立单次最高消费额。

（5）留意身边无事游荡，目光游移且总盯在别人身上的可疑人员。

5. 公交车防盗

（1）按顺序上车，不要在车门口挤，注意碰撞自己及周围紧贴自己的人。

（2）坐在双人座上，要注意同座位和后面人的"第三只手"。

（3）对一些手持书籍、报纸、杂志等物品假意在看的人多加留意，防止在这些东西遮掩下的盗窃行为。

（4）车厢内最好一只手扶横杆，另一只手注意保护好随身携带的提包或背包。

（5）备好坐车的零钱，尽量不要在公共场所翻钱包。

6. 旅途防盗

（1）身上的现金分两三处放，随时需要用的小额现金放在取用方便的外衣兜里，大额现金放在贴身的隐秘之处。

（2）旅途中尽量不要和陌生人讲话，避免透露自己的行程、身份、贵重物品。

（3）睡觉时要把装钱的包放在妥善之处。

7. 购物防盗

（1）尽量少带现金，不要露财。

（2）不要将背包或手袋背在背后，也不要把钱放在后裤袋中。

（3）试衣时，一定要把背包或手袋交同伴看管或随时掌控在自己手中。

（4）在超市购物时，不要将包和衣服放在手推车或篮子里，以防不注意被拎包。

（5）在外就餐时，将背包或手袋放在自己能照看得到的地方。

（6）遇到热闹时，不要光看热闹而忽略了自己的钱物。

（7）注意老黏在身边的"陌生人"，如果在街上不小心被人碰了一下，要及时查看钱物。

（三）物品防盗

1. 手机防盗

（1）开启手机防盗追踪功能。

（2）设置密码。

（3）妥善保管，机不离身。

2. 电脑防盗

（1）建议学生不要攀比电脑的品牌、配置，以必须和实用为原则购买电脑，不要购买价格昂贵的电脑。

（2）注意保存好电脑配置单配件编号购买发票，已备案发后报案和提供侦查线索。

（3）及时设置电脑的开机密码、系统密码、程序密码等。

（4）有笔记本电脑的学生可以配置保险钢丝锁。

（5）在假期或长时间外出时，要将自己的电脑带回家，无法带回家的要寄存好。

（6）结合手机防盗经验，可以考虑给自己的笔记本电脑安装跟踪程序。

3. 现金和银行卡防盗

（1）保管现金的最好办法是将现金存入银行。

（2）存折和银行卡的密码应选择容易记忆且又不易解密的数字。

（3）不要将存折和银行卡与自己的身份证、学生证等证件放在一起。

（4）在银行存取款时一定要警惕周围是否有可疑人员和微型摄像机探头。

（5）在取款机上取款时要警惕他人站在后面，偷记你的卡号和密码。

（6）搞清楚真假吞卡。一般正常吞卡机器会吐出吞卡凭条，屏幕会显示吞卡，应耐心等待数分钟，判断确实吞卡后再与银行联系。

（7）注意留好取款凭条。

（8）银行卡或存折被盗或丢失，应立即带有效证件在第一时间到银行挂失。

4. 自行车防盗

（1）尽量将自行车存入自行车棚。

（2）白天如果楼道没有防盗门或防盗门不好用，就应尽量将车锁好停在门口。

（3）为自己的自行车加上明显的记号，最好是油漆涂抹。

（4）离车上锁。

四、发生盗窃案后的应对措施

（1）要保护好犯罪分子留下的现场，任何人不要进入，以便公安人员在现场提取犯罪分子留下的痕迹。

（2）发生被盗要及时报案，立刻报告学校保卫部门和公安机关请他们来到现场，第一时间进行调查了解。

（3）配合公安、保卫部门查破案件，如果发现存折或汇款单丢失，要马上到银行、邮局去挂失。

（4）平时如果丢失贵重物品、自行车等也要及时到学校保卫部门报告，讲明丢失或被盗情况及自己物品的特征。

第二节 防 抢 劫

一、抢劫的主要特点

抢劫是指以非法占有为目的，以暴力、胁迫或者其他手段施行的将公私财产据为己有的行为。针对大学生抢劫的主要特点有：

（1）案发时间多为晚上，特别是校园内夜深人静、行人稀少时。

（2）案发地点多为校内偏僻场所，人少的地方。

（3）抢劫的对象多为携带贵重物品的人或滞留在阴暗处的恋爱男女或独自一人的女学生。

（4）犯罪分子攻击的目标是抢夺现金、贵重物品。

（5）犯罪分子较凶残，多数携带凶器，极具侵害性。

（6）作案人一般为校园附近农村、工厂和城镇中不务正业、有劣迹的小青年。

二、预防抢劫的措施

（1）外出时不要携带过多的现金和贵重物品，不要做低头族。

（2）如果因需要必须携带大量现金或较多的贵重物品时，应请同学随行，最好坐车。

（3）不要炫耀和显露现金和贵重物品。

（4）现金和贵重物品最好贴身携带，不要置于手提包或挎包内。

（5）避免夜晚到银行自助终端机办理存取款业务。

（6）尽量避免在夜深人静或人少的时候单独外出。如果确需外出时，尽量结伴而行。

（7）不要单独逗留或行走在偏僻阴暗处，特别是女学生，如果必须经过偏僻路段最好结伴同行，或携带一些防卫工具。

（8）在人行道上骑车和行走时要走人行道里侧，尽量不要靠近机动车道。不要将装有现金和贵重物品的包挂在车头或车架上，以防骑摩托车抢劫的歹徒下手。

（9）在等电梯或者在准备开门的时候，一定要回头观望一下，看看是否有人跟随。

（10）若发现有人尾随或窥视，不要紧张而露出胆怯神态。可以大胆回头多盯对方几眼或哼首歌曲，和大叫同学、教师的名字，并更改原定路线，朝有人、有灯的地方走。

三、应对抢劫

（1）以保全生命为前提。

（2）沉着冷静不恐慌。当作案人单人作案且没有持械的情况下，如果学生比抢劫人身体条件或人数处于明显优势，可借故拖延，观察周围没有作案人同伙时，用语言分散其注意力，趁其不备逃跑或将其制服，然后将其扭送学校保卫部门、公安机关。

（3）力量悬殊不蛮干。面对作案人，没有十足的把握，最好别进行反抗。有的作案人穷凶极恶，一旦受到刺激就会不顾后果，很可能会伤到学生的性命。可借助有利地形，利用身边的砖头、木棒等武器与作案人僵持，使作案人短时间内无法近身，以引来援助者。或看准时机，向有人、有灯光的地方或宿舍区奔跑。

（4）快速撤离不犹豫。三十六计走为上计，如遇到抢劫，对比双方力量感到无法抗衡时，可看准时机向有灯光或人员集中的地方快速奔跑。犯罪分子由于心虚，一般不会穷追不舍，从而可以有效避免劫案的发生。

（5）巧妙周旋不畏缩。当已处于作案人的控制之下，无法反抗时，可按作案人的要求交出部分财物，切不可一味求饶。也可采用语言反抗法，理直气壮地对作案人进行说服教育，晓以利害，造成作案人心理上的恐慌。

（6）留下印记不放过。学生一旦遭遇抢劫，要注意观察作案人，一定要尽量记住作案人的体貌特征（如身高、年龄、发型，体态、衣着、胡须、特殊伤疤）、语言及行为等，还可趁其不注意时在作案人身上留下暗记，便于为公安机关侦破案件提供线索。在歹徒逃离现场时，可悄悄跟踪其去向，观察其落脚点，以便报告公安机关及时将其抓获。跟踪时要注意隐蔽自己，以免被歹徒伤害。

（7）大声呼救不胆怯。当抢劫、抢夺案件发生后，利用作案人急于逃跑的心理，大声呼叫，追赶作案人，迫使作案人放弃所抢的财物。若无力制服作案人可保持距离，紧追不舍，并大声呼救，引来援助者。若追赶不及，应看清作案人的逃跑方向和有关特征，及时就近到人多的地方请求帮助，并向学校保卫部门和公安机关报案。

第三节　防　诈　骗

一、大学生如何提高防诈骗的意识

（一）大学生容易受骗的原因

大学时代对于人生，是一个伴随着探索与追求，理性与奋进的黄金时代，正值青年的大学生精力充沛，热情奔放，好奇心强，少不了人际交往，这都是极为正常的事情。然而值得提醒的是，少数大学生书生气十足，只记得"世界充满爱"，却忽略了世界的多样性和复杂性，忘记了丑与美、正义与邪恶并存，因而不加选择或者不慎选择，轻率交友，尽管有善良的动机却落得不幸的结局，这些正是诈骗分子屡屡得手的根本原因。诚然，学生们的初衷往往是无可非议的，但是，从众多受骗上当的事实中反思，不难看出，相对来说，大学生身上的确存在一些更容易被利用的因素。主要表现在以下几个方面。

（1）涉世不深，思想单纯，防范意识较差，容易轻信别人。

（2）交友不慎，容易被骗。

（3）贪小便宜，急功近利。

（4）有求于人，轻率行事，好奇心强，虚荣心重。

阅读材料

> 某大学校园附近的个体小店店主王某，主动与校内常来进餐的学生拉关系，表现十分慷慨。不久即与某学生交上朋友，该学生经常将王某带入宿舍玩乐。在以后一年多时间里，学生宿舍的钱财经常不翼而飞，有的学生连生活费、路费都被盗走。王某还经常主动借一点钱给有的学生，学生间互相猜疑，唯独对王某不怀疑。后经校保卫部门的周密调查取证，最终查获了王某利用往来自由之便，多次在该宿舍作案，盗窃学生大量现金、物品的事实。

二、常见的诈骗方式

1. 伪装身份、直接骗钱

一些诈骗分子伪装自己的真实身份，用各种勾当诱骗大学生上钩，直接骗走钱财。

2. 假冒身份，流窜作案

诈骗分子利用假名片、假身份证与人进行交往，或者利用捡到的身份证在银行设立账号提取骗款。

3. 故意找茬，勒索钱财

一些社会上的无业青年往往在大学校门口故意找茬，勒索钱财。

4. 投其所好，引诱上钩

一些诈骗分子往往利用被害人急于就业和急于出国等心理，投其所好，应其所急施展诡计而骗取钱财。

5. 招聘为名，设置骗局

大学生在求职找工作的时候，一些诈骗分子往往利用这一机会，以招聘的名义对一些"无知学生"用各种办法骗取介绍费、押金、报名费等，设置骗局，引诱大学生上当。

6. 真实身份，虚假合同

一些诈骗分子利用高校学生经验少，法律意识差，急于赚钱补贴生活的心理，常以公司的名义让学生为其推销产品，签订虚假合同已显示正规。之后却不兑现诺言和酬金，从而使学生上当受骗。

7. 贷款为名，骗钱为实

诈骗分子利用人们贪图便宜的心理以高利集资为诱饵，使部分教师和学生上当受骗，也有个别学生以"急于用钱"为借口向其他同学借钱，然后挥霍一空，拖到毕业一走了之。

8. 以次充好，恶意行骗

一些诈骗分子往往利用学生"识货"经验少，而又苛求物美价廉的特点，上门推销各种产品，以次充好使学生上当受骗。更有一些到学生宿舍推销产品的人一发现室内无人，就会顺手牵羊，溜之大吉。

三、大学生应该掌握防诈骗的方法

（一）购物防骗

在校大学生因为没有收入来源，加上社会阅历浅，法律意识淡薄，爱慕虚荣等心理，在购物的时候追求"物美价廉"，往往容易上当受骗。

阅读材料

2006 年 9 月的一天，大学生王某和张某在校外护城河边散步，一名男青年手持一款新手机搭讪道："同学需要手机吗？我很需要钱，所以才卖手机。优惠价 1000 元卖给你。"王某知道那种型号的手机在市场上至少得卖 2500 元，自己很早就想买部手机，但因家境较差，一直未买。于是他接过手机看了看，确定是部新手机，便问是否有发票。男青年说发票丢了。王某一听，心里一惊，知道此手机来路不正，非盗即抢，于是决定压低价格购买，最后经过讨价还价，以 800 元成交。后来，他因为购买赃物被处罚。

（1）贵重物品应在正规营业场所购买，并保存好发票。
（2）不要购买来历不明或无正规发票的物品。
（3）明显低于市场价格的商品多半是赃物或是伪劣产品，购买不得。
（4）网上购物要慎重，最好"货到付款"。

（二）街头防骗

街头骗子多种多样，有"神仙算命""猜扑克牌""外币兑换""猜瓜子单双""象棋残局""拾钱均分"等，具有诱惑力，人们若一时冲动，贪图小利，很容易上当受骗。

古人云"君子爱财，取之有道"。尽管各种骗术层出不穷，花招屡屡翻新，但只要我们能够谨记"莫贪小便宜"这句话，就能最有效地防备各种骗术。大学生是祖国的未来，要树立正确的金钱观和物质观，不要企图通过"捷径"发财，要牢记"天上不会掉馅饼"，切勿生贪财之念钻进骗子的圈套，以免财物受到不必要的损失。

（三）防个人信息泄露

大学生个人信息泄露，被骗子利用行骗的案件时有发生。骗子利用大学生家校距离较远，联系不便和家长爱子心切的特点，向家长谎报学生遭遇意外，骗取家长的钱财。

（1）注意保护好个人及家庭的信息，诸如记载有个人姓名、联系方式的同学录、求职简历、身份证件等。

（2）大学生要多与家人联系，应将自己的辅导员、关系密切的同学的情况和联系方式告知家长，以备家长紧急时使用。

（3）将此类骗局告诉家长，提醒家长，若收到类似电话，应向学校联系，不能轻信陌生人，更不要急于汇款，以防被骗。

（四）防"借用"银行卡行骗

利用银行卡骗取钱财，是近年来诈骗分子常用的新手段，犯罪分子屡屡使用手机、银行卡行骗，一旦诈骗成功，就将手机卡、银行卡丢弃或销毁，往往很难查获。

（1）遇到陌生人搭讪求助要格外提高警惕，防止被骗子的谎言所骗。

（2）不要将手机和银行卡借给陌生人使用。

（3）遇到可疑人，要及时报告学校保卫部门和公安机关。

四、防范不良借贷陷阱

随着网络借贷的快速发展，一些 P2P（persen-to-person）网络借贷平台不断向高校拓展业务，部分不良网络借贷平台采取虚假宣传的方式和降低贷款门槛、隐瞒实际资费标准等手段，诱导学生过度消费，甚至陷入"高利贷"陷阱，侵犯学生合法权益，造成不良影响。

阅读材料

河南牧业经济学院一名在校大学生以多名同学名义，在校园网络金融平台借款数十万元赌球，最终无力偿还，跳楼自杀。前不久，北京某高校一名大三学生将钱存进了某理财平台，后来因为这个平台资金链断裂，他亏损多达 3 万元。

有关大学生因网贷而背负巨债的新闻近年来屡见不鲜，让我们认识到了网络借贷在部分大学生中的泛滥和失控。大学生要充分认识其中的风险，避免踏入陷阱。

（1）高利贷、诱导贷款、提高授信额度易导致学生陷入"连环贷"陷阱。

（2）部分校园借贷平台利用少数学生金融知识匮乏，钻金融监管空子，诱导学生过度消费。

（3）校园不良网贷平台存在信息盗用风险，被冒用身份者可能会面对信用记录被抹黑及追债等问题。

（4）校园网贷平台"校园代理，层层分包提成"等发展模式破坏正常校园秩序，暴力追债现象威胁学生人身安全。

大学生虽然在生理和法律上已经属于成人，但他们中的大多数人心理上远未成熟，缺乏理财观、虚荣、自理自控能力差，当校园网贷这个网络金融新事物出现后，这些大学生心理不成熟的弱点被无限放大，并导致严重的后果。大学生在高校里不但要学专业，更要学做人，利用大学四年的时间建立健康的"三观"，控制不良情绪及欲望，建立起文明、理性、科学的消费观，拒绝过度消费、超前消费。

五、发现疑点和被骗后的应对处理措施

诈骗分子的目的一般在于骗取学生的个人财物，对学生进行人身攻击的可能性较小。因此学生一旦发现对方有疑点或不小心被骗后，应当果断采取应对处置措施，同诈骗分子斗智斗勇。

（一）认真观察，有效识别

大学生在社会交往的过程中，如发现对方存有疑点时，要保持清醒的头脑，认真仔细地观察对方的神态表情、举止动作的变化，看对方的言谈、所持的证件以及有关材料与其身份是否符合，以此识别真假。必要时可以找同学、老师或相关人员商量，听取他人的意见和忠告，或者通过对方提供的电话、资料查证核实对方的真实身份和目的。

（二）巧妙周旋，切实制止

当学生发现了对方的疑点而无法确定真假，又不愿意轻易拒绝时，要有礼有节，采取一定的谈话、交往策略，注意在交锋中发现对方的破绽，通过与其周旋印证自己的猜测。必要时还可以采取一些吓唬的言辞，使对方心存顾忌，不敢贸然行事。

（三）平静心态，及时报案

学生无论是否因为贪财、无知、轻信、粗心大意等自己的过错而受骗，都要保持积极的心态，从上当受骗的噩梦中回到现实，吸取经验教训，及时向公安机关和学校保卫部门报案，切勿"哑巴吃黄连，有苦肚里咽"。

（四）提供线索，配合调查

学生已经被骗后，要注意保留作案人员遗留下的文字资料、身份证件、电话号码等证据，并积极向公安机关和学校保卫部门提供作案人的体貌特征和其他有价值的线索，如实述说自己的被骗经过，以便公安机关及时破案追缴被骗的财物。另外，一旦有人受骗，其他知情同学也应及时向学校保卫部门报案，并如实反映情况，提供真实线索，争取尽快破案。

第四节　防范性侵害

一、诱发性骚扰和性侵害的条件

女学生为了减少性骚扰和性侵害，保护自己的人身安全，必须了解各种可能诱发性骚扰和性侵害的原因和条件，从受害人角度着手，不断提高自我保护和防范意识，防止发生性骚扰和性侵害事件。

（一）容易遭受性骚扰和性侵害的人员

📢 阅读材料

> 某大学女生王某的高中同学来学校看她，王某的同学还认识该校的一名男学生于某，在三人外出吃饭时，于某提出喝点酒，王某不慎喝醉，于某以送王某回宿舍为由，打车将王某带到一旅店，王某在醉酒的状态下被于某强奸。

从高校女生受到性骚扰和性侵害的实际情况来看，下面几种类型的女生容易受到骚扰和侵害。

（1）经常出入社会公共场所、装扮入时、行为不羁的女生。

（2）性格懦弱、胆小怕事的女生。

（3）作风轻浮、胡乱交友的女生。

（4）夜晚长时间独处于学生教室、寝室、实验室、运动场或其他隐蔽场所的女生。

（5）怀有隐私、容易被他人要挟的女生。

（6）贪图钱财、贪图享受、缺乏观察识别能力的女生。

（7）意志薄弱、难拒诱惑以及精神空虚、无视法纪的女生。

（8）夏季衣着单薄、裸露部分较多、曲线毕露的女生。

（二）容易遭受性骚扰和性侵害的时间和场所

📢 阅读材料

> 2012 年 6 月 25 日晚，北京市某高校一女生到北京大学畅春园找同学玩。走到北京大学东门时，该女生碰上骑电动车深夜无聊闲逛的北京大学食堂厨师郑某和刘某。郑某和刘某将该女生拦下，并把她劫持到北京大学东门外的树丛中实施了强奸。郑某和刘某因强奸罪分别被北京市中级人民法院终审判处有期徒刑 11 年和 9 年。

从这几年女大学生遭受性侵害的案例来看，女生在以下时间和场所容易受到骚扰和侵害。

（1）夏天。夏天是女生容易遭受性骚扰和性侵害的季节。夏天天气炎热，女生夜生活时间延长，外出机会增多。夏天校园内绿树成荫，罪犯作案后容易藏身或逃脱。同时，由于夏季气温比较高，女生衣着单薄，裸露部分较多，因而对异性的刺激增多。

（2）夜晚。夜晚是女生容易遭受性骚扰和性侵害的时间。这是因为夜间光线暗，犯罪分子作案时不容易被人发现。所以，女生在夜间应尽量减少外出。

（3）僻静场所。例如，公园假山、树林深处、楼顶晒台、没有路灯的街道、尚未交付使用的新建筑物内以及电梯内等。若女生单独逗留或经过，很容易遭受袭击。所以，女生最好不要单独行走或逗留在上述这些地方。

（三）容易遭受性骚扰和性侵害的原因

阅读材料

　　2014 年 8 月 25 日，济南市警方逐户上门清查，将被黑车司机绑架、囚禁四天的女大学生金某从一处出租房内解救出来，并抓获了犯罪嫌疑人代某。2014 年 8 月 21 日傍晚，金某独自一人乘火车抵达济南火车站后，准备到济南西站转车。金某出站后被代某搭讪，由于打不上出租车，便坐上了代某的黑车。代某将金某带到偏僻处后实施了强奸，随后又将它带回了自己的住处，对她实施了捆绑、堵嘴、殴打、恐吓和强奸，并利用性药品和性工具对她实施多次性虐待。到了第四天，代某逐渐对金某放松了警惕，金某趁他做早饭时向北京网友孙某发出了求救短信。看到金某的短信后，孙某立即从北京拨打了报警电话。济南市市中区公安分局七贤派出所接到指令后，迅速组织警力对辖区展开大面积清查，并成功从双龙庄一出租屋内将金某救出。

女大学生遭受性侵害的新闻，近年来经常见诸报端。2014 年 8 月，全国连续发生了 8 名女大学生失联走失的恶性事件，引起社会广泛关注。上述案例受害人金某因营救及时没有遭遇生命危险，但这次经历想必会影响她很长时间。看过案例后，除了惊悚，很多学生会忍不住思考：为何遇害的偏偏是女大学生？从案例分析来看，女大学生容易遭受性骚扰和性侵害的原因有以下几个方面。

（1）多数女生安全防范意识薄弱。现在的女大学生成长环境单纯优越，没怎么受过挫折，所以她们的性格大多热情开朗、比较自主，但这种性格也让她们缺少了防备之心，容易受到侵害。案例中的金某没有任何防范意识，连陌生人的电动车都敢坐，而且当时是晚上，是去相对比较偏远的济南西站，还是单身男人和女人。

（2）多数女生自我防护能力差。案例中的金某除了缺乏防范意识，还缺少自保自救能力。金某从上车到被拉到囚禁地点之前，有多次自救的机会，应该及时想办法自救。这期间，黑车司机代某一直在转悠，金某应该有警惕才对，但一直没有警惕。也就是说，金某开始并没有把代某当坏人，直到金某被吓住，却已经没有逃脱的能力了。

（3）与社会存在的矛盾问题有关。女大学生之所以被骗被害，跟社会上流动人口增多，贫富差距增大，人心浮躁，人格出现偏差、图谋不轨或报复社会有关。个别人想报复社会，找谁下手呢？肯定不找有权势有力量的。因此，力量上处于弱势、性格上天真烂漫的女大学生就成了其中一个目标。

二、大学生如何增强防范性侵害意识

对于性侵害，我们强调防患于未然。尤其是女大学生应该学会自律和具备良好的自我保护意识，尽量避免各类易产生性侵害的安全隐患，同时加强自身素养，树立良好的精神面貌和健康的形象，落实到具体行动中应尽量注意以下几个问题。

（一）女生集体宿舍的安全问题

（1）经常进行安全检查。如发现门窗、门锁损坏，应及时向学校相关部门反映，以便立即修理，保证宿舍设施完好。

（2）临睡前关好门窗，特别是低楼层宿舍，可防止犯罪分子趁大家熟睡时作案。

（3）节假日期间，尽量不要独自一个人留在宿舍。

（二）女生夜间行路的安全问题

（1）夜间行路要保持警惕，尽量走人多且明亮的大道，走小路最好结伴而行。

（2）遇到陌生人搭讪不要理睬，不搭乘陌生人的车辆，不主动向陌生人问路，更不能让对方带路，防止落入坏人的圈套。

（3）不要穿过分暴露的衣衫，防止产生性诱惑，不要穿行动不便的高跟鞋。

（4）如果遇上坏人，首先要做到临危不惧，遇事不乱，利用随身携带的物品或就地取材进行有效反抗。如果四周无人，更要保持冷静，采取周旋策略，拖延时间等待救援。

（三）与异性交往应注意的事项

女大学生在与异性交往中应特别注意自尊自爱、洁身自好，避免产生不必要的纠缠，进而引发犯罪。此类性侵犯主要分为以下两方面预防。

1. 恋爱过程中，性侵犯的预防

遵守恋爱道德，讲究文明礼貌，保持正常交往关系，防止因爱生恨。对于单恋的追求者应该明确拒绝，如果是要中断恋爱关系，要尊重对方人格，不可嘲笑挖苦，更不能在别人面前揭露双方交往的细节。遇到曾经恋爱的对象纠缠，要态度明确，让对方打消念头，态度暧昧，模棱两可，只会使对方产生幻想，给自己带来更多的麻烦。

2. 社交过程中，性侵害的预防

此类性侵害往往是有预谋的，不法分子常常利用学生涉世不深、缺少社会经验，在被害人放松警惕的情况下制造机会，把正常社交引向性犯罪；或者想方设法把被害人带到由他掌握的环境，继而实施性侵害。

三、遭受到性侵害之后的应对方式

女大学生一旦遭遇性侵害，不能自怜自卑，从此一蹶不振，而应该拿起法律的武器，与不法分子斗智斗勇，维护自己的尊严，使其受到应有的法律制裁。

阅读材料

> 2015 年 8 月 22 日晚 7 时许，烟台市一女大学生王某独自外出跑步。没过多久，王某爸爸的手机响了，来电显示是王某的电话，电话接通后传来王某和一名陌生男子的对话"你别弄死我，要钱可以"。电话声音时远时近，没过一会儿电话就断了。王某的爸爸感到事情不妙，女儿可能遇到危险了，于是赶紧报了警。烟台市牟平公安分局文化路派出所接警后，根据各方面侦查线索将王某的位置锁定，经过围追堵截，成功将王某解救。据犯罪嫌疑人宋某交代，他盯上了晚上外出跑步的王某，便用三轮车后视镜将她别倒，将王某毒打一顿后拖上了车。

（一）遇到强奸时的正确应对

（1）要保持冷静，临危不惧。镇静不仅可以保证自己临阵不乱，同时可以对不法分子起到震慑作用，使不法分子感到你不是软弱可欺，还能使你仔细观察对方的举动和周围的环境，寻找呼救和脱逃的方法。

（2）要意志坚强，对正义战胜邪恶充满信心，要与不法分子软磨硬泡，拖延时间，顽强抵抗。某大学有一女生，在宿舍遭到校外不法分子的袭击，该女生毫无惧色，先是严厉斥责，后是大声呼救，但宿舍周围无人，呼救不应，该女生奋力反抗，与不法分子打成一团，不法分子终因无法下手，仓皇逃窜。

（3）选择适当机会和方式逃跑。机会是自己创造的，例如，可先假装同意，然后趁其脱衣，使尽全力将其推倒，及时逃跑，并在逃跑时继续呼救；或者当不法分子的脸接近时，用手指捅其眼睛；或者出其不意猛击其阴部，使其丧失攻击能力，趁机逃脱。如果穿的是高跟皮鞋，还可以以此为武器，被不法分子推倒在地时，可以用鞋跟猛击其头部和阴部使其丧失侵害能力。

（4）利用日常用具防卫。如果双方体力悬殊，无力反抗，也要想一想自己身上有无可以用作防卫的工具，如水果刀、指甲钳、发夹等，被不法分子袭击时，用其刺伤不法分子的眼睛，趁机逃跑。

（二）巧妙地在犯罪分子身上留下痕迹

性侵害案件以发生在夜间灯光暗淡和人迹稀少处居多，或者虽有灯火，但因受害者突然遭受袭击，情绪紧张，故在惊恐中往往不能仔细观察侵害人的外貌特征，或者无法看清楚其特征。然而在性侵害案件中，受害人从侵害人身上获取证据留下某些暗记和痕迹，对于侦查破案，打击性犯罪，维护妇女权益，保障社会安定具有重要意义。当受到性侵害的时候一定要在与犯罪分子搏斗的同时，千方百计从犯罪分子身上获取证据，并且巧妙地在犯罪分子身上留下各种痕迹。

（1）在与犯罪分子搏斗时，要设法咬破、抓破其暴露躯体的某一部位，如面部、手背。

（2）抓取犯罪分子的头发、阴毛、衣片、纽扣等。

（3）保留犯罪分子的血迹、精斑以及被咬下、撕下的某些肌体如手指、耳朵。

（4）故意让犯罪分子接触光滑物体，如箱子、地板、玻璃台等，让犯罪分子留下指纹、掌印、足印、鞋印等。

（5）在犯罪分子的身上、衣服上涂上颜料、油漆、油污等。

（三）遭到性侵害后如何处理

1. 性犯罪私了不得

私了就是私下了结，即不通过法律程序，在当事人之间或者在他人参与下相互协商达成和解，性犯罪是不能私了的，这是由性犯罪的特点和我国社会主义法制所决定的。

（1）性犯罪是一种严重侵犯他人人身权利，破坏社会主义秩序，对社会造成严重危害的犯罪，不能私了。实施性犯罪的主体，一般来说心狠手辣，不会为受害人的心慈手软、菩萨心肠所打动，不让他们受到法律的惩处，很难使他们改恶从善。如果在他们花言巧语诱惑下私了，有朝一日他会倒打一耙，抓住你的把柄，以揭露隐私进行要挟，继续实施性侵害；或者因逃避法律制裁，自以为得计，更加无法无天天，事后侵害他人。应当懂得这个道理：对犯罪分子的姑息纵容，便是对人民的残忍。

（2）惩治犯罪分子是司法机关的职责，不可能私了。性侵犯作为严重刑事犯罪，只能由国家司法机关通过正常法律程序做出处理，任何公民和其他组织都无权代替。

2. 女性遭到性侵害后的处理办法

在女大学生中也有遭到性侵害者，有些甚至后果比较严重。正确认识和处理好遭到性侵害的问题，对于维护女大学生的身心健康，保障她们的安全，帮助她们健康成长具有重要意义。

（1）分清原因，正确对待。如果遭到性侵害，如被犯罪分子强奸，那么女性是无辜受害者，周围的人和社会舆论对女性会表示同情，并且会给女性温暖和帮助，女性不必因此而烦恼；如果女性是被坏人欺骗，一时上当受骗，女性应当吸取教训，使自己成熟起来，增强抵御能力，今后不再上当；如果是因为自己行为轻率，而有越轨行为，改正了就行，不必为此抱恨终身。

（2）振作精神，直面生活。遭到性侵害固然是一种不幸，但这已经过去，要面对现实，走向未来，勇敢地面对生活，要克服一朝遭到性侵害，终生完结的思想，解除精神枷锁；同时要克服无所谓的思想，不能破罐子破摔。要看到生活的美好，把遭到性侵害的痛苦化为追求真理、创造业绩的动力。如果能做到这一点，不仅会在心灵上得到补偿，而且会受到别人的尊敬，给自己创造美好的未来。

（3）站在人生高度，理解人生曲折。大学生活，固然是人生美好时期，但只不过是人生的开始。生活的道路是漫长而又美好的，暂时的挫折、失误，只不过是人生长河中的一朵浪花，对于当代青年来说，应当是一次锻炼和考验，我们要在失误和挫折中吸取教训，在克服困难中前进。这样，才会使我们更加成熟、坚强。

第五节　求职择业中的安全

一、常见就业陷阱

对于刚走出校园，步入社会，初涉职场的大学毕业生来说，在外求职的时候最容易遭遇就业陷阱。据调查，大约有55%的大学生遭遇过就业陷阱，对于大学生来说，现在找工作不但"难"而且"险"，大学生随时都可能陷入就业陷阱之中。大学生就业陷阱是指招聘单位，或者其他机构或个人，利用大学生的社会经验不足，自我保护意识差，就业竞争激烈等，以提供就业机会为诱因，采用违法悖德等手段，与大学生达成权利与义务不相等的各类就业意向，来侵害大学生合法权益的现象。因此，对于刚刚或者即将走出大学校园的大学生来说，知晓必要的求职知识对于预防就业陷阱很有必要。

（一）就业陷阱的表现特征

当前的学生就业陷阱主要表现出以下特征。

1. 诱惑性

诱惑性主要表现为招聘单位着力包装，夸大事实，并以单位各种荣誉、高薪待遇和发展前景来诱惑大学生，从而达到欺骗大学生的目的。

2. 违法性

就业陷阱一般都具有违法性，主要表现在：有些是为留住人才而扣留大学生的户口本、证件等；有些则迫使大学生签下"卖身契"；另外还有就是坑蒙拐骗，使大学生掉进违法分子挖下的高薪陷阱、培训陷阱、中介陷阱。

3. 隐蔽性

违法用人单位的各种伎俩都有十分华丽的诱人说辞，听起来合情合理，面面俱到，句句都令人动心，其实处处布下陷阱。涉世不深的大学生十分单纯，难辨真假，很快就成为被猎获的对象。

4. 欺骗性

欺骗性主要表现为招聘单位以攻势强劲的虚假宣传、信誓旦旦的不实承诺来取得大学生的信任和期望，然后在协议中提出苛刻条件，隐藏不法目的。

（二）就业陷阱类型

1. 电话陷阱

一般而言，毕业生在收到用人单位的回应后，会主动进行联系。有些人正是利用毕业生的这一心理，假借联系工作传呼或发送短信给毕业生，让毕业生给一些收费很高的信息台回电话，以骗取高额电话费。

2. 培训陷阱

许多用人单位会以各种理由收取大学生就业者各种不合理费用，包括风险押金、培训费、置装费、建档费等，往往大学生交了钱之后却得不到用人单位的许诺。

3. 职位陷阱

很多广告上说的是要招聘经理等高级职位，但是在学生交纳了一定的费用后，却发现到了公司是从基层做起，在一定的任务没有完成的时候就借口辞退你，这就是所谓的好工作套住你，实际上是什么也得不到。

阅读材料

据《西安晚报》报道，张勇是西安市阎良区电力部门的一名合同工。他在收电费过程中向村民吹嘘自己的能力特别大，只要交点"活动费"，想进啥单位都可以。在张勇的吹嘘下，先后得到七名大学生和家长的信任，先后拿到了16.5万元"活动费"。受委托后，张勇就按照对方的要求请人在毕业生就业协议书上写下相应的单位，加盖上自己私刻的公章。通过这样的方法，张勇先后将这7名大学生"安排"到西安市阎良区国税局、环保局等单位。后张勇在作案时被民警当场抓获。

4. 工资陷阱

工资是一个很模糊的概念，所以毕业生在找工作的时候不要只看表面工资多少，最好还是要问清楚具体内容。工资包含的内容很多，比如福利、保险、奖金等。而有的单位在招聘的时候，只说基本工资，其他如奖金、福利、保险等，根本不包括在内。而有的单位尽管开的工资不低，可是保险等需要扣除的项目也都包括在内，在东扣西扣之后，最后剩的钱并不多了。

5. 智力陷阱

有些单位按程序假装对应聘毕业生进行面试、笔试。在面试、笔试时把本单位遇到的问题以考察的形式要求前来应聘者作答或设计，然后再找出各种理由推辞，结果无一人被录用，而将应聘者的劳动成果据为己有。如大学生的程序、广告设计方案等。

6. 协议（合同）陷阱

不少单位在试用期间不签订劳动合同，所以常常会出现学生在试用期间要跳槽，按照劳动法不需要承担违约责任，而单位则以就业协议为依据向学生提出索赔要求。

7. 试用期陷阱

一部分用人单位正是利用试用期大做文章，主要表现为：在试用期内无正当理由辞退毕业生；以见习期代替试用期；约定两个试用期；续签劳动合同时重复约定试用期；将试用期从劳动合同期限中剥离；仅仅订立一份试用期合同；试用期工资低于当地的最低工资；试用期内单位不缴纳社会保险费；等等。

> **阅读材料**
>
> 小赵是大学毕业生，2010年3月18日，杭州某家汽车公司聘请他在该公司国际事务部从事对外交流工作。当时谈定试用期三个月，试用期工资为1500元，等试用期满后基本工资2500～2800元。小赵满怀希望地开始工作，兢兢业业。但他干到第三个月时，人事部经理称通过这些天的考察，公司认为他不能胜任这份工作。由于没有任何证据驳斥对方，小赵只好走人。

二、求职择业中的安全

就业工作是每个人在一定人生阶段不可避免的人生话题。从学校走上社会，由学生转变为社会中人，在整个过程中，大学生会遇到各种各样的困难，刚刚走出校门或者还没有走出校园就遭遇到就业欺诈，对于大学生来说，损失的不仅仅是钱财，还直接影响他们的自信心，对以后的就业心理产生消极影响，甚至产生对社会的畏惧感。因此，如何保证大学生就业安全成为一个迫切需要解决的问题。

（一）求职择业安全

1. 个人资料的安全

有一些招聘会上人们常常可以看到一些求职者的简历被随意丢弃在地下。这些简历上有详细的个人信息，这些信息可能会给求职者带来意想不到的麻烦。在信息时代，信息就是资源。事实上形形色色的黑手已经伸向毕业生的求职简历。

> **阅读材料**
>
> 某大学生小黄参加两个月前的一场招聘会后，手机上的垃圾短信就明显增多。有做广告的，有拉她去搞推销的，还有一些色情服务的信息。她同班一位女生，自从在某招聘会上投简历后就被婚姻介绍所盯上，经常被打电话骚扰，还有一些人打电话拉她去做陪聊服务、到夜总会唱歌、推销酒水等。

那么毕业生如何加强个人信息保密呢？就业指导专家提醒毕业生：不要将个人的所有联系方式都提供给招聘单位，一般提供手机号码和电子邮件即可，至于固定电话，可以提供院系负责就业工作老师的办公电话，最好不要提供宿舍或者家庭电话；接到陌生人的电话，不要轻信其花言巧语，应拨打114进行核实，或者与老师、同学一起分析商量；对于各种渠道特别是互联网上的招聘信息，一定要慎重核实，不要轻易填写过于翔实的个人信息。另外，不要采取"天女散花"式的求职方式，对自己不信任的、不规范的公司不要随便递简历。

2. 谨防黑中介

一些大学生为了尽快找到工作，求职心切，往往会选择一些中介机构。黑中介便会趁此机会向大学生收取高额的职业介绍费，甚至押金、培训费等。因此，在求职过程中，首先要对中介公司和求职目标公司招聘的真实性进行核实。万一遭遇诈骗，要及时投诉或报案，敢于用法律武器来保护自己的合法权益，切忌抱着自认倒霉的心态而听之任之，这样不仅本人的损失难以挽回，还会让更多的人上当受骗。

阅读材料

某高校大一学生黄某登录一"助学中心"网站想找份兼职。该网站称只要是女大学生，注册交费以后，便可为其提供长期中介服务。黄某通过银行汇了20元建档费和100元报名费，本以为可以如愿以偿找份满意的兼职。可是几天后她再次登录"助学中心"查询结果时，该网站却怎么也打不开。她疑惑不解，一位同学告诉她，网上经常有利用中介行骗的事情发生，主要目标就是缺乏社会经验的大学生，一旦报名人数达到一定数量，网站就会神秘失踪。这时，黄某才知道自己被骗了。

选择职业中介机构时要做到以下几点。

（1）看验《职业介绍许可证》和《营业执照》是否齐全，是否持证持照经营。

（2）看清收费项目和标准是否明码标价。

（3）订立书面协议，明确双方的权利、义务。

（4）谨慎对待职介机构的口头承诺，要求其将口头承诺写进书面合同。

（5）支付直接费用后要求其出具有效发票。

特别提醒，通过中介机构找工作的大学生不要盲目轻信广告宣传，以免落入黑职介设置的陷阱中。

3. 当心求职陷阱

近年来，大学生在就业求职过程中遭遇骗局、抢劫、合同陷阱案件日益增多，求职安全越来越引起世人关注。一些大学生求职中被骗取钱财，一些大学生被谎称招工者打劫，一些大学生因不了解劳动合同法而被迫接受苛刻的劳动条件……这一切使得大学生必须掌握必要的求职就业安全知识。

（1）就业一定要签订劳动合同。不管就业期限长短，雇佣双方都应主动要求签订劳动合同，这是《中华人民共和国劳动法》的基本要求。由于工作性质、内容的不同，劳动合同的具体细则也不尽相同，但在合同中一定要体现出以下几个基本要素：合同期限、工作内容、劳动报酬、福利待遇、合同双方的权利及责任。在此基础上，当双方出现纠纷无法自行解决时，可通过劳动仲裁部门、劳动监察部门、各级人民法院等渠道解决。

（2）国家劳动部门明文规定，任何企业在招聘员工时都不得以求职者的身份证、毕业证等做抵押。身份证、毕业证作为公民个人身份和学历的唯一合法凭证，应妥善保管，不轻易外"借"或抵押，以防被别有用心的人所利用。

（二）求职安全警示

（1）参加政府人事部门或者学校举办的正规人才市场。

（2）网上求职要注意登录网站是政府人事部门举办的，或者正规企业网站。

（3）不要轻信街头路边小广告或者口头招聘广告。

（4）谨慎处理个人信息，并保持同家人和学校联系。

三、兼职中的安全

（一）兼职中常见的安全问题

（1）"高薪"骗你搞传销。一些传销公司以"只要你加入我们的团队，三个月后就拿到月薪 3000 元左右，一年后月薪就能拿到 1 万元左右，并随着业绩的增加，你的工资将逐月增加"为诱饵，诱使赚钱心切的学生加入到传销队伍中来，一旦加入进去就会马上受到人身控制，并且一分钱都拿不到。

阅读材料

> 2010 年 2 月，某校在上海实习的学生董某等被非法传销公司以高薪利诱，前往广州从事非法传销，一到广州董某等即被公司控制了人身自由。后经学校及广州警方努力，才将董某等解救出来。

（2）故意夸大薪酬引你上钩。一些用人单位自身硬件、福利待遇等很差，但为了招聘大学生进来，故意对大学生夸大自身的实力，花言巧语，诱使大学生与之签订合同，而当前很多大学生头脑不冷静，仅凭用人单位的介绍，就匆忙与之签订合同，等到了用人单位才发现与其自称的相差甚远，这时已后悔莫及。

（3）收活动费进行诈骗。很多在校大学生都没有求职经历和工作经验，一些别有用心的人利用大学生比较单纯容易相信人的弱点，要求大学生支付介绍费，而当大学生支付过后，他就立即消失得无影无踪。

（4）一些假期打工学生被个人或流动服务公司雇用，这些公司往往以种种理由拖欠大学生工钱，甚至等到学生开学以后就消失了，让大学生有债无处讨。

（5）一些单位通常以招聘文秘、打印、公关等轻松、体面的工作为由，要求前来应聘的学生交纳一定的保证金，却又借故不开收据，要求学生等候消息，接下来便是石沉大海，杳无音信。

（6）一些小公司，特别是个体建筑承包者看准大学生暑假挣钱心切，故意将一些苦、脏、累、险的工作交给他们，又不与他们签订合同，一旦发生工伤等情况，假期兼职的学生往往是索赔无门，欲哭无泪。

（7）一些招工单位以模特、歌星、影星培训班的形式，要求学生花大价钱照艺术照参加竞赛，最后找借口说条件欠缺而予以拒绝。也有的娱乐场所高薪吸引兼职的学生，甚至逼他们做色情交易，学生们到这种场所兼职，往往会误入歧途，个别别有用心的雇主以高薪为诱饵，将涉世未深的女学生骗至家中进行强暴。

（二）增强辨别能力，防范兼职受骗

随着社会的发展，大学生的独立自主意识也得到了充分的发挥，很多大学生出于各种不同的原因，利用日常学习的空余时间和寒暑假外出兼职。一方面补贴自己的生活费用；另一方面也可以通过日常兼职了解一下社会，证实自己的能力。但由于大学生缺乏社会经验，对深层次的问题没有一定的辨别能力，所以在打工过程中很容易上当受骗，甚至被骗财骗色。

（1）在兼职前要对自己的能力进行充分分析，选择自己可以胜任的工作，这样可以避免因不能胜任而被雇主辞退。

（2）尽可能地到人才市场、大学生供需见面会上双向选择。这是主渠道，不要轻率盲目地自找门路。学校也希望自己的学生人尽其才、人尽其用，把他们推上最适宜最需要的岗位。同时，进入上述市场的一般来说都是较正规的企事业单位，安全系数较大。

（3）不要轻易相信用人单位单方宣传，遇到一个问题可多方了解。诸如单位情况、将从事工作的性质等，可通过学校、亲友了解，有条件的也可亲自登门实地考察了解，这样除了防止受骗外，还便于去和用人单位签订合同。同时可以使自己更加主动，防止以后发生一些民事纠纷。

（4）在与雇主谈妥后，最好签订用人合同，同时，请老师、亲友帮忙参考，对合同中模棱两可、不利于自己的内容，要坚决请求修改，并保存好合同原件，防止雇主利用合同中的漏洞进行欺骗。

（5）在兼职过程中，要随时与老师、同学或亲友保持联系，一旦遇到麻烦，应立即向学校学生主管部门、保卫部门、公安机关反映，并注意保留证据，提供有关线索，协助调查，这样才能使损失减少到最低限度。

第七章　安全自救与求救

第一节　正确使用急救电话

我国统一的呼救电话号码是"120"。拨打"120"是向急救中心呼救最简便快捷的方式。急救中心是 24 小时服务的，只要是在医院外发生急危重症，可以随时拨打"120"找急救中心请求派遣救护车。

拨打"120"电话后，首先要把病人当前最危急的病情表现和以前的患病史、给病人服用了什么药等简要地说清，同时应该把患者发病现场的详细地址说清楚，包括街道、小区的标准名称，门牌号或楼号、单元及房间号。最后要留下电话号码以便调度人员和你再联系。

如果是在路边或其他场所发现无人看管的倒地的伤病人员，病人身上如果带有急救卡，在向急救中心报告急救卡号后急救中心会立派遣救护车。如果病人身份不明又无人照看，在拨打"120"的同时也应拨打"110"或"122"（道路交通事故报警台），由他们到现场协助处理。如果是在公园、商场、剧场等场所发现伤病人员，可以向该单位的人员反映，由他们照看病人并向急救中心报告。

注意与急救车的接头，调度人员在受理呼救电话时会与呼救人员约定接救护车的地点，等车地点应设在街上有明显公共标志、设施或标志性建筑的地方，如汽车站、单位、宾馆饭店及公共建筑等处。如果是在小区、居民大院或单位大院时，要到小区或大院的门口接救护车。放下电话后要提前去接车，但急危重症病人不宜随意搬动，所以不要把病人提前搀扶或抬出来。到达约定地点后救护车没有到也不要离开或再找别的车，应该在原地等待，急救中心接到类似电话会及时派车前往。救护车到后要主动挥手示意接应，以免错过。

第二节　急　救　技　能

一、止血与包扎

（一）止血

现场止血术常用的有五种，使用时要根据具体情况，可选用其中的一种，也可以把几种止血法结合在一起应用，以达到最快、最有效、最安全的止血目的。

1. 指压动脉止血法

适用于头部和四肢某些部位的大出血。方法为用手指压迫伤口近心端动脉，将动脉压向深部的骨头，阻断血液流通。这是一种不要任何器械，简便、有效的止血方法，但因为止血时间短暂，常需要与其他方法结合进行。

2. 直接压迫止血法

适用于较小伤口的出血。用无菌纱布直接压迫伤口处，压迫约 10 分钟。

3. 加压包扎止血法

适用于各种伤口，是一种比较可靠的非手术止血法。先用无菌纱布覆盖压迫伤口，再用三角巾或绷带用力包扎，包扎范围应该比伤口稍大。这是一种目前最常用的止血方法，在没有无菌纱布时，可用消毒纸巾、餐巾等替代。

4. 填塞止血法

适用于颈部和臀部较大而深的伤口。先用镊子夹住无菌纱布塞入伤口内，如一块纱布止不住出血，可再加纱布，最后用绷带或三角巾绕颈部至对侧臂根部包扎固定。

5. 止血带止血法

只适用于四肢大出血，当其他止血法不能止血时才用此法。使用止血带的注意事项：

（1）部位：上臂外伤大出血应扎在上臂上 1/3 处，前臂或手大出血应扎在上臂下 1/3 处，不能扎在上臂中 1/3 处，因该处神经走行贴近肱骨，易被损伤。下股外伤大出血应扎在股骨中下 1/3 交界处。

（2）衬垫：使用止血带的部位应该有衬垫，否则会损伤皮肤。止血带可扎在衣服外面，把衣服当衬垫。

（3）松紧度：应以出血停止、远端摸不到脉搏为合适。过松达不到止血目的，过紧会损伤组织。

（4）时间：一般不应超过 5 小时，原则上每小时要放松 1 次，放松时间为 1～2 分钟。

（5）标记：使用止血带者应有明显标记贴在前额或胸前易发现部位，写明时间。如立即送往医院，可以不写标记，但必须当面向值班人员说明扎止血带的时间和部位。

（二）包扎

伤口包扎在急救中应用范围较广，可起到保护创面、固定敷料、防止污染和止血、止痛等作用，有利于伤口早期愈合。包扎应做到动作轻巧，不要碰撞伤口，以免疼痛和增加出血量。接触伤口面的敷料必须保持无菌，以免增加伤口感染的机会；包扎要快且牢靠，松紧度要适宜，打结避开伤口和不宜压迫的部位。包扎材料一是三角巾，用边长为 1 米的正方形白布或纱布，将其对角剪开即分成两块三角巾。为了方便不同部位的包扎，可将三角巾折叠成带状，称为带状三角巾，或将三角巾在顶角附近与底边中点折叠成燕尾式，称为燕尾式三角巾。二是袖带卷，也称绷带，是用长条纱布制成，长度和宽度有多种规格，常用的有宽 5 厘米、长 600 厘米和宽 8 厘米、长 600 厘米两种。

三角巾包扎法依据伤口不同部位，采用不同的方法，常见的有以下几种。

（1）头顶部伤口：采用帽式包扎法。将三角巾底边折叠约 3 厘米宽，底边正中放在眉间上部，顶尖拉向枕部，底边经耳上向后在枕部交叉并压住顶角，再经耳上绕到额部拉紧打结，顶角向上反折至底边内或用别针固定。

（2）颜面部较大范围的伤口：采用面具式包扎法。将三角巾顶角打结，放在下颌处，上提底边罩住头面，拉紧两底角至后枕部交叉，再绕至前额部打结，包扎好后根据伤情在眼、鼻、口处剪洞。

（3）头、眼、耳处外伤：采用头眼包扎法。三角巾底边打结放在鼻梁上，两底角拉向耳后下，枕后交叉后绕至前额打结，反折顶角向上固定。

（4）一侧眼球受伤：采用单眼包扎法。将三角巾折叠成 4 指宽的带形，将带子的上1/3 盖住伤眼，下 2/3 从耳下至枕部，再经健侧耳上至前额，压住另一端，最后绕经伤耳上，枕部至健侧耳上打结。

（5）双眼损伤：采用双眼包扎法。先将带子中部压住一眼，下端从耳后到枕部，经对侧耳上至前额，压住上端，反折上端斜向下压住另一眼，再绕至耳后、枕部，至对侧耳上打结。

（6）下颌、耳部、前额或颞部伤口：采用下颌带式包扎法。将带巾经双耳或颞部向上，长端绕顶后在颞部与短端交叉，将二端环绕头部，在对侧颞部打结。

（7）肩部伤口：可用肩部三角巾包扎法、燕尾式包扎法或衣袖肩部包扎法包扎。燕尾式包扎法：将三角巾折成燕尾式放在伤侧，向后的角稍大于向前的角，两底角在伤侧腋下打结，两燕尾角于颈部交叉，至健侧腋下打结。

（8）前臂悬吊带：前臂大悬吊带适用于前臂外伤或骨折，方法是将三角巾平展于胸前，顶角与伤肢肘关节平行，屈曲伤肢，提起三角巾下端。两端在颈后打结，顶尖向胸前外折，用别针固定。前臂小悬吊带适用于锁骨、肱骨骨折、肩关节损伤和上臂伤，方法是将三角巾叠成带状，中央放在伤侧前臂的下 1/3，两端在颈后打结，将前臂悬吊于胸前。

（9）胸背部伤口：包括单胸包扎法、胸背部燕尾式包扎法、胸背部双燕尾式包扎法。

（10）手部三角巾包扎法：将手放在三角巾上，与底边垂直，反折三角巾顶角至手或足背。底边缠绕打结。

二、骨折急救护理

（1）不能揉捏、按摩骨折的受伤部位，骨折后不能随意搬运止血。

（2）如果怀疑有脊柱骨折，应就地取材固定伤处，合理搬运伤者。四肢骨折处出现局部迅速肿胀，提示可能是骨折断端刺破血管引起内出血，可临时找些木棒等固定骨折处并可对局部用毛巾等压迫止血。

（3）对有伤口的开放性骨折患者，应立即封闭伤口。最好用清洁、干净的布片、衣物覆盖伤口，再用布带包扎，不宜过紧，也不宜过松，如骨折端外露，注意不要尝试将骨折端放回原处，应保持外露，以免将细菌带入伤口深部引起深部感染。如将骨折端或脱位的关节复位了，应给予注明，并在送医院时向医生交代清楚。止血可采用压迫止血方法。要记住的是一旦采用布带、绳子捆扎止血时，必须记录扎带的时间，一般不宜超过 1 小时，以免时间过长导致肢体缺血坏死。一般每 1 小时需放松止血带至少 5 分钟。

三、蜇咬伤的急救

（一）被蛇咬伤

毒蛇有毒牙和毒腺，头部大多为三角形，颈部较细，尾部较短粗，色斑较鲜艳，牙齿较长。被毒蛇咬伤的，一般可在患处发现有 2～4 个大而深的牙痕，局部疼痛。被无毒蛇咬伤的，一般有两排"八"字形牙痕，小而浅，排列整齐，伤处无明显疼痛。对一时无法确定的，则应按毒蛇咬伤处理。

（1）立即就地自救或互救，千万不要惊慌、奔跑，那样会加快毒素的吸收和扩散。

（2）立即用皮带、布带、手帕、绳索等物在距离伤口 3～5 厘米的地方缚扎，以减缓毒素扩散速度。每隔 20 分钟需放松 2～3 分钟，以避免肢体缺血坏死。

（3）用清水冲洗伤口，用生理盐水或高锰酸钾液冲洗更好。此时，如果发现有毒牙残留必须拔出。

（4）冲洗伤口后，用消过毒或清洁的刀片，连接两毒牙痕为中心做"十"字形切口，切口不宜太深，只要切至皮下能使毒液排出即可。

（5）有条件的话，可以用拔火罐或者吸乳器反复抽吸伤口，将毒液吸出。紧急时也可用嘴吸，但是吸的人必须口腔无破溃，吐出毒液后要充分漱口。吸完后，要将伤口温敷，以利毒液继续流出。

（6）可点燃火柴，烧灼伤口，破坏蛇毒。

（7）尽快食用各类蛇药，咬伤 24 小时后再用药无效。同时可用温开水或唾液将药片调成糊状，涂在伤口周围的 2 厘米处，伤口上不要包扎。

（8）经处理后，要立即送附近医院。

（二）被狗咬伤

被狗咬伤对人的危害较大，因为狗的牙齿生长着各种病菌和病毒，很容易通过伤口侵入人体，引发疾病，甚至造成伤风致人死亡。如果是被疯狗咬伤，还会由狂犬病毒引发狂犬病，狂犬病致人死亡率非常高，所以，被狗咬伤决不能轻视，必须采取紧急处理措施。

（1）一般情况下很难区别是否被疯狗咬伤，所以一旦被狗咬伤，都应按疯狗咬伤处理。

（2）被狗咬伤后，要立即处理伤口，首先在伤口上方扎止血带（可用手帕、绳索等代用），防止或减少病毒随血液流入全身。

（3）迅速用洁净的水或肥皂水对伤口进行流水清洗，彻底清洁伤口。对伤口不要包扎。

（4）迅速送往医院进行诊治，在 24 小时内注射狂犬病疫苗和破伤风抗毒素。

（三）被蜜蜂、黄蜂等蜇伤

蜂的种类很多，有蜜蜂、黄蜂和土蜂等，蜂腹部末端有与毒腺相连的蜇刺，当蜇刺扎入人体时，可随之注入毒液将人体蜇伤，蜇伤后伤处会出现肿胀、水疱，局部剧痛或瘙痒，甚至出现头痛、恶心、烦躁、发烧等症状。被蜂蜇伤可以采取如下做法。

（1）不要紧张、保持镇静。

（2）如有毒刺蜇入皮肤，先拔去毒刺。

（3）清洗伤口，最好用肥皂水、食盐水或糖水。

（4）被黄蜂蜇伤的，可以用食用醋涂在患处。

（5）可以将大蒜、生姜捣烂后取汁涂于患处。

（6）如有韭菜，可取少许，洗净捣烂成泥状涂在患处。

（7）症状比较严重的，应该赶快送往医院进行抢救。

四、中暑的急救

在高温（室温>35℃）或在强热辐射下从事长时间劳动，如无足够防暑降温措施，可发生中暑；在气温不太高而湿度较高和通风不良的环境下从事重体力劳动也可中暑。年老、体弱、营养不良、疲劳、肥胖、饮酒、饥饿、失水失盐、最近有过发热、穿紧身不透风衣裤、水土不服，及甲亢、糖尿病、心血管病、广泛皮肤损害、先天性汗腺缺乏症、震颤麻痹、智能低下等常为中暑诱因。此外，长期大剂量服用氯丙嗪的精神病患者在高温季节易中暑。

户外活动如何防止中暑呢？

（1）喝水。大量出汗后，要及时补充水分。外出活动，尤其是远足、爬山或去缺水的地方，一定要带充足的水。条件允许的话，还可以带些水果等解渴的食品。

（2）降温。外出活动前，应该做好防晒的准备，最好准备太阳伞、遮阳帽，着浅色透气性好的服装。外出活动时一旦有中暑的征兆，要立即采取措施，寻找阴凉通风之处，解开衣领，降低体温。

（3）备药。可以随身带一些人丹、十滴水、藿香正气水等药品，以缓解轻度中暑引起的症状。如果中暑症状严重，应该立即送医院诊治。

五、晕厥的急救

（一）晕厥的表现

晕厥亦称昏厥，因短暂的全脑血流量突然减少，一时性大脑供血或供氧不足，以致网状结构功能受抑制而引起意识丧失；历时数秒至数分钟；发作时不能保持姿势张力，故不能站立而晕倒。在晕倒前常见周身发软无力、头晕、眼黑目眩，昏倒后，可见面色苍白或出冷汗，脉搏细弱，手足变凉等。轻度晕厥，经短时休息，即可清醒，醒后可有头痛、头晕、乏力等症状。发生晕厥的原因常为血管神经性和心脑疾病引起两类。例如，疼痛恐惧、过度疲劳、饥饿、情绪紧张、气候闷热、体位突然改变等因素可诱发血管神经性晕厥。心律失常、心肌梗死、心肌炎、高血压、脑血管痉挛发作等疾病也可导致晕厥发生。

（二）现场急救

（1）令患者平卧，松解患者衣领和腰带，打开室内门窗，便于空气流通，另外将头部稍放低，双足略抬高，保障脑部供血。

（2）如有心脏病史，并可疑是心脏病变引起的晕厥时，应取半卧位，以利呼吸。

（3）可针刺或用手指掐患者的人中、内关、合谷等穴，促使其苏醒。

（4）注意对患者身体的保暖，随时观察患者呼吸、脉搏等情况。

（5）待患者清醒后，可给患者服用温糖水或热饮料（在晕厥时忌经口给予病人任何饮料及药物）。

（6）经处理仍未清醒者，应及时进行呼救或妥善送往附近医院。

六、触电的急救

触电包括交流电和雷电击伤。损伤包括外损伤和内损伤。触电可造成体表入口和出口伤，均由电能通过身体产生的热能所致。触电伤员轻者造成机体损伤、功能障碍，重者死亡。

（一）触电现场表现

（1）轻伤：触电部位起水泡，组织破坏，损伤重的皮肤烧焦，甚至骨折，肌肉、肌腱断裂，能发现两处伤口。

（2）重伤：抽搐、休克、心律不齐、内脏破裂。触电当时也可出现呼吸、心跳停止。

（二）现场急救

（1）切断总电源。如电源总开关在附近，则迅速切断电源。

（2）脱离电源。用绝缘物（木质、塑料、橡胶制品、书本、皮带、棉麻、瓷器等）迅速将电线、电器与伤员分离。要防止相继触电。

（3）心肺复苏。心跳、呼吸停止者立即进行心肺复苏。

（4）包扎电烧伤伤口。

（5）迅速送往医院。

七、烧伤和烫伤的急救

烧伤和烫伤由火焰、沸水、热油、电流、辐线、化学物质（强酸、强碱）等引起。烧伤和烫伤首先损伤皮肤，轻者皮肤肿胀，起水泡，疼痛，重者皮肤烧焦，甚至血管、神经、肌腱等同时受损。呼吸道也可烧伤。烧伤引起的剧烈疼痛和皮肤渗出等因素能导致休克，晚期出现感染、败血症，危及生命。现场急救烧伤和烫伤的急救措施有以下几个方面。

（1）立即脱离险境，但不能带火奔跑，这样不利于灭火，并加重呼吸道烧伤。

（2）带火者迅速卧倒，就地打滚灭火，或用水灭火，也可用棉被、大衣等覆盖灭火。

（3）冷却受伤部位，用冷自来水冲洗伤肢冷却伤处。

（4）脱掉伤处的手表、戒指、衣物。

（5）消毒敷料（或清洗毛巾、床单等）覆盖伤处。

（6）勿刺破水泡，伤处勿涂药膏，勿粘贴受伤皮肤。

（7）口渴严重时可饮盐水，以减少水分皮肤渗出，有利于预防休克。

（8）迅速送往医院。

八、休克的急救

（一）休克的表现

休克是一种急性循环功能不全综合征。发生的主要原因是有效血循环量不足，引起全身组织和脏器血流灌注不良，导致组织缺血、缺氧、微循环瘀滞、代谢紊乱和脏器功能障碍等一系列病理生理改变。休克病人表现为血压下降，心率增快，脉搏细弱，全身乏力，皮肤湿冷，面色苍白或青脉萎陷，尿量减少。休克开始时，病人意识尚清醒，如不及时抢救，则可能表现出烦躁不安，反应迟钝，神志模糊，进入昏迷状态甚至死亡。

（二）现场急救

（1）令病人平卧，下肢稍抬高，以利对大脑血流供应，但伴有心衰、肺水肿等情况出现时，应取半卧位。

（2）应注意保暖，保持呼吸道畅通，以防发生窒息。

（3）保持安静，避免随意搬动，以免增加心脏负担，使休克加重。

（4）如由过敏导致休克，应尽快脱离致敏场所和致敏物质，并给予备用脱敏药，如口服氯苯那敏片。

（5）有条件要立即吸氧，对于未昏迷的病人应酌情给予含盐饮料（每升水含盐 3 克，碳酸氢钠 1.5 克）。值得特别注意的是，一旦发现病人出现休克时，应分秒必争打"120"呼救，或送至就近医院抢救。因为一般情况下在院外完全治好病人的休克，可以说是根本不可能的。

九、人工呼吸

人工呼吸方法很多，有口对口（或鼻）吹气法、俯卧压背法、仰卧压胸法，但以口（或鼻）对口吹气式人工呼吸最为方便和有效。

（一）口对口（或鼻）吹气法

此法操作简便容易掌握，而且气体的交换量大，接近或等于正常人呼吸的气体量，对大人、小孩效果都很好。操作方法：

（1）病人取仰卧位，即胸腹朝天。

（2）救护人站在其头部的一侧，自己深吸一口气，对着伤病人的口（两嘴要对紧不要漏气）将气吹入，造成吸气。为使空气不从鼻孔漏出，此时可用一手将其鼻孔捏住，然后救护人嘴离开，将捏住的鼻孔放开，并用一手压其胸部，以帮助呼气。这样反复进行，每分钟进行 14～16 次。如果病人口腔有严重外伤或牙关紧闭时，可对其鼻孔吹气（必须堵住口）即为口对鼻吹气。救护人吹气力量的大小，依病人的具体情况而定。一般以吹进气后，病人的胸廓稍微隆起为最合适。口对口之间，如果有纱布，则放一块二层厚的纱布，或一块一层的薄手帕，但注意，不要因此影响空气出入。

（二）俯卧压背法

此法应用较普遍，在人工呼吸中是一种较古老的方法。由于病人取俯卧位，舌头能略向外坠出，不会堵塞呼吸道，救护人不必专门来处理舌头，节省了时间（在极短时间内将舌头拉出并固定好并非易事），能及早进行人工呼吸。气体交换量小于口对口（或鼻）吹气法，但抢救成功率高于下面将要提到的几种人工呼吸法。目前，在抢救触电、溺水时，现场多用此法，但对于孕妇、胸背部有骨折者不宜采用此法。

操作方法：

（1）伤病人取俯卧位，即胸腹贴地，腹部可微微垫高，头偏向一侧，两臂伸过头，一臂枕于头下，另一臂向外伸开，以使胸廓扩张。

（2）救护人面向其头，两腿屈膝跪地于伤病人大腿两旁，把两手平放在其背部肩胛骨下角（大约相当于第七对肋骨处）、脊柱骨左右，大拇指靠近脊柱骨，其余四指稍开微弯。

（3）救护人俯身向前，慢慢用力向下压缩，用力的方向是向下、稍向前推压。当救护人的肩膀与病人肩膀将成一直线时，不再用力。在这个向下、向前推压的过程中，即将肺内的空气压出，形成呼气，然后慢慢放松回原位使外界空气进入肺内，形成吸气。

（4）按上述动作，反复有节奏地进行，每分钟 14～16 次。

（三）仰卧压胸法

此法便于观察病人的表情，而且气体交换量也接近于正常的呼吸量。但最大的缺点是，伤员的舌头由于仰卧而后坠，阻碍空气的出入，所以使用本法时要将舌头按出。这种姿势，对于淹溺及胸部创伤、肋骨骨折伤员不宜使用。操作方法：

（1）病人取仰卧位，背部可稍加垫，使胸部凸起。

（2）救护人屈膝跪地于病人大腿两旁，把双手分别放于乳房下面（相当于第六七对肋骨处），大拇指向内，靠近胸骨下端，其余四指向外放于胸廓肋骨之上。

（3）向下稍向前压，其方向、力量、操作要领与俯卧压背法相同。

参 考 文 献

鲍善冰. 2011. 大学生安全教育. 北京：北京师范大学出版社.

曹广龙. 2010. 大学生安全教育. 镇江：江苏大学出版社.

曹帅召. 2010. 大学生安全教育. 北京：经济科学出版社.

高开华. 2009. 当代大学生安全知识读本. 合肥：中国科学技术大学出版社

高开华. 2009. 当代大学生安全知识读本. 合肥：中国科学技术大学出版社.

郭凤安. 2010. 大学生安全教育. 北京：清华大学出版社.

胡传健，孙道胜. 2008. 大学生安全教育教程. 合肥：安徽大学出版社.

黄士力. 2008. 大学生安全教育案例评析. 宁波：宁波出版社.

刘盛，刘明洁. 2009. 消防安全知识教育读本. 北京：中国法制出版社.

刘跃进. 2004. 国家安全学. 北京：中国政法大学出版社.

宋志伟，燕国瑞. 2007. 大学生安全教育. 北京：清华大学出版社.

孙柏枫，刘佳男. 2008. 大学生安全教育. 北京：高等教育出版社.

冼得庆. 2007. 平安校园：大学生安全教育案例选编. 广州：华南理工大学出版社.

谢振华. 2008. 安全生产基础知识. 北京：中国劳动社会保障出版社.

原彦飞. 2014. 大学生安全教育（第 2 版）. 北京：国防工业出版社.

赵升文. 2010. 大学生安全教育. 北京：中国人民大学出版社.

附　　录

附录一　《中华人民共和国治安管理处罚法》

第一章　总则

第一条　为维护社会治安秩序，保障公共安全，保护公民、法人和其他组织的合法权益，规范和保障公安机关及其人民警察依法履行治安管理职责，制定本法。

第二条　扰乱公共秩序，妨害公共安全，侵犯人身权利、财产权利，妨害社会管理，具有社会危害性，依照《中华人民共和国刑法》的规定构成犯罪的，依法追究刑事责任；尚不够刑事处罚的，由公安机关依照本法给予治安管理处罚。

第三条　治安管理处罚的程序，适用本法的规定；本法没有规定的，适用《中华人民共和国行政处罚法》的有关规定。

第四条　在中华人民共和国领域内发生的违反治安管理行为，除法律有特别规定的以外，适用本法。

在中华人民共和国船舶和航空器内发生的违反治安管理行为，除法律有特别规定的以外，适用本法。

第五条　治安管理处罚必须以事实为依据，与违反治安管理行为的性质、情节以及社会危害程度相当。

实施治安管理处罚，应当公开、公正，尊重和保障人权，保护公民的人格尊严。

办理治安案件应当坚持教育与处罚相结合的原则。

第六条　各级人民政府应当加强社会治安综合治理，采取有效措施，化解社会矛盾，增进社会和谐，维护社会稳定。

第七条　国务院公安部门负责全国的治安管理工作。县级以上地方各级人民政府公安机关负责本行政区域内的治安管理工作。

治安案件的管辖由国务院公安部门规定。

第八条　违反治安管理的行为对他人造成损害的，行为人或者其监护人应当依法承担民事责任。

第九条　对于因民间纠纷引起的打架斗殴或者损毁他人财物等违反治安管理行为，情节较轻的，公安机关可以调解处理。经公安机关调解、当事人达成协议的，不予处罚。经调解未达成协议或者达成协议后不履行的，公安机关应当依照本法的规定对违反治安管理行为人给予处罚，并告知当事人可以就民事争议依法向人民法院提起民事诉讼。

第二章　处罚的种类和适用

第十条　治安管理处罚的种类分为：

（一）警告；

（二）罚款；

（三）行政拘留；

（四）吊销公安机关发放的许可证。

对违反治安管理的外国人，可以附加适用限期出境或者驱逐出境。

第十一条　办理治安案件所查获的毒品、淫秽物品等违禁品，赌具、赌资，吸食、注射毒品的用具以及直接用于实施违反治安管理行为的本人所有的工具，应当收缴，按照规定处理。

违反治安管理所得的财物，追缴退还被侵害人；没有被侵害人的，登记造册，公开拍卖或者按照国家有关规定处理，所得款项上缴国库。

第十二条　已满十四周岁不满十八周岁的人违反治安管理的，从轻或者减轻处罚；不满十四周岁的人违反治安管理的，不予处罚，但是应当责令其监护人严加管教。

第十三条　精神病人在不能辨认或者不能控制自己行为的时候违反治安管理的，不予处罚，但是应当责令其监护人严加看管和治疗。间歇性的精神病人在精神正常的时候违反治安管理的，应当给予处罚。

第十四条　盲人或者又聋又哑的人违反治安管理的，可以从轻、减轻或者不予处罚。

第十五条　醉酒的人违反治安管理的，应当给予处罚。

醉酒的人在醉酒状态中，对本人有危险或者对他人的人身、财产或者公共安全有威胁的，应当对其采取保护性措施约束至酒醒。

第十六条　有两种以上违反治安管理行为的，分别决定，合并执行。行政拘留处罚合并执行的，最长不超过二十日。

第十七条　共同违反治安管理的，根据违反治安管理行为人在违反治安管理行为中所起的作用，分别处罚。

教唆、胁迫、诱骗他人违反治安管理的，按照其教唆、胁迫、诱骗的行为处罚。

第十八条　单位违反治安管理的，对其直接负责的主管人员和其他直接责任人员依照本法的规定处罚。其他法律、行政法规对同一行为规定给予单位处罚的，依照其规定处罚。

第十九条　违反治安管理有下列情形之一的，减轻处罚或者不予处罚：

（一）情节特别轻微的；

（二）主动消除或者减轻违法后果，并取得被侵害人谅解的；

（三）出于他人胁迫或者诱骗的；

（四）主动投案，向公安机关如实陈述自己的违法行为的；

（五）有立功表现的。

第二十条　违反治安管理有下列情形之一的，从重处罚：

（一）有较严重后果的；

（二）教唆、胁迫、诱骗他人违反治安管理的；

（三）对报案人、控告人、举报人、证人打击报复的；

（四）六个月内曾受过治安管理处罚的。

第二十一条　违反治安管理行为人有下列情形之一，依照本法应当给予行政拘留处罚的，不执行行政拘留处罚：

（一）已满十四周岁不满十六周岁的；

（二）已满十六周岁不满十八周岁，初次违反治安管理的；

（三）七十周岁以上的；

（四）怀孕或者哺乳自己不满一周岁婴儿的。

第二十二条 违反治安管理行为在六个月内没有被公安机关发现的，不再处罚。

前款规定的期限，从违反治安管理行为发生之日起计算；违反治安管理行为有连续或者继续状态的，从行为终了之日起计算。

第三章 违反治安管理的行为和处罚

第一节 扰乱公共秩序的行为和处罚

第二十三条 有下列行为之一的，处警告或者二百元以下罚款；情节较重的，处五日以上十日以下拘留，可以并处五百元以下罚款：

（一）扰乱机关、团体、企业、事业单位秩序，致使工作、生产、营业、医疗、教学、科研不能正常进行，尚未造成严重损失的；

（二）扰乱车站、港口、码头、机场、商场、公园、展览馆或者其他公共场所秩序的；

（三）扰乱公共汽车、电车、火车、船舶、航空器或者其他公共交通工具上的秩序的；

（四）非法拦截或者强登、扒乘机动车、船舶、航空器以及其他交通工具，影响交通工具正常行驶的；

（五）破坏依法进行的选举秩序的。

聚众实施前款行为的，对首要分子处十日以上十五日以下拘留，可以并处一千元以下罚款。

第二十四条 有下列行为之一，扰乱文化、体育等大型群众性活动秩序的，处警告或者二百元以下罚款；情节严重的，处五日以上十日以下拘留，可以并处五百元以下罚款：

（一）强行进入场内的；

（二）违反规定，在场内燃放烟花爆竹或者其他物品的；

（三）展示侮辱性标语、条幅等物品的；

（四）围攻裁判员、运动员或者其他工作人员的；

（五）向场内投掷杂物，不听制止的；

（六）扰乱大型群众性活动秩序的其他行为。

因扰乱体育比赛秩序被处以拘留处罚的，可以同时责令其十二个月内不得进入体育场馆观看同类比赛；违反规定进入体育场馆的，强行带离现场。

第二十五条 有下列行为之一的，处五日以上十日以下拘留，可以并处五百元以下罚款；情节较轻的，处五日以下拘留或者五百元以下罚款：

（一）散布谣言，谎报险情、疫情、警情或者以其他方法故意扰乱公共秩序的；

（二）投放虚假的爆炸性、毒害性、放射性、腐蚀性物质或者传染病病原体等危险物质扰乱公共秩序的；

（三）扬言实施放火、爆炸、投放危险物质扰乱公共秩序的。

第二十六条　有下列行为之一的，处五日以上十日以下的拘留，可以并处五百元以下罚款；情节较重的，处十日以上十五日以下拘留，可以并处一千元以下罚款：

（一）结伙斗殴的；

（二）追逐、拦截他人的；

（三）强拿硬要或者任意损毁、占用公私财物的；

（四）其他寻衅滋事行为。

第二十七条　有下列行为之一的，处十日以上十五日以下拘留，可以并处一千元以下罚款；情节较轻的，处五日以上十日以下拘留，可以并处五百元以下罚款：

（一）组织、教唆、胁迫、诱骗、煽动他人从事邪教、会道门活动或者利用邪教、会道门、迷信活动，扰乱社会秩序、损害他人身体健康的；

（二）冒用宗教、气功名义进行扰乱社会秩序、损害他人身体健康活动的。

第二十八条　违反国家规定，故意干扰无线电业务正常进行的，或者对正常运行的无线电台（站）产生有害干扰，经有关主管部门指出后，拒不采取有效措施消除的，处五日以上十日以下拘留；情节严重的，处十日以上十五日以下拘留。

第二十九条　有下列行为之一的，处五日以下拘留；情节较重的，处五日以上十日以下拘留：

（一）违反国家规定，侵入计算机信息系统，造成危害的；

（二）违反国家规定，对计算机信息系统功能进行删除、修改、增加、干扰，造成计算机信息系统不能正常运行的；

（三）违反国家规定，对计算机信息系统中存储、处理、传输的数据和应用程序进行删除、修改、增加的；

（四）故意制作、传播计算机病毒等破坏性程序，影响计算机信息系统正常运行的。

第二节　妨害公共安全的行为和处罚

第三十条　违反国家规定，制造、买卖、储存、运输、邮寄、携带、使用、提供、处置爆炸性、毒害性、放射性、腐蚀性物质或者传染病病原体等危险物质的，处十日以上十五日以下拘留；情节较轻的，处五日以上十日以下拘留。

第三十一条　爆炸性、毒害性、放射性、腐蚀性物质或者传染病病原体等危险物质被盗、被抢或者丢失，未按规定报告的，处五日以下拘留；故意隐瞒不报的，处五日以上十日以下拘留。

第三十二条　非法携带枪支、弹药或者弩、匕首等国家规定的管制器具的，处五日以下拘留，可以并处五百元以下罚款；情节较轻的，处警告或者二百元以下罚款。

非法携带枪支、弹药或者弩、匕首等国家规定的管制器具进入公共场所或者公共交通工具的，处五日以上十日以下拘留，可以并处五百元以下罚款。

第三十三条　有下列行为之一的，处十日以上十五日以下拘留：

（一）盗窃、损毁油气管道设施、电力电信设施、广播电视设施、水利防汛工程设施或者水文监测、测量、气象测报、环境监测、地质监测、地震监测等公共设施的；

（二）移动、损毁国家边境的界碑、界桩以及其他边境标志、边境设施或者领土、领海标志设施的；

（三）非法进行影响国（边）界线走向的活动或者修建有碍国（边）境管理的设

施的。

第三十四条 盗窃、损坏、擅自移动使用中的航空设施，或者强行进入航空器驾驶舱的，处十日以上十五日以下拘留。

在使用中的航空器上使用可能影响导航系统正常功能的器具、工具，不听劝阻的，处五日以下拘留或者五百元以下罚款。

第三十五条 有下列行为之一的，处五日以上十日以下拘留，可以并处五百元以下罚款；情节较轻的，处五日以下拘留或者五百元以下罚款：

（一）盗窃、损毁或者擅自移动铁路设施、设备、机车车辆配件或者安全标志的；

（二）在铁路线路上放置障碍物，或者故意向列车投掷物品的；

（三）在铁路线路、桥梁、涵洞处挖掘坑穴、采石取沙的；

（四）在铁路线路上私设道口或者平交过道的。

第三十六条 擅自进入铁路防护网或者火车来临时在铁路线路上行走坐卧、抢越铁路，影响行车安全的，处警告或者二百元以下罚款。

第三十七条 有下列行为之一的，处五日以下拘留或者五百元以下罚款；情节严重的，处五日以上十日以下拘留，可以并处五百元以下罚款：

（一）未经批准，安装、使用电网的，或者安装、使用电网不符合安全规定的；

（二）在车辆、行人通行的地方施工，对沟井坎穴不设覆盖物、防围和警示标志的，或者故意损毁、移动覆盖物、防围和警示标志的；

（三）盗窃、损毁路面井盖、照明等公共设施的。

第三十八条 举办文化、体育等大型群众性活动，违反有关规定，有发生安全事故危险的，责令停止活动，立即疏散；对组织者处五日以上十日以下拘留，并处二百元以上五百元以下罚款；情节较轻的，处五日以下拘留或者五百元以下罚款。

第三十九条 旅馆、饭店、影剧院、娱乐场、运动场、展览馆或者其他供社会公众活动的场所的经营管理人员，违反安全规定，致使该场所有发生安全事故危险，经公安机关责令改正，拒不改正的，处五日以下拘留。

第三节 侵犯人身、财产权利的行为和处罚

第四十条 有下列行为之一的，处十日以上十五日以下拘留，并处五百元以上一千元以下罚款；情节较轻的，处五日以上十日以下拘留，并处二百元以上五百元以下罚款：

（一）组织、胁迫、诱骗不满十六周岁的人或者残疾人进行恐怖、残忍表演的；

（二）以暴力、威胁或者其他手段强迫他人劳动的；

（三）非法限制他人人身自由、非法侵入他人住宅或者非法搜查他人身体的。

第四十一条 胁迫、诱骗或者利用他人乞讨的，处十日以上十五日以下拘留，可以并处一千元以下罚款。

反复纠缠、强行讨要或者以其他滋扰他人的方式乞讨的，处五日以下拘留或者警告。

第四十二条 有下列行为之一的，处五日以下拘留或者五百元以下罚款；情节较重的，处五日以上十日以下拘留，可以并处五百元以下罚款：

（一）写恐吓信或者以其他方法威胁他人人身安全的；

（二）公然侮辱他人或者捏造事实诽谤他人的；

（三）捏造事实诬告陷害他人，企图使他人受到刑事追究或者受到治安管理处罚的；

（四）对证人及其近亲属进行威胁、侮辱、殴打或者打击报复的；

（五）多次发送淫秽、侮辱、恐吓或者其他信息，干扰他人正常生活的；

（六）偷窥、偷拍、窃听、散布他人隐私的。

第四十三条　殴打他人的，或者故意伤害他人身体的，处五日以上十日以下拘留，并处二百元以上五百元以下罚款；情节较轻的，处五日以下拘留或者五百元以下罚款。

有下列情形之一的，处十日以上十五日以下拘留，并处五百元以上一千元以下罚款：

（一）结伙殴打、伤害他人的；

（二）殴打、伤害残疾人、孕妇、不满十四周岁的人或者六十周岁以上的人的；

（三）多次殴打、伤害他人或者一次殴打、伤害多人的。

第四十四条　猥亵他人的，或者在公共场所故意裸露身体，情节恶劣的，处五日以上十日以下拘留；猥亵智力残疾人、精神病人、不满十四周岁的人或者有其他严重情节的，处十日以上十五日以下拘留。

第四十五条　有下列行为之一的，处五日以下拘留或者警告：

（一）虐待家庭成员，被虐待人要求处理的；

（二）遗弃没有独立生活能力的被扶养人的。

第四十六条　强买强卖商品，强迫他人提供服务或者强迫他人接受服务的，处五日以上十日以下拘留，并处二百元以上五百元以下罚款；情节较轻的，处五日以下拘留或者五百元以下罚款。

第四十七条　煽动民族仇恨、民族歧视，或者在出版物、计算机信息网络中刊载民族歧视、侮辱内容的，处十日以上十五日以下拘留，可以并处一千元以下罚款。

第四十八条　冒领、隐匿、毁弃、私自开拆或者非法检查他人邮件的，处五日以下拘留或者五百元以下罚款。

第四十九条　盗窃、诈骗、哄抢、抢夺、敲诈勒索或者故意损毁公私财物的，处五日以上十日以下拘留，可以并处五百元以下罚款；情节较重的，处十日以上十五日以下拘留，可以并处一千元以下罚款。

第四节　妨害社会管理的行为和处罚

第五十条　有下列行为之一的，处警告或者二百元以下罚款；情节严重的，处五日以上十日以下拘留，可以并处五百元以下罚款：

（一）拒不执行人民政府在紧急状态情况下依法发布的决定、命令的；

（二）阻碍国家机关工作人员依法执行职务的；

（三）阻碍执行紧急任务的消防车、救护车、工程抢险车、警车等车辆通行的；

（四）强行冲闯公安机关设置的警戒带、警戒区的。

阻碍人民警察依法执行职务的，从重处罚。

第五十一条　冒充国家机关工作人员或者以其他虚假身份招摇撞骗的，处五日以上十日以下拘留，可以并处五百元以下罚款；情节较轻的，处五日以下拘留或者五百元以下罚款。

冒充军警人员招摇撞骗的，从重处罚。

第五十二条　有下列行为之一的，处十日以上十五日以下拘留，可以并处一千元以下罚款；情节较轻的，处五日以上十日以下拘留，可以并处五百元以下罚款：

（一）伪造、变造或者买卖国家机关、人民团体、企业、事业单位或者其他组织的公文、证件、证明文件、印章的；

（二）买卖或者使用伪造、变造的国家机关、人民团体、企业、事业单位或者其他组织的公文、证件、证明文件的；

（三）伪造、变造、倒卖车票、船票、航空客票、文艺演出票、体育比赛入场券或者其他有价票证、凭证的；

（四）伪造、变造船舶户牌，买卖或者使用伪造、变造的船舶户牌，或者涂改船舶发动机号码的。

第五十三条 船舶擅自进入、停靠国家禁止、限制进入的水域或者岛屿的，对船舶负责人及有关责任人员处五百元以上一千元以下罚款；情节严重的，处五日以下拘留，并处五百元以上一千元以下罚款。

第五十四条 有下列行为之一的，处十日以上十五日以下拘留，并处五百元以上一千元以下罚款；情节较轻的，处五日以下拘留或者五百元以下罚款：

（一）违反国家规定，未经注册登记，以社会团体名义进行活动，被取缔后仍进行活动的；

（二）被依法撤销登记的社会团体，仍以社会团体名义进行活动的；

（三）未经许可，擅自经营按照国家规定需要由公安机关许可的行业的。

有前款第三项行为的，予以取缔。

取得公安机关许可的经营者，违反国家有关管理规定，情节严重的，公安机关可以吊销许可证。

第五十五条 煽动、策划非法集会、游行、示威，不听劝阻的，处十日以上十五日以下拘留。

第五十六条 旅馆业的工作人员对住宿的旅客不按规定登记姓名、身份证件种类和号码的，或者明知住宿的旅客将危险物质带入旅馆，不予制止的，处二百元以上五百元以下罚款。

旅馆业的工作人员明知住宿的旅客是犯罪嫌疑人员或者被公安机关通缉的人员，不向公安机关报告的，处二百元以上五百元以下罚款；情节严重的，处五日以下拘留，可以并处五百元以下罚款。

第五十七条 房屋出租人将房屋出租给无身份证件的人居住的，或者不按规定登记承租人姓名、身份证件种类和号码的，处二百元以上五百元以下罚款。

房屋出租人明知承租人利用出租房屋进行犯罪活动，不向公安机关报告的，处二百元以上五百元以下罚款；情节严重的，处五日以下拘留，可以并处五百元以下罚款。

第五十八条 违反关于社会生活噪声污染防治的法律规定，制造噪声干扰他人正常生活的，处警告；警告后不改正的，处二百元以上五百元以下罚款。

第五十九条 有下列行为之一的，处五百元以上一千元以下罚款；情节严重的，处五日以上十日以下拘留，并处五百元以上一千元以下罚款：

（一）典当业工作人员承接典当的物品，不查验有关证明、不履行登记手续，或者明知是违法犯罪嫌疑人、赃物，不向公安机关报告的；

（二）违反国家规定，收购铁路、油田、供电、电信、矿山、水利、测量和城市公用设施等废旧专用器材的；

（三）收购公安机关通报寻查的赃物或者有赃物嫌疑的物品的；

（四）收购国家禁止收购的其他物品的。

第六十条　有下列行为之一的，处五日以上十日以下拘留，并处二百元以上五百元以下罚款：

（一）隐藏、转移、变卖或者损毁行政执法机关依法扣押、查封、冻结的财物的；

（二）伪造、隐匿、毁灭证据或者提供虚假证言、谎报案情，影响行政执法机关依法办案的；

（三）明知是赃物而窝藏、转移或者代为销售的；

（四）被依法执行管制、剥夺政治权利或者在缓刑、暂予监外执行中的罪犯或者被依法采取刑事强制措施的人，有违反法律、行政法规或者国务院有关部门的监督管理规定的行为。

第六十一条　协助组织或者运送他人偷越国（边）境的，处十日以上十五日以下拘留，并处一千元以上五千元以下罚款。

第六十二条　为偷越国（边）境人员提供条件的，处五日以上十日以下拘留，并处五百元以上二千元以下罚款。

偷越国（边）境的，处五日以下拘留或者五百元以下罚款。

第六十三条　有下列行为之一的，处警告或者二百元以下罚款；情节较重的，处五日以上十日以下拘留，并处二百元以上五百元以下罚款：

（一）刻划、涂污或者以其他方式故意损坏国家保护的文物、名胜古迹的；

（二）违反国家规定，在文物保护单位附近进行爆破、挖掘等活动，危及文物安全的。

第六十四条　有下列行为之一的，处五百元以上一千元以下罚款；情节严重的，处十日以上十五日以下拘留，并处五百元以上一千元以下罚款：

（一）偷开他人机动车的；

（二）未取得驾驶证驾驶或者偷开他人航空器、机动船舶的。

第六十五条　有下列行为之一的，处五日以上十日以下拘留；情节严重的，处十日以上十五日以下拘留，可以并处一千元以下罚款：

（一）故意破坏、污损他人坟墓或者毁坏、丢弃他人尸骨、骨灰的；

（二）在公共场所停放尸体或者因停放尸体影响他人正常生活、工作秩序，不听劝阻的。

第六十六条　卖淫、嫖娼的，处十日以上十五日以下拘留，可以并处五千元以下罚款；情节较轻的，处五日以下拘留或者五百元以下罚款。

在公共场所拉客招嫖的，处五日以下拘留或者五百元以下罚款。

第六十七条　引诱、容留、介绍他人卖淫的，处十日以上十五日以下拘留，可以并处五千元以下罚款；情节较轻的，处五日以下拘留或者五百元以下罚款。

第六十八条　制作、运输、复制、出售、出租淫秽的书刊、图片、影片、音像制品等淫秽物品或者利用计算机信息网络、电话以及其他通讯工具传播淫秽信息的，处十日以上十五日以下拘留，可以并处三千元以下罚款；情节较轻的，处五日以下拘留或者五百元以下罚款。

第六十九条　有下列行为之一的，处十日以上十五日以下拘留，并处五百元以上一千元以下罚款：

（一）组织播放淫秽音像的；

（二）组织或者进行淫秽表演的；

（三）参与聚众淫乱活动的。

明知他人从事前款活动，为其提供条件的，依照前款的规定处罚。

第七十条　以营利为目的，为赌博提供条件的，或者参与赌博赌资较大的，处五日以下拘留或者五百元以下罚款；情节严重的，处十日以上十五日以下拘留，并处五百元以上三千元以下罚款。

第七十一条　有下列行为之一的，处十日以上十五日以下拘留，可以并处三千元以下罚款；情节较轻的，处五日以下拘留或者五百元以下罚款：

（一）非法种植罂粟不满五百株或者其他少量毒品原植物的；

（二）非法买卖、运输、携带、持有少量未经灭活的罂粟等毒品原植物种子或者幼苗的；

（三）非法运输、买卖、储存、使用少量罂粟壳的。

有前款第一项行为，在成熟前自行铲除的，不予处罚。

第七十二条　有下列行为之一的，处十日以上十五日以下拘留，可以并处二千元以下罚款；情节较轻的，处五日以下拘留或者五百元以下罚款：

（一）非法持有鸦片不满二百克、海洛因或者甲基苯丙胺不满十克或者其他少量毒品的；

（二）向他人提供毒品的；

（三）吸食、注射毒品的；

（四）胁迫、欺骗医务人员开具麻醉药品、精神药品的。

第七十三条　教唆、引诱、欺骗他人吸食、注射毒品的，处十日以上十五日以下拘留，并处五百元以上二千元以下罚款。

第七十四条　旅馆业、饮食服务业、文化娱乐业、出租汽车业等单位的人员，在公安机关查处吸毒、赌博、卖淫、嫖娼活动时，为违法犯罪行为人通风报信的，处十日以上十五日以下拘留。

第七十五条　饲养动物，干扰他人正常生活的，处警告；警告后不改正的，或者放任动物恐吓他人的，处二百元以上五百元以下罚款。

驱使动物伤害他人的，依照本法第四十三条第一款的规定处罚。

第七十六条　有本法第六十七条、第六十八条、第七十条的行为，屡教不改的，可以按照国家规定采取强制性教育措施。

第四章　处罚程序

第一节　调查

第七十七条　公安机关对报案、控告、举报或者违反治安管理行为人主动投案，以及其他行政主管部门、司法机关移送的违反治安管理案件，应当及时受理，并进行登记。

第七十八条　公安机关受理报案、控告、举报、投案后，认为属于违反治安管理行为的，应当立即进行调查；认为不属于违反治安管理行为的，应当告知报案人、控告人、举报人、投案人，并说明理由。

第七十九条　公安机关及其人民警察对治安案件的调查，应当依法进行。严禁刑讯逼供或者采用威胁、引诱、欺骗等非法手段收集证据。

以非法手段收集的证据不得作为处罚的根据。

第八十条　公安机关及其人民警察在办理治安案件时，对涉及的国家秘密、商业秘密或者个人隐私，应当予以保密。

第八十一条　人民警察在办理治安案件过程中，遇有下列情形之一的，应当回避；违反治安管理行为人、被侵害人或者其法定代理人也有权要求他们回避：

（一）是本案当事人或者当事人的近亲属的；

（二）本人或者其近亲属与本案有利害关系的；

（三）与本案当事人有其他关系，可能影响案件公正处理的。

人民警察的回避，由其所属的公安机关决定；公安机关负责人的回避，由上一级的公安机关决定。

第八十二条　需要传唤违反治安管理行为人接受调查的，经公安机关办案部门负责人批准，使用传唤证传唤。对现场发现的违反治安管理行为人，人民警察经出示工作证件，可以口头传唤，但应当在询问笔录中注明。

公安机关应当将传唤的原因和依据告知被传唤人。对无正当理由不接受传唤或者逃避传唤的人，可以强制传唤。

第八十三条　对违反治安管理行为人，公安机关传唤后应当及时询问查证，询问查证的时间不得超过八小时；情况复杂、依照本法规定可能适用行政拘留处罚的，询问查证的时间不得超过二十四小时。

公安机关应当及时将传唤的原因和处所通知被传唤人家属。

第八十四条　询问笔录应当交被询问人核对；对没有阅读能力的，应当向其宣读。记载有遗漏或者差错的，被询问人可以提出补充或者更正。被询问人确认笔录无误后，应当签名或者盖章，询问的人民警察也应当在笔录上签名。

被询问人要求就被询问事项自行提供书面材料的，应当准许；必要时，人民警察也可以要求被询问人自行书写。

询问不满十六周岁的违反治安管理行为人，应当通知其父母或者其他监护人到场。

第八十五条　人民警察询问被侵害人或者其他证人，可以到其所在单位或者住处进行；必要时，也可以通知其到公安机关提供证言。

人民警察在公安机关以外询问被侵害人或者其他证人，应当出示工作证件。

询问被侵害人或者其他证人，同时适用本法第八十四条的规定。

第八十六条　询问聋哑的违反治安管理行为人、被侵害人或者其他证人，应当有通晓手语的人提供帮助，并在笔录上注明。

询问不通晓当地通用的语言文字的违反治安管理行为人、被侵害人或者其他证人，应当配备翻译人员，并在笔录上注明。

第八十七条　公安机关对与违反治安管理行为有关的场所、物品、人身可以进行检查。检查时，人民警察不得少于二人，并应当出示工作证件和县级以上人民政府公安机关开具的检查证明文件。对确有必要立即进行检查的，人民警察经出示工作证件，可以当场检查，但检查公民住所应当出示县级以上人民政府公安机关开具的检查证明文件。

检查妇女的身体，应当由女性工作人员进行。

第八十八条 检查的情况应当制作检查笔录，由检查人、被检查人和见证人签名或者盖章；被检查人拒绝签名的，人民警察应当在笔录上注明。

第八十九条 公安机关办理治安案件，对与案件有关的需要作为证据的物品，可以扣押；对被侵害人或者善意第三人合法占有的财产，不得扣押，应当予以登记。对与案件无关的物品，不得扣押。

对扣押的物品，应当会同在场见证人和被扣押物品持有人查点清楚，当场开列清单一式二份，由调查人员、见证人和持有人签名或者盖章，一份交给持有人，另一份附卷备查。

对扣押的物品，应当妥善保管，不得挪作他用；对不宜长期保存的物品，按照有关规定处理。经查明与案件无关的，应当及时退还；经核实属于他人合法财产的，应当登记后立即退还；满六个月无人对该财产主张权利或者无法查清权利人的，应当公开拍卖或者按照国家有关规定处理，所得款项上缴国库。

第九十条 为了查明案情，需要解决案件中有争议的专门性问题的，应当指派或者聘请具有专门知识的人员进行鉴定；鉴定人鉴定后，应当写出鉴定意见，并且签名。

第二节 决定

第九十一条 治安管理处罚由县级以上人民政府公安机关决定；其中警告、五百元以下的罚款可以由公安派出所决定。

第九十二条 对决定给予行政拘留处罚的人，在处罚前已经采取强制措施限制人身自由的时间，应当折抵。限制人身自由一日，折抵行政拘留一日。

第九十三条 公安机关查处治安案件，对没有本人陈述，但其他证据能够证明案件事实的，可以作出治安管理处罚决定。但是，只有本人陈述，没有其他证据证明的，不能作出治安管理处罚决定。

第九十四条 公安机关作出治安管理处罚决定前，应当告知违反治安管理行为人作出治安管理处罚的事实、理由及依据，并告知违反治安管理行为人依法享有的权利。

违反治安管理行为人有权陈述和申辩。公安机关必须充分听取违反治安管理行为人的意见，对违反治安管理行为人提出的事实、理由和证据，应当进行复核；违反治安管理行为人提出的事实、理由或者证据成立的，公安机关应当采纳。

公安机关不得因违反治安管理行为人的陈述、申辩而加重处罚。

第九十五条 治安案件调查结束后，公安机关应当根据不同情况，分别作出以下处理：

（一）确有依法应当给予治安管理处罚的违法行为的，根据情节轻重及具体情况，作出处罚决定；

（二）依法不予处罚的，或者违法事实不能成立的，作出不予处罚决定；

（三）违法行为已涉嫌犯罪的，移送主管机关依法追究刑事责任；

（四）发现违反治安管理行为人有其他违法行为的，在对违反治安管理行为作出处罚决定的同时，通知有关行政主管部门处理。

第九十六条 公安机关作出治安管理处罚决定的，应当制作治安管理处罚决定书。决定书应当载明下列内容：

（一）被处罚人的姓名、性别、年龄、身份证件的名称和号码、住址；

（二）违法事实和证据；

（三）处罚的种类和依据；

（四）处罚的执行方式和期限；

（五）对处罚决定不服，申请行政复议、提起行政诉讼的途径和期限；

（六）作出处罚决定的公安机关的名称和作出决定的日期。

决定书应当由作出处罚决定的公安机关加盖印章。

第九十七条　公安机关应当向被处罚人宣告治安管理处罚决定书，并当场交付被处罚人；无法当场向被处罚人宣告的，应当在二日内送达被处罚人。决定给予行政拘留处罚的，应当及时通知被处罚人的家属。

有被侵害人的，公安机关应当将决定书副本抄送被侵害人。

第九十八条　公安机关作出吊销许可证以及处二千元以上罚款的治安管理处罚决定前，应当告知违反治安管理行为人有权要求举行听证；违反治安管理行为人要求听证的，公安机关应当及时依法举行听证。

第九十九条　公安机关办理治安案件的期限，自受理之日起不得超过三十日；案情重大、复杂的，经上一级公安机关批准，可以延长三十日。

为了查明案情进行鉴定的期间，不计入办理治安案件的期限。

第一百条　违反治安管理行为事实清楚、证据确凿，处警告或者二百元以下罚款的，可以当场作出治安管理处罚决定。

第一百零一条　当场作出治安管理处罚决定的，人民警察应当向违反治安管理行为人出示工作证件，并填写处罚决定书。处罚决定书应当当场交付被处罚人；有被侵害人的，并将决定书副本抄送被侵害人。

前款规定的处罚决定书，应当载明被处罚人的姓名、违法行为、处罚依据、罚款数额、时间、地点以及公安机关名称，并由经办的人民警察签名或者盖章。

当场作出治安管理处罚决定的，经办的人民警察应当在二十四小时内报所属公安机关备案。

第一百零二条　被处罚人对治安管理处罚决定不服的，可以依法申请行政复议或者提起行政诉讼。

第三节　执行

第一百零三条　对被决定给予行政拘留处罚的人，由作出决定的公安机关送达拘留所执行。

第一百零四条　受到罚款处罚的人应当自收到处罚决定书之日起十五日内，到指定的银行缴纳罚款。但是，有下列情形之一的，人民警察可以当场收缴罚款：

（一）被处五十元以下罚款，被处罚人对罚款无异议的；

（二）在边远、水上、交通不便地区，公安机关及其人民警察依照本法的规定作出罚款决定后，被处罚人向指定的银行缴纳罚款确有困难，经被处罚人提出的；

（三）被处罚人在当地没有固定住所，不当场收缴事后难以执行的。

第一百零五条　人民警察当场收缴的罚款，应当自收缴罚款之日起二日内，交至所属的公安机关；在水上、旅客列车上当场收缴的罚款，应当自抵岸或者到站之日起二日内，交至所属的公安机关；公安机关应当自收到罚款之日起二日内将罚款缴付指定的银行。

第一百零六条 人民警察当场收缴罚款的，应当向被处罚人出具省、自治区、直辖市人民政府财政部门统一制发的罚款收据；不出具统一制发的罚款收据的，被处罚人有权拒绝缴纳罚款。

第一百零七条 被处罚人不服行政拘留处罚决定，申请行政复议、提起行政诉讼的，可以向公安机关提出暂缓执行行政拘留的申请。公安机关认为暂缓执行行政拘留不致发生社会危险的，由被处罚人或者其近亲属提出符合本法第一百零八条规定条件的担保人，或者按每日行政拘留二百元的标准交纳保证金，行政拘留的处罚决定暂缓执行。

第一百零八条 担保人应当符合下列条件：

（一）与本案无牵连；

（二）享有政治权利，人身自由未受到限制；

（三）在当地有常住户口和固定住所；

（四）有能力履行担保义务。

第一百零九条 担保人应当保证被担保人不逃避行政拘留处罚的执行。

担保人不履行担保义务，致使被担保人逃避行政拘留处罚的执行的，由公安机关对其处三千元以下罚款。

第一百一十条 被决定给予行政拘留处罚的人交纳保证金，暂缓行政拘留后，逃避行政拘留处罚的执行的，保证金予以没收并上缴国库，已经作出的行政拘留决定仍应执行。

第一百一十一条 行政拘留的处罚决定被撤销，或者行政拘留处罚开始执行的，公安机关收取的保证金应当及时退还交纳人。

第五章　执法监督

第一百一十二条 公安机关及其人民警察应当依法、公正、严格、高效办理治安案件，文明执法，不得徇私舞弊。

第一百一十三条 公安机关及其人民警察办理治安案件，禁止对违反治安管理行为人打骂、虐待或者侮辱。

第一百一十四条 公安机关及其人民警察办理治安案件，应当自觉接受社会和公民的监督。

公安机关及其人民警察办理治安案件，不严格执法或者有违法违纪行为的，任何单位和个人都有权向公安机关或者人民检察院、行政监察机关检举、控告；收到检举、控告的机关，应当依据职责及时处理。

第一百一十五条 公安机关依法实施罚款处罚，应当依照有关法律、行政法规的规定，实行罚款决定与罚款收缴分离；收缴的罚款应当全部上缴国库。

第一百一十六条 人民警察办理治安案件，有下列行为之一的，依法给予行政处分；构成犯罪的，依法追究刑事责任：

（一）刑讯逼供、体罚、虐待、侮辱他人的；

（二）超过询问查证的时间限制人身自由的；

（三）不执行罚款决定与罚款收缴分离制度，或者不按规定将罚没的财物上缴国库或者依法处理的；

（四）私分、侵占、挪用、故意损毁收缴、扣押的财物的；

（五）违反规定使用或者不及时返还被侵害人财物的；

（六）违反规定不及时退还保证金的；

（七）利用职务上的便利收受他人财物或者谋取其他利益的；

（八）当场收缴罚款不出具罚款收据或者不如实填写罚款数额的；

（九）接到要求制止违反治安管理行为的报警后，不及时出警的；

（十）在查处违反治安管理活动时，为违法犯罪行为人通风报信的；

（十一）有徇私舞弊、滥用职权，不依法履行法定职责的其他情形的。

办理治安案件的公安机关有前款所列行为的，对直接负责的主管人员和其他直接责任人员给予相应的行政处分。

第一百一十七条　公安机关及其人民警察违法行使职权，侵犯公民、法人和其他组织合法权益的，应当赔礼道歉；造成损害的，应当依法承担赔偿责任。

第六章　附则

第一百一十八条　本法所称以上、以下、以内，包括本数。

第一百一十九条　本法自 2006 年 3 月 1 日起施行。1986 年 9 月 5 日公布、1994 年 5 月 12 日修订公布的《中华人民共和国治安管理处罚条例》同时废止。

附录二　《中华人民共和国道路交通安全法》

第一章　总则

第一条　为了维护道路交通秩序，预防和减少交通事故，保护人身安全，保护公民、法人和其他组织的财产安全及其他合法权益，提高通行效率，制定本法。

第二条　中华人民共和国境内的车辆驾驶人、行人、乘车人以及与道路交通活动有关的单位和个人，都应当遵守本法。

第三条　道路交通安全工作，应当遵循依法管理、方便群众的原则，保障道路交通有序、安全、畅通。

第四条　各级人民政府应当保障道路交通安全管理工作与经济建设和社会发展相适应。

县级以上地方各级人民政府应当适应道路交通发展的需要，依据道路交通安全法律、法规和国家有关政策，制定道路交通安全管理规划，并组织实施。

第五条　国务院公安部门负责全国道路交通安全管理工作。县级以上地方各级人民政府公安机关交通管理部门负责本行政区域内的道路交通安全管理工作。

县级以上各级人民政府交通、建设管理部门依据各自职责，负责有关的道路交通工作。

第六条　各级人民政府应当经常进行道路交通安全教育，提高公民的道路交通安全意识。

公安机关交通管理部门及其交通警察执行职务时，应当加强道路交通安全法律、法规的宣传，并模范遵守道路交通安全法律、法规。

机关、部队、企业事业单位、社会团体以及其他组织，应当对本单位的人员进行道路交通安全教育。

教育行政部门、学校应当将道路交通安全教育纳入法制教育的内容。

新闻、出版、广播、电视等有关单位，有进行道路交通安全教育的义务。

第七条 对道路交通安全管理工作，应当加强科学研究，推广、使用先进的管理方法、技术、设备。

第二章 车辆和驾驶人

第一节 机动车、非机动车

第八条 国家对机动车实行登记制度。机动车经公安机关交通管理部门登记后，方可上道路行驶。尚未登记的机动车，需要临时上道路行驶的，应当取得临时通行牌证。

第九条 申请机动车登记，应当提交以下证明、凭证：

（一）机动车所有人的身份证明；

（二）机动车来历证明；

（三）机动车整车出厂合格证明或者进口机动车进口凭证；

（四）车辆购置税的完税证明或者免税凭证；

（五）法律、行政法规规定应当在机动车登记时提交的其他证明、凭证。

公安机关交通管理部门应当自受理申请之日起五个工作日内完成机动车登记审查工作，对符合前款规定条件的，应当发放机动车登记证书、号牌和行驶证；对不符合前款规定条件的，应当向申请人说明不予登记的理由。

公安机关交通管理部门以外的任何单位或者个人不得发放机动车号牌或者要求机动车悬挂其他号牌，本法另有规定的除外。

机动车登记证书、号牌、行驶证的式样由国务院公安部门规定并监制。

第十条 准予登记的机动车应当符合机动车国家安全技术标准。申请机动车登记时，应当接受对该机动车的安全技术检验。但是，经国家机动车产品主管部门依据机动车国家安全技术标准认定的企业生产的机动车型，该车型的新车在出厂时经检验符合机动车国家安全技术标准，获得检验合格证的，免予安全技术检验。

第十一条 驾驶机动车上道路行驶，应当悬挂机动车号牌，放置检验合格标志、保险标志，并随车携带机动车行驶证。

机动车号牌应当按照规定悬挂并保持清晰、完整，不得故意遮挡、污损。

任何单位和个人不得收缴、扣留机动车号牌。

第十二条 有下列情形之一的，应当办理相应的登记：

（一）机动车所有权发生转移的；

（二）机动车登记内容变更的；

（三）机动车用作抵押的；

（四）机动车报废的。

第十三条 对登记后上道路行驶的机动车，应当依照法律、行政法规的规定，根据车辆用途、载客载货数量、使用年限等不同情况，定期进行安全技术检验。对提供机动车行驶证和机动车第三者责任强制保险单的，机动车安全技术检验机构应当予以检验，任何单位不得附加其他条件。对符合机动车国家安全技术标准的，公安机关交通管理部门应当发给检验合格标志。

对机动车的安全技术检验实行社会化。具体办法由国务院规定。

机动车安全技术检验实行社会化的地方，任何单位不得要求机动车到指定的场所进行检验。

公安机关交通管理部门、机动车安全技术检验机构不得要求机动车到指定的场所进行维修、保养。

机动车安全技术检验机构对机动车检验收取费用，应当严格执行国务院价格主管部门核定的收费标准。

第十四条　国家实行机动车强制报废制度，根据机动车的安全技术状况和不同用途，规定不同的报废标准。

应当报废的机动车必须及时办理注销登记。

达到报废标准的机动车不得上道路行驶。报废的大型客、货车及其他营运车辆应当在公安机关交通管理部门的监督下解体。

第十五条　警车、消防车、救护车、工程救险车应当按照规定喷涂标志图案，安装警报器、标志灯具。其他机动车不得喷涂、安装、使用上述车辆专用的或者与其相类似的标志图案、警报器或者标志灯具。

警车、消防车、救护车、工程救险车应当严格按照规定的用途和条件使用。

公路监督检查的专用车辆，应当依照公路法的规定，设置统一的标志和示警灯。

第十六条　任何单位或者个人不得有下列行为：

（一）拼装机动车或者擅自改变机动车已登记的结构、构造或者特征；

（二）改变机动车型号、发动机号、车架号或者车辆识别代号；

（三）伪造、变造或者使用伪造、变造的机动车登记证书、号牌、行驶证、检验合格标志、保险标志；

（四）使用其他机动车的登记证书、号牌、行驶证、检验合格标志、保险标志。

第十七条　国家实行机动车第三者责任强制保险制度，设立道路交通事故社会救助基金。具体办法由国务院规定。

第十八条　依法应当登记的非机动车，经公安机关交通管理部门登记后，方可上道路行驶。

依法应当登记的非机动车的种类，由省、自治区、直辖市人民政府根据当地实际情况规定。

非机动车的外形尺寸、质量、制动器、车铃和夜间反光装置，应当符合非机动车安全技术标准。

第二节　机动车驾驶人

第十九条　驾驶机动车，应当依法取得机动车驾驶证。

申请机动车驾驶证，应当符合国务院公安部门规定的驾驶许可条件；经考试合格后，由公安机关交通管理部门发给相应类别的机动车驾驶证。

持有境外机动车驾驶证的人，符合国务院公安部门规定的驾驶许可条件，经公安机关交通管理部门考核合格的，可以发给中国的机动车驾驶证。

驾驶人应当按照驾驶证载明的准驾车型驾驶机动车；驾驶机动车时，应当随身携带机动车驾驶证。

公安机关交通管理部门以外的任何单位或者个人，不得收缴、扣留机动车驾驶证。

第二十条　机动车的驾驶培训实行社会化，由交通主管部门对驾驶培训学校、驾驶培训班实行资格管理，其中专门的拖拉机驾驶培训学校、驾驶培训班由农业（农业机械）主管部门实行资格管理。

驾驶培训学校、驾驶培训班应当严格按照国家有关规定，对学员进行道路交通安全法律、法规、驾驶技能的培训，确保培训质量。

任何国家机关以及驾驶培训和考试主管部门不得举办或者参与举办驾驶培训学校、驾驶培训班。

第二十一条　驾驶人驾驶机动车上道路行驶前，应当对机动车的安全技术性能进行认真检查；不得驾驶安全设施不全或者机件不符合技术标准等具有安全隐患的机动车。

第二十二条　机动车驾驶人应当遵守道路交通安全法律、法规的规定，按照操作规范安全驾驶、文明驾驶。

饮酒、服用国家管制的精神药品或者麻醉药品，或者患有妨碍安全驾驶机动车的疾病，或者过度疲劳影响安全驾驶的，不得驾驶机动车。

任何人不得强迫、指使、纵容驾驶人违反道路交通安全法律、法规和机动车安全驾驶要求驾驶机动车。

第二十三条　公安机关交通管理部门依照法律、行政法规的规定，定期对机动车驾驶证实施审验。

第二十四条　公安机关交通管理部门对机动车驾驶人违反道路交通安全法律、法规的行为，除依法给予行政处罚外，实行累积记分制度。公安机关交通管理部门对累积记分达到规定分值的机动车驾驶人，扣留机动车驾驶证，对其进行道路交通安全法律、法规教育，重新考试；考试合格的，发还其机动车驾驶证。

对遵守道路交通安全法律、法规，在一年内无累积记分的机动车驾驶人，可以延长机动车驾驶证的审验期。具体办法由国务院公安部门规定。

第三章　道路通行条件

第二十五条　全国实行统一的道路交通信号。

交通信号包括交通信号灯、交通标志、交通标线和交通警察的指挥。

交通信号灯、交通标志、交通标线的设置应当符合道路交通安全、畅通的要求和国家标准，并保持清晰、醒目、准确、完好。

根据通行需要，应当及时增设、调换、更新道路交通信号。增设、调换、更新限制性的道路交通信号，应当提前向社会公告，广泛进行宣传。

第二十六条　交通信号灯由红灯、绿灯、黄灯组成。红灯表示禁止通行，绿灯表示准许通行，黄灯表示警示。

第二十七条　铁路与道路平面交叉的道口，应当设置警示灯、警示标志或者安全防护设施。无人看守的铁路道口，应当在距道口一定距离处设置警示标志。

第二十八条　任何单位和个人不得擅自设置、移动、占用、损毁交通信号灯、交通标志、交通标线。

道路两侧及隔离带上种植的树木或者其他植物，设置的广告牌、管线等，应当与交通设施保持必要的距离，不得遮挡路灯、交通信号灯、交通标志，不得妨碍安全视距，不得影响通行。

第二十九条　道路、停车场和道路配套设施的规划、设计、建设，应当符合道路交通安全、畅通的要求，并根据交通需求及时调整。

公安机关交通管理部门发现已经投入使用的道路存在交通事故频发路段，或者停车场、道路配套设施存在交通安全严重隐患的，应当及时向当地人民政府报告，并提出防范交通事故、消除隐患的建议，当地人民政府应当及时作出处理决定。

第三十条　道路出现坍塌、坑漕、水毁、隆起等损毁或者交通信号灯、交通标志、交通标线等交通设施损毁、灭失的，道路、交通设施的养护部门或者管理部门应当设置警示标志并及时修复。

公安机关交通管理部门发现前款情形，危及交通安全，尚未设置警示标志的，应当及时采取安全措施，疏导交通，并通知道路、交通设施的养护部门或者管理部门。

第三十一条　未经许可，任何单位和个人不得占用道路从事非交通活动。

第三十二条　因工程建设需要占用、挖掘道路，或者跨越、穿越道路架设、增设管线设施，应当事先征得道路主管部门的同意；影响交通安全的，还应当征得公安机关交通管理部门的同意。

施工作业单位应当在经批准的路段和时间内施工作业，并在距离施工作业地点来车方向安全距离处设置明显的安全警示标志，采取防护措施；施工作业完毕，应当迅速清除道路上的障碍物，消除安全隐患，经道路主管部门和公安机关交通管理部门验收合格，符合通行要求后，方可恢复通行。

对未中断交通的施工作业道路，公安机关交通管理部门应当加强交通安全监督检查，维护道路交通秩序。

第三十三条　新建、改建、扩建的公共建筑、商业街区、居住区、大（中）型建筑等，应当配建、增建停车场；停车泊位不足的，应当及时改建或者扩建；投入使用的停车场不得擅自停止使用或者改作他用。

在城市道路范围内，在不影响行人、车辆通行的情况下，政府有关部门可以施划停车泊位。

第三十四条　学校、幼儿园、医院、养老院门前的道路没有行人过街设施的，应当施划人行横道线，设置提示标志。

城市主要道路的人行道，应当按照规划设置盲道。盲道的设置应当符合国家标准。

第四章　道路通行规定

第一节　一般规定

第三十五条　机动车、非机动车实行右侧通行。

第三十六条　根据道路条件和通行需要，道路划分为机动车道、非机动车道和人行道的，机动车、非机动车、行人实行分道通行。没有划分机动车道、非机动车道和人行道的，机动车在道路中间通行，非机动车和行人在道路两侧通行。

第三十七条　道路划设专用车道的，在专用车道内，只准许规定的车辆通行，其他车辆不得进入专用车道内行驶。

第三十八条　车辆、行人应当按照交通信号通行；遇有交通警察现场指挥时，应当按照交通警察的指挥通行；在没有交通信号的道路上，应当在确保安全、畅通的原则下通行。

第三十九条 公安机关交通管理部门根据道路和交通流量的具体情况，可以对机动车、非机动车、行人采取疏导、限制通行、禁止通行等措施。遇有大型群众性活动、大范围施工等情况，需要采取限制交通的措施，或者作出与公众的道路交通活动直接有关的决定，应当提前向社会公告。

第四十条 遇有自然灾害、恶劣气象条件或者重大交通事故等严重影响交通安全的情形，采取其他措施难以保证交通安全时，公安机关交通管理部门可以实行交通管制。

第四十一条 有关道路通行的其他具体规定，由国务院规定。

第二节 机动车通行规定

第四十二条 机动车上道路行驶，不得超过限速标志标明的最高时速。在没有限速标志的路段，应当保持安全车速。

夜间行驶或者在容易发生危险的路段行驶，以及遇有沙尘、冰雹、雨、雪、雾、结冰等气象条件时，应当降低行驶速度。

第四十三条 同车道行驶的机动车，后车应当与前车保持足以采取紧急制动措施的安全距离。有下列情形之一的，不得超车：

（一）前车正在左转弯、掉头、超车的；

（二）与对面来车有会车可能的；

（三）前车为执行紧急任务的警车、消防车、救护车、工程救险车的；

（四）行经铁路道口、交叉路口、窄桥、弯道、陡坡、隧道、人行横道、市区交通流量大的路段等没有超车条件的。

第四十四条 机动车通过交叉路口，应当按照交通信号灯、交通标志、交通标线或者交通警察的指挥通过；通过没有交通信号灯、交通标志、交通标线或者交通警察指挥的交叉路口时，应当减速慢行，并让行人和优先通行的车辆先行。

第四十五条 机动车遇有前方车辆停车排队等候或者缓慢行驶时，不得借道超车或者占用对面车道，不得穿插等候的车辆。

在车道减少的路段、路口，或者在没有交通信号灯、交通标志、交通标线或者交通警察指挥的交叉路口遇到停车排队等候或者缓慢行驶时，机动车应当依次交替通行。

第四十六条 机动车通过铁路道口时，应当按照交通信号或者管理人员的指挥通行；没有交通信号或者管理人员的，应当减速或者停车，在确认安全后通过。

第四十七条 机动车行经人行横道时，应当减速行驶；遇行人正在通过人行横道，应当停车让行。

机动车行经没有交通信号的道路时，遇行人横过道路，应当避让。

第四十八条 机动车载物应当符合核定的载质量，严禁超载；载物的长、宽、高不得违反装载要求，不得遗洒、飘散载运物。

机动车运载超限的不可解体的物品，影响交通安全的，应当按照公安机关交通管理部门指定的时间、路线、速度行驶，悬挂明显标志。在公路上运载超限的不可解体的物品，并应当依照公路法的规定执行。

机动车载运爆炸物品、易燃易爆化学物品以及剧毒、放射性等危险物品，应当经公安机关批准后，按指定的时间、路线、速度行驶，悬挂警示标志并采取必要的安全措施。

第四十九条　机动车载人不得超过核定的人数，客运机动车不得违反规定载货。

第五十条　禁止货运机动车载客。

货运机动车需要附载作业人员的，应当设置保护作业人员的安全措施。

第五十一条　机动车行驶时，驾驶人、乘坐人员应当按规定使用安全带，摩托车驾驶人及乘坐人员应当按规定戴安全头盔。

第五十二条　机动车在道路上发生故障，需要停车排除故障时，驾驶人应当立即开启危险报警闪光灯，将机动车移至不妨碍交通的地方停放；难以移动的，应当持续开启危险报警闪光灯，并在来车方向设置警告标志等措施扩大示警距离，必要时迅速报警。

第五十三条　警车、消防车、救护车、工程救险车执行紧急任务时，可以使用警报器、标志灯具；在确保安全的前提下，不受行驶路线、行驶方向、行驶速度和信号灯的限制，其他车辆和行人应当让行。

警车、消防车、救护车、工程救险车非执行紧急任务时，不得使用警报器、标志灯具，不享有前款规定的道路优先通行权。

第五十四条　道路养护车辆、工程作业车进行作业时，在不影响过往车辆通行的前提下，其行驶路线和方向不受交通标志、标线限制，过往车辆和人员应当注意避让。

洒水车、清扫车等机动车应当按照安全作业标准作业；在不影响其他车辆通行的情况下，可以不受车辆分道行驶的限制，但是不得逆向行驶。

第五十五条　高速公路、大中城市中心城区内的道路，禁止拖拉机通行。其他禁止拖拉机通行的道路，由省、自治区、直辖市人民政府根据当地实际情况规定。

在允许拖拉机通行的道路上，拖拉机可以从事货运，但是不得用于载人。

第五十六条　机动车应当在规定地点停放。禁止在人行道上停放机动车；但是，依照本法第三十三条规定施划的停车泊位除外。

在道路上临时停车的，不得妨碍其他车辆和行人通行。

第三节　非机动车通行规定

第五十七条　驾驶非机动车在道路上行驶应当遵守有关交通安全的规定。非机动车应当在非机动车道内行驶；在没有非机动车道的道路上，应当靠车行道的右侧行驶。

第五十八条　残疾人机动轮椅车、电动自行车在非机动车道内行驶时，最高时速不得超过十五公里。

第五十九条　非机动车应当在规定地点停放。未设停放地点的，非机动车停放不得妨碍其他车辆和行人通行。

第六十条　驾驭畜力车，应当使用驯服的牲畜；驾驭畜力车横过道路时，驾驭人应当下车牵引牲畜；驾驭人离开车辆时，应当拴系牲畜。

第四节　行人和乘车人通行规定

第六十一条　行人应当在人行道内行走，没有人行道的靠路边行走。

第六十二条　行人通过路口或者横过道路，应当走人行横道或者过街设施；通过有交通信号灯的人行横道，应当按照交通信号灯指示通行；通过没有交通信号灯、人行横道的路口，或者在没有过街设施的路段横过道路，应当在确认安全后通过。

第六十三条　行人不得跨越、倚坐道路隔离设施，不得扒车、强行拦车或者实施妨碍道路交通安全的其他行为。

第六十四条 学龄前儿童以及不能辨认或者不能控制自己行为的精神疾病患者、智力障碍者在道路上通行，应当由其监护人、监护人委托的人或者对其负有管理、保护职责的人带领。

盲人在道路上通行，应当使用盲杖或者采取其他导盲手段，车辆应当避让盲人。

第六十五条 行人通过铁路道口时，应当按照交通信号或者管理人员的指挥通行；没有交通信号和管理人员的，应当在确认无火车驶临后，迅速通过。

第六十六条 乘车人不得携带易燃易爆等危险物品，不得向车外抛洒物品，不得有影响驾驶人安全驾驶的行为。

第五节　高速公路的特别规定

第六十七条 行人、非机动车、拖拉机、轮式专用机械车、铰接式客车、全挂拖斗车以及其他设计最高时速低于七十公里的机动车，不得进入高速公路。高速公路限速标志标明的最高时速不得超过一百二十公里。

第六十八条 机动车在高速公路上发生故障时，应当依照本法第五十二条的有关规定办理；但是，警告标志应当设置在故障车来车方向一百五十米以外，车上人员应当迅速转移到右侧路肩上或者应急车道内，并且迅速报警。

机动车在高速公路上发生故障或者交通事故，无法正常行驶的，应当由救援车、清障车拖曳、牵引。

第六十九条 任何单位、个人不得在高速公路上拦截检查行驶的车辆，公安机关的人民警察依法执行紧急公务除外。

第五章　交通事故处理

第七十条 在道路上发生交通事故，车辆驾驶人应当立即停车，保护现场；造成人身伤亡的，车辆驾驶人应当立即抢救受伤人员，并迅速报告执勤的交通警察或者公安机关交通管理部门。因抢救受伤人员变动现场的，应当标明位置。乘车人、过往车辆驾驶人、过往行人应当予以协助。

在道路上发生交通事故，未造成人身伤亡，当事人对事实及成因无争议的，可以即行撤离现场，恢复交通，自行协商处理损害赔偿事宜；不即行撤离现场的，应当迅速报告执勤的交通警察或者公安机关交通管理部门。

在道路上发生交通事故，仅造成轻微财产损失，并且基本事实清楚的，当事人应当先撤离现场再进行协商处理。

第七十一条 车辆发生交通事故后逃逸的，事故现场目击人员和其他知情人员应当向公安机关交通管理部门或者交通警察举报。举报属实的，公安机关交通管理部门应当给予奖励。

第七十二条 公安机关交通管理部门接到交通事故报警后，应当立即派交通警察赶赴现场，先组织抢救受伤人员，并采取措施，尽快恢复交通。

交通警察应当对交通事故现场进行勘验、检查，收集证据；因收集证据的需要，可以扣留事故车辆，但是应当妥善保管，以备核查。

对当事人的生理、精神状况等专业性较强的检验，公安机关交通管理部门应当委托专门机构进行鉴定。鉴定结论应当由鉴定人签名。

第七十三条 公安机关交通管理部门应当根据交通事故现场勘验、检查、调查情况和有关的检验、鉴定结论，及时制作交通事故认定书，作为处理交通事故的证据。交通事故认定书应当载明交通事故的基本事实、成因和当事人的责任，并送达当事人。

第七十四条　对交通事故损害赔偿的争议，当事人可以请求公安机关交通管理部门调解，也可以直接向人民法院提起民事诉讼。

经公安机关交通管理部门调解，当事人未达成协议或者调解书生效后不履行的，当事人可以向人民法院提起民事诉讼。

第七十五条　医疗机构对交通事故中的受伤人员应当及时抢救，不得因抢救费用未及时支付而拖延救治。肇事车辆参加机动车第三者责任强制保险的，由保险公司在责任限额范围内支付抢救费用；抢救费用超过责任限额的，未参加机动车第三者责任强制保险或者肇事后逃逸的，由道路交通事故社会救助基金先行垫付部分或者全部抢救费用，道路交通事故社会救助基金管理机构有权向交通事故责任人追偿。

第七十六条　机动车发生交通事故造成人身伤亡、财产损失的，由保险公司在机动车第三者责任强制保险责任限额范围内予以赔偿；不足的部分，按照下列规定承担赔偿责任：

（一）机动车之间发生交通事故的，由有过错的一方承担赔偿责任；双方都有过错的，按照各自过错的比例分担责任。

（二）机动车与非机动车驾驶人、行人之间发生交通事故，非机动车驾驶人、行人没有过错的，由机动车一方承担赔偿责任；有证据证明非机动车驾驶人、行人有过错的，根据过错程度适当减轻机动车一方的赔偿责任；机动车一方没有过错的，承担不超过百分之十的赔偿责任。

交通事故的损失是由非机动车驾驶人、行人故意碰撞机动车造成的，机动车一方不承担赔偿责任。

第七十七条　车辆在道路以外通行时发生的事故，公安机关交通管理部门接到报案的，参照本法有关规定办理。

第六章　执法监督

第七十八条　公安机关交通管理部门应当加强对交通警察的管理，提高交通警察的素质和管理道路交通的水平。

公安机关交通管理部门应当对交通警察进行法制和交通安全管理业务培训、考核。交通警察经考核不合格的，不得上岗执行职务。

第七十九条　公安机关交通管理部门及其交通警察实施道路交通安全管理，应当依据法定的职权和程序，简化办事手续，做到公正、严格、文明、高效。

第八十条　交通警察执行职务时，应当按照规定着装，佩带人民警察标志，持有人民警察证件，保持警容严整，举止端庄，指挥规范。

第八十一条　依照本法发放牌证等收取工本费，应当严格执行国务院价格主管部门核定的收费标准，并全部上缴国库。

第八十二条　公安机关交通管理部门依法实施罚款的行政处罚，应当依照有关法律、行政法规的规定，实施罚款决定与罚款收缴分离；收缴的罚款以及依法没收的违法所得，应当全部上缴国库。

第八十三条 交通警察调查处理道路交通安全违法行为和交通事故，有下列情形之一的，应当回避：

（一）是本案的当事人或者当事人的近亲属；

（二）本人或者其近亲属与本案有利害关系；

（三）与本案当事人有其他关系，可能影响案件的公正处理。

第八十四条 公安机关交通管理部门及其交通警察的行政执法活动，应当接受行政监察机关依法实施的监督。

公安机关督察部门应当对公安机关交通管理部门及其交通警察执行法律、法规和遵守纪律的情况依法进行监督。

上级公安机关交通管理部门应当对下级公安机关交通管理部门的执法活动进行监督。

第八十五条 公安机关交通管理部门及其交通警察执行职务，应当自觉接受社会和公民的监督。

任何单位和个人都有权对公安机关交通管理部门及其交通警察不严格执法以及违法违纪行为进行检举、控告。收到检举、控告的机关，应当依据职责及时查处。

第八十六条 任何单位不得给公安机关交通管理部门下达或者变相下达罚款指标；公安机关交通管理部门不得以罚款数额作为考核交通警察的标准。

公安机关交通管理部门及其交通警察对超越法律、法规规定的指令，有权拒绝执行，并同时向上级机关报告。

第七章　法律责任

第八十七条 公安机关交通管理部门及其交通警察对道路交通安全违法行为，应当及时纠正。

公安机关交通管理部门及其交通警察应当依据事实和本法的有关规定对道路交通安全违法行为予以处罚。对于情节轻微，未影响道路通行的，指出违法行为，给予口头警告后放行。

第八十八条 对道路交通安全违法行为的处罚种类包括：警告、罚款、暂扣或者吊销机动车驾驶证、拘留。

第八十九条 行人、乘车人、非机动车驾驶人违反道路交通安全法律、法规关于道路通行规定的，处警告或者五元以上五十元以下罚款；非机动车驾驶人拒绝接受罚款处罚的，可以扣留其非机动车。

第九十条 机动车驾驶人违反道路交通安全法律、法规关于道路通行规定的，处警告或者二十元以上二百元以下罚款。本法另有规定的，依照规定处罚。

第九十一条 饮酒后驾驶机动车的，处暂扣六个月机动车驾驶证，并处一千元以上二千元以下罚款。因饮酒后驾驶机动车被处罚，再次饮酒后驾驶机动车的，处十日以下拘留，并处一千元以上二千元以下罚款，吊销机动车驾驶证。

醉酒驾驶机动车的，由公安机关交通管理部门约束至酒醒，吊销机动车驾驶证，依法追究刑事责任；五年内不得重新取得机动车驾驶证。

饮酒后驾驶营运机动车的，处十五日拘留，并处五千元罚款，吊销机动车驾驶证，五年内不得重新取得机动车驾驶证。

醉酒驾驶营运机动车的，由公安机关交通管理部门约束至酒醒，吊销机动车驾驶证，依法追究刑事责任；十年内不得重新取得机动车驾驶证，重新取得机动车驾驶证后，不得驾驶营运机动车。

饮酒后或者醉酒驾驶机动车发生重大交通事故，终生不得重新取得机动车驾驶证。

第九十二条　公路客运车辆载客超过额定乘员的，处二百元以上五百元以下的罚款；超过额定乘员百分之二十或者违反规定载货的，处五百元以上二千元以下的罚款。

货运机动车超过核定载质量的，处二百元以上五百元以下罚款；超过核定载质量百分之三十或者违反规定载客的，处五百元以上二千元以下罚款。

有前两款行为的，由公安机关交通管理部门扣留机动车至违法状态消除。

运输单位的车辆有本条第一款、第二款规定的情形，经处罚不改的，对直接负责的主管人员处二千元以上五千元以下罚款。

第九十三条　对违反道路交通安全法律、法规关于机动车停放、临时停车规定的，可以指出违法行为，并予以口头警告、令其立即驶离。

机动车驾驶人不在现场或者虽在现场但拒绝立即驶离，妨碍其他车辆、行人通行的，处二十元以上二百元以下罚款，并可以将该机动车拖移至不妨碍交通的地点或者公安机关交通管理部门指定的地点停放。公安机关交通管理部门拖车不得向当事人收取费用，并应当及时告知当事人停放地点。

因采取不正确的方法拖车造成机动车损坏的，应当依法承担补偿责任。

第九十四条　机动车安全技术检验机构实施机动车安全技术检验超过国务院价格主管部门核定的收费标准收取费用的，退还多收取的费用，并由价格主管部门依照《中华人民共和国价格法》的有关规定给予处罚。

机动车安全技术检验机构不按照机动车国家安全技术标准进行检验，出具虚假检验结果的，由公安机关交通管理部门处所收检验费用五倍以上十倍以下罚款，并依法撤销其检验资格；构成犯罪的，依法追究刑事责任。

第九十五条　上道路行驶的机动车未悬挂机动车号牌，未放置检验合格标志、保险标志，或者未随车携带行驶证、驾驶证的，公安机关交通管理部门应当扣留机动车，通知当事人提供相应的牌证、标志或者补办相应手续，并可以依照本法第九十条的规定予以处罚。当事人提供相应的牌证、标志或者补办相应手续的，应当及时退还机动车。

故意遮挡、污损或者不按规定安装机动车号牌的，依照本法第九十条的规定予以处罚。

第九十六条　伪造、变造或者使用伪造、变造的机动车登记证书、号牌、行驶证、驾驶证的，由公安机关交通管理部门予以收缴，扣留该机动车，处十五日以下拘留，并处二千元以上五千元以下罚款；构成犯罪的，依法追究刑事责任。

伪造、变造或者使用伪造、变造的检验合格标志、保险标志的，由公安机关交通管理部门予以收缴，扣留该机动车，处十日以下拘留，并处一千元以上三千元以下罚款；构成犯罪的，依法追究刑事责任。

使用其他车辆的机动车登记证书、号牌、行驶证、检验合格标志、保险标志的，由公安机关交通管理部门予以收缴，扣留该机动车，处二千元以上五千元以下罚款。

当事人提供相应的合法证明或者补办相应手续的，应当及时退还机动车。

第九十七条　非法安装警报器、标志灯具的，由公安机关交通管理部门强制拆除、予以收缴，并处二百元以上二千元以下罚款。

第九十八条　机动车所有人、管理人未按照国家规定投保机动车第三者责任强制保险的，由公安机关交通管理部门扣留车辆至依照规定投保后，并处依照规定投保最低责任限额应缴纳的保险费的二倍罚款。

依照前款缴纳的罚款全部纳入道路交通事故社会救助基金。具体办法由国务院规定。

第九十九条　有下列行为之一的，由公安机关交通管理部门处二百元以上二千元以下罚款：

（一）未取得机动车驾驶证、机动车驾驶证被吊销或者机动车驾驶证被暂扣期间驾驶机动车的；

（二）将机动车交由未取得机动车驾驶证或者机动车驾驶证被吊销、暂扣的人驾驶的；

（三）造成交通事故后逃逸，尚不构成犯罪的；

（四）机动车行驶超过规定时速百分之五十的；

（五）强迫机动车驾驶人违反道路交通安全法律、法规和机动车安全驾驶要求驾驶机动车，造成交通事故，尚不构成犯罪的；

（六）违反交通管制的规定强行通行，不听劝阻的；

（七）故意损毁、移动、涂改交通设施，造成危害后果，尚不构成犯罪的；

（八）非法拦截、扣留机动车辆，不听劝阻，造成交通严重阻塞或者较大财产损失的。

行为人有前款第二项、第四项情形之一的，可以并处吊销机动车驾驶证；有第一项、第三项、第五项至第八项情形之一的，可以并处十五日以下拘留。

第一百条　驾驶拼装的机动车或者已达到报废标准的机动车上道路行驶的，公安机关交通管理部门应当予以收缴，强制报废。

对驾驶前款所列机动车上道路行驶的驾驶人，处二百元以上二千元以下罚款，并吊销机动车驾驶证。

出售已达到报废标准的机动车的，没收违法所得，处销售金额等额的罚款，对该机动车依照本条第一款的规定处理。

第一百零一条　违反道路交通安全法律、法规的规定，发生重大交通事故，构成犯罪的，依法追究刑事责任，并由公安机关交通管理部门吊销机动车驾驶证。

造成交通事故后逃逸的，由公安机关交通管理部门吊销机动车驾驶证，且终生不得重新取得机动车驾驶证。

第一百零二条　对六个月内发生二次以上特大交通事故负有主要责任或者全部责任的专业运输单位，由公安机关交通管理部门责令消除安全隐患；未消除安全隐患的机动车，禁止上道路行驶。

第一百零三条　国家机动车产品主管部门未按照机动车国家安全技术标准严格审查，许可不合格机动车型投入生产的，对负有责任的主管人员和其他直接责任人员给予降级或者撤职的行政处分。

机动车生产企业经国家机动车产品主管部门许可生产的机动车型，不执行机动车国家安全技术标准或者不严格进行机动车成品质量检验，致使质量不合格的机动车出厂销售的，由质量技术监督部门依照《中华人民共和国产品质量法》的有关规定给予处罚。

擅自生产、销售未经国家机动车产品主管部门许可生产的机动车型的，没收非法生产、销售的机动车成品及配件，可以并处非法产品价值三倍以上五倍以下罚款；有营业执照的，由工商行政管理部门吊销营业执照，没有营业执照的，予以查封。

生产、销售拼装的机动车或者生产、销售擅自改装的机动车的，依照本条第三款的规定处罚。

有本条第二款、第三款、第四款所列违法行为，生产或者销售不符合机动车国家安全技术标准的机动车，构成犯罪的，依法追究刑事责任。

第一百零四条　未经批准，擅自挖掘道路、占用道路施工或者从事其他影响道路交通安全活动的，由道路主管部门责令停止违法行为，并恢复原状，可以依法给予罚款；致使通行的人员、车辆及其他财产遭受损失的，依法承担赔偿责任。

有前款行为，影响道路交通安全活动的，公安机关交通管理部门可以责令停止违法行为，迅速恢复交通。

第一百零五条　道路施工作业或者道路出现损毁，未及时设置警示标志、未采取防护措施，或者应当设置交通信号灯、交通标志、交通标线而没有设置或者应当及时变更交通信号灯、交通标志、交通标线而没有及时变更，致使通行的人员、车辆及其他财产遭受损失的，负有相关职责的单位应当依法承担赔偿责任。

第一百零六条　在道路两侧及隔离带上种植树木、其他植物或者设置广告牌、管线等，遮挡路灯、交通信号灯、交通标志，妨碍安全视距的，由公安机关交通管理部门责令行为人排除妨碍；拒不执行的，处二百元以上二千元以下罚款，并强制排除妨碍，所需费用由行为人负担。

第一百零七条　对道路交通违法行为人予以警告、二百元以下罚款，交通警察可以当场作出行政处罚决定，并出具行政处罚决定书。

行政处罚决定书应当载明当事人的违法事实、行政处罚的依据、处罚内容、时间、地点以及处罚机关名称，并由执法人员签名或者盖章。

第一百零八条　当事人应当自收到行政处罚决定书之日起十五日内，到指定的银行缴纳罚款。

对行人、乘车人和非机动车驾驶人的罚款，当事人无异议的，可以当场予以收缴罚款。

罚款应当开具省、自治区、直辖市财政部门统一制发的罚款收据；不出具财政部门统一制发的罚款收据的，当事人有权拒绝缴纳罚款。

第一百零九条　当事人逾期不履行行政处罚决定的，作出行政处罚决定的行政机关可以采取下列措施：

（一）到期不缴纳罚款的，每日按罚款数额的百分之三加处罚款；

（二）申请人民法院强制执行。

第一百一十条　执行职务的交通警察认为应当对道路交通违法行为人给予暂扣或者吊销机动车驾驶证处罚的，可以先予扣留机动车驾驶证，并在二十四小时内将案件移交公安机关交通管理部门处理。

道路交通违法行为人应当在十五日内到公安机关交通管理部门接受处理。无正当理由逾期未接受处理的，吊销机动车驾驶证。

公安机关交通管理部门暂扣或者吊销机动车驾驶证的，应当出具行政处罚决定书。

第一百一十一条　对违反本法规定予以拘留的行政处罚，由县、市公安局、公安分局或者相当于县一级的公安机关裁决。

第一百一十二条　公安机关交通管理部门扣留机动车、非机动车，应当当场出具凭证，并告知当事人在规定期限内到公安机关交通管理部门接受处理。

公安机关交通管理部门对被扣留的车辆应当妥善保管，不得使用。

逾期不来接受处理，并且经公告三个月仍不来接受处理的，对扣留的车辆依法处理。

第一百一十三条　暂扣机动车驾驶证的期限从处罚决定生效之日起计算；处罚决定生效前先予扣留机动车驾驶证的，扣留一日折抵暂扣期限一日。

吊销机动车驾驶证后重新申请领取机动车驾驶证的期限，按照机动车驾驶证管理规定办理。

第一百一十四条　公安机关交通管理部门根据交通技术监控记录资料，可以对违法的机动车所有人或者管理人依法予以处罚。对能够确定驾驶人的，可以依照本法的规定依法予以处罚。

第一百一十五条　交通警察有下列行为之一的，依法给予行政处分：

（一）为不符合法定条件的机动车发放机动车登记证书、号牌、行驶证、检验合格标志的；

（二）批准不符合法定条件的机动车安装、使用警车、消防车、救护车、工程救险车的警报器、标志灯具，喷涂标志图案的；

（三）为不符合驾驶许可条件、未经考试或者考试不合格人员发放机动车驾驶证的；

（四）不执行罚款决定与罚款收缴分离制度或者不按规定将依法收取的费用、收缴的罚款及没收的违法所得全部上缴国库的；

（五）举办或者参与举办驾驶学校或者驾驶培训班、机动车修理厂或者收费停车场等经营活动的；

（六）利用职务上的便利收受他人财物或者谋取其他利益的；

（七）违法扣留车辆、机动车行驶证、驾驶证、车辆号牌的；

（八）使用依法扣留的车辆的；

（九）当场收取罚款不开具罚款收据或者不如实填写罚款额的；

（十）徇私舞弊，不公正处理交通事故的；

（十一）故意刁难，拖延办理机动车牌证的；

（十二）非执行紧急任务时使用警报器、标志灯具的；

（十三）违反规定拦截、检查正常行驶的车辆的；

（十四）非执行紧急公务时拦截搭乘机动车的；

（十五）不履行法定职责的。

公安机关交通管理部门有前款所列行为之一的，对直接负责的主管人员和其他直接责任人员给予相应的行政处分。

第一百一十六条　依照本法第一百一十五条的规定，给予交通警察行政处分的，在作出行政处分决定前，可以停止其执行职务；必要时，可以予以禁闭。

依照本法第一百一十五条的规定，交通警察受到降级或者撤职行政处分的，可以予以辞退。

交通警察受到开除处分或者被辞退的，应当取消警衔；受到撤职以下行政处分的交通警察，应当降低警衔。

第一百一十七条　交通警察利用职权非法占有公共财物，索取、收受贿赂，或者滥用职权、玩忽职守，构成犯罪的，依法追究刑事责任。

第一百一十八条　公安机关交通管理部门及其交通警察有本法第一百一十五条所列行为之一，给当事人造成损失的，应当依法承担赔偿责任。

第八章　附则

第一百一十九条　本法中下列用语的含义：

（一）"道路"，是指公路、城市道路和虽在单位管辖范围但允许社会机动车通行的地方，包括广场、公共停车场等用于公众通行的场所。

（二）"车辆"，是指机动车和非机动车。

（三）"机动车"，是指以动力装置驱动或者牵引，上道路行驶的供人员乘用或者用于运送物品以及进行工程专项作业的轮式车辆。

（四）"非机动车"，是指以人力或者畜力驱动，上道路行驶的交通工具，以及虽有动力装置驱动但设计最高时速、空车质量、外形尺寸符合有关国家标准的残疾人机动轮椅车、电动自行车等交通工具。

（五）"交通事故"，是指车辆在道路上因过错或者意外造成的人身伤亡或者财产损失的事件。

第一百二十条　中国人民解放军和中国人民武装警察部队在编机动车牌证、在编机动车检验以及机动车驾驶人考核工作，由中国人民解放军、中国人民武装警察部队有关部门负责。

第一百二十一条　对上道路行驶的拖拉机，由农业（农业机械）主管部门行使本法第八条、第九条、第十三条、第十九条、第二十三条规定的公安机关交通管理部门的管理职权。

农业（农业机械）主管部门依照前款规定行使职权，应当遵守本法有关规定，并接受公安机关交通管理部门的监督；对违反规定的，依照本法有关规定追究法律责任。

本法施行前由农业（农业机械）主管部门发放的机动车牌证，在本法施行后继续有效。

第一百二十二条 国家对入境的境外机动车的道路交通安全实施统一管理。

第一百二十三条 省、自治区、直辖市人民代表大会常务委员会可以根据本地区的实际情况，在本法规定的罚款幅度内，规定具体的执行标准。

第一百二十四条 本法自 2004 年 5 月 1 日起施行。

附录三　《教育重大突发事件专项督导暂行办法》

第一章　总则

第一条 根据《教育督导条例》，为督促地方和学校切实履行职责，积极应对并妥善处理教育重大突发事件，制定本办法。

第二条 教育重大突发事件是指涉及教育的重大突发事件，包括影响和危害师生生命财产安全、教育教学工作正常开展的自然灾害、事故灾难、公共卫生事件、考试安全、群体性事件和学校治安、刑事案件、师德败坏等事件。

第三条 实施教育重大突发事件专项督导的目的是督促有关地方和学校在处理教育重大突发事件过程中，切实保障师生生命财产安全和教育教学工作的正常开展。

第四条 国务院教育督导委员会办公室负责对各地开展教育重大突发事件专项督导工作进行统筹协调指导，并组织实施特别重大教育突发事件专项督导。

第五条 实施教育重大突发事件专项督导坚持"及时有效、公正公开"的原则，推动教育重大突发事件得到有效处理和解决，及时向社会公开事件处理和专项督导结果。

第二章　专项督导的内容

第六条 专项督导主要内容是地方和学校应对和处理教育重大突发事件的情况，包括：

（一）教育重大突发事件的预防与应急准备、物资储备、监测与预警等方面的情况。

（二）教育重大突发事件的应急处理与救援等方面的情况，包括紧急报告、控制局面、组织疏散、实施救治、开展救援、立案调查等。

（三）教育重大突发事件的过程处理情况，包括校园安全隐患排除、食物中毒治疗、传染性疾病防治、事故伤害赔偿、教育抚恤补助、师生和家长安抚、试题泄密和考试群体作弊处置、治安和刑事案件移交处理、群体聚集的疏散、教师师德教育、责任人处理等。

（四）教育重大突发事件的后续处理情况，包括校舍恢复重建、教学设备补充配置、校园及周边环境整治、患病或受伤师生救治、师生心理干预、复课及组织学生参加中高考、维护校园师生稳定、试题泄密和考试群体作弊处置、治安和刑事案件协助处理、师生宣传教育、处理结果通报、事后评估等。

（五）建立教育重大突发事件公告制度，视情况向社会公众和新闻媒体通报相关工作，正确引导舆论的情况。

（六）建立健全监督检查和考核问责机制，对相关责任人进行责任追究和处理的情况。

（七）其他与教育重大突发事件相关的情况。

第三章　专项督导的实施

第七条　教育重大突发事件发生后，国务院教育督导委员会办公室向相关省（区、市）人民政府及教育督导机构了解情况，对教育重大突发事件影响和危害程度进行评估。

第八条　国务院教育督导委员会办公室根据评估情况，决定是否派出督导组开展专项督导，或指派县级以上地方人民政府教育督导机构对教育重大突发事件实施专项督导。

第九条　国务院教育督导委员会办公室实施专项督导的程序：

（一）向相关省（区、市）人民政府发出书面通知；

（二）督导组赴现场进行督导检查，全面了解、掌握教育重大突发事件的应对和处理情况；

（三）督导组根据现场督导检查情况形成初步督导意见，向当地及所在省（区、市）人民政府反馈，向国务院教育督导委员会办公室提交书面督导报告；

（四）地方政府根据督导意见提出整改方案，向社会公布，并报国务院教育督导委员会办公室；

（五）国务院教育督导委员会办公室视情况向社会公布督导报告和整改报告。

第十条　县级以上地方人民政府教育督导机构应建立教育重大突发事件信息报告制度，及时向上一级教育督导机构报告发生教育重大突发事件和应对处理进展情况。

第十一条　县级以上地方人民政府教育督导机构应与有关部门沟通协调，紧密配合，及时准确掌握教育重大突发事件应对与处理情况，积极参与教育重大突发事件的应对与处理。

第四章　问责

第十二条　建立教育重大突发事件督导问责机制，将专项督导结果作为对相关单位和负责人进行责任追究的重要依据。

第十三条　对教育重大突发事件应对处理工作责任不落实、应对不积极、处理不妥当的地区、单位和个人，建议当地人民政府对其进行问责，对造成严重后果的依法追究责任。

第五章　附则

第十四条　县级以上地方人民政府教育督导机构可结合实际，参照本办法制定本地教育重大突发事件专项督导具体实施方案。

第十五条　本办法自发布之日起施行。

附录四　《高等学校消防安全管理规定》

第一章　总则

第一条　为了加强和规范高等学校的消防安全管理，预防和减少火灾危害，保障师生员工生命财产和学校财产安全，根据消防法、高等教育法等法律、法规，制定本规定。

第二条　普通高等学校和成人高等学校（以下简称学校）的消防安全管理，适用本规定。

驻校内其他单位的消防安全管理，按照本规定的有关规定执行。

第三条　学校在消防安全工作中，应当遵守消防法律、法规和规章，贯彻预防为主、防消结合的方针，履行消防安全职责，保障消防安全。

第四条　学校应当落实逐级消防安全责任制和岗位消防安全责任制，明确逐级和岗位消防安全职责，确定各级、各岗位消防安全责任人。

第五条　学校应当开展消防安全教育和培训，加强消防演练，提高师生员工的消防安全意识和自救逃生技能。

第六条　学校各单位和师生员工应当依法履行保护消防设施、预防火灾、报告火警和扑救初起火灾等维护消防安全的义务。

第七条　教育行政部门依法履行对高等学校消防安全工作的管理职责，检查、指导和监督高等学校开展消防安全工作，督促高等学校建立健全并落实消防安全责任制和消防安全管理制度。

公安机关依法履行对高等学校消防安全工作的监督管理职责，加强消防监督检查，指导和监督高等学校做好消防安全工作。

第二章　消防安全责任

第八条　学校法定代表人是学校消防安全责任人，全面负责学校消防安全工作，履行下列消防安全职责：

（一）贯彻落实消防法律、法规和规章，批准实施学校消防安全责任制、学校消防安全管理制度；

（二）批准消防安全年度工作计划、年度经费预算，定期召开学校消防安全工作会议；

（三）提供消防安全经费保障和组织保障；

（四）督促开展消防安全检查和重大火灾隐患整改，及时处理涉及消防安全的重大问题；

（五）依法建立志愿消防队等多种形式的消防组织，开展群众性自防自救工作；

（六）与学校二级单位负责人签订消防安全责任书；

（七）组织制定灭火和应急疏散预案；

（八）促进消防科学研究和技术创新；

（九）法律、法规规定的其他消防安全职责。

第九条　分管学校消防安全的校领导是学校消防安全管理人，协助学校法定代表人负责消防安全工作，履行下列消防安全职责：

（一）组织制定学校消防安全管理制度，组织、实施和协调校内各单位的消防安全工作；

（二）组织制定消防安全年度工作计划；

（三）审核消防安全工作年度经费预算；

（四）组织实施消防安全检查和火灾隐患整改；

（五）督促落实消防设施、器材的维护、维修及检测，确保其完好有效，确保疏散通道、安全出口、消防车通道畅通；

（六）组织管理志愿消防队等消防组织；

（七）组织开展师生员工消防知识、技能的宣传教育和培训，组织灭火和应急疏散预案的实施和演练；

（八）协助学校消防安全责任人做好其他消防安全工作。

其他校领导在分管工作范围内对消防工作负有领导、监督、检查、教育和管理职责。

第十条　学校必须设立或者明确负责日常消防安全工作的机构（以下简称学校消防机构），配备专职消防管理人员，履行下列消防安全职责：

（一）拟订学校消防安全年度工作计划、年度经费预算，拟订学校消防安全责任制、灭火和应急疏散预案等消防安全管理制度，并报学校消防安全责任人批准后实施；

（二）监督检查校内各单位消防安全责任制的落实情况；

（三）监督检查消防设施、设备、器材的使用与管理、以及消防基础设施的运转，定期组织检验、检测和维修；

（四）确定学校消防安全重点单位（部位）并监督指导其做好消防安全工作；

（五）监督检查有关单位做好易燃易爆等危险品的储存、使用和管理工作，审批校内各单位动用明火作业；

（六）开展消防安全教育培训，组织消防演练，普及消防知识，提高师生员工的消防安全意识、扑救初起火灾和自救逃生技能；

（七）定期对志愿消防队等消防组织进行消防知识和灭火技能培训；

（八）推进消防安全技术防范工作，做好技术防范人员上岗培训工作；

（九）受理驻校内其他单位在校内和学校、校内各单位新建、扩建、改建及装饰装修工程和公众聚集场所投入使用、营业前消防行政许可或者备案手续的校内备案审查工作，督促其向公安机关消防机构进行申报，协助公安机关消防机构进行建设工程消防设计审核、消防验收或者备案以及公众聚集场所投入使用、营业前消防安全检查工作；

（十）建立健全学校消防工作档案及消防安全隐患台账；

（十一）按照工作要求上报有关信息数据；

（十二）协助公安机关消防机构调查处理火灾事故，协助有关部门做好火灾事故处理及善后工作。

第十一条 学校二级单位和其他驻校单位应当履行下列消防安全职责：

（一）落实学校的消防安全管理规定，结合本单位实际制定并落实本单位的消防安全制度和消防安全操作规程；

（二）建立本单位的消防安全责任考核、奖惩制度；

（三）开展经常性的消防安全教育、培训及演练；

（四）定期进行防火检查，做好检查记录，及时消除火灾隐患；

（五）按规定配置消防设施、器材并确保其完好有效；

（六）按规定设置安全疏散指示标志和应急照明设施，并保证疏散通道、安全出口畅通；

（七）消防控制室配备消防值班人员，制定值班岗位职责，做好监督检查工作；

（八）新建、扩建、改建及装饰装修工程报学校消防机构备案；

（九）按照规定的程序与措施处置火灾事故；

（十）学校规定的其他消防安全职责。

第十二条 校内各单位主要负责人是本单位消防安全责任人，驻校内其他单位主要负责人是该单位消防安全责任人，负责本单位的消防安全工作。

第十三条 除本规定第十一条外，学生宿舍管理部门还应当履行下列安全管理职责：

（一）建立由学生参加的志愿消防组织，定期进行消防演练；

（二）加强学生宿舍用火、用电安全教育与检查；

（三）加强夜间防火巡查，发现火灾立即组织扑救和疏散学生。

第三章 消防安全管理

第十四条 学校应当将下列单位（部位）列为学校消防安全重点单位（部位）：

（一）学生宿舍、食堂（餐厅）、教学楼、校医院、体育场（馆）、会堂（会议中心）、超市（市场）、宾馆（招待所）、托儿所、幼儿园以及其他文体活动、公共娱乐等人员密集场所；

（二）学校网络、广播电台、电视台等传媒部门和驻校内邮政、通信、金融等单位；

（三）车库、油库、加油站等部位；

（四）图书馆、展览馆、档案馆、博物馆、文物古建筑；

（五）供水、供电、供气、供热等系统；

（六）易燃易爆等危险化学物品的生产、充装、储存、供应、使用部门；

（七）实验室、计算机房、电化教学中心和承担国家重点科研项目或配备有先进精密仪器设备的部位，监控中心、消防控制中心；

（八）学校保密要害部门及部位；

（九）高层建筑及地下室、半地下室；

（十）建设工程的施工现场以及有人员居住的临时性建筑；

（十一）其他发生火灾可能性较大以及一旦发生火灾可能造成重大人身伤亡或者财产损失的单位（部位）。

重点单位和重点部位的主管部门，应当按照有关法律法规和本规定履行消防安全管理职责，设置防火标志，实行严格消防安全管理。

第十五条　在学校内举办文艺、体育、集会、招生和就业咨询等大型活动和展览，主办单位应当确定专人负责消防安全工作，明确并落实消防安全职责和措施，保证消防设施和消防器材配置齐全、完好有效，保证疏散通道、安全出口、疏散指示标志、应急照明和消防车通道符合消防技术标准和管理规定，制定灭火和应急疏散预案并组织演练，并经学校消防机构对活动现场检查合格后方可举办。

依法应当报请当地人民政府有关部门审批的，经有关部门审核同意后方可举办。

第十六条　学校应当按照国家有关规定，配置消防设施和器材，设置消防安全疏散指示标志和应急照明设施，每年组织检测维修，确保消防设施和器材完好有效。

学校应当保障疏散通道、安全出口、消防车通道畅通。

第十七条　学校进行新建、改建、扩建、装修、装饰等活动，必须严格执行消防法规和国家工程建设消防技术标准，并依法办理建设工程消防设计审核、消防验收或者备案手续。学校各项工程及驻校内各单位在校内的各项工程消防设施的招标和验收，应当有学校消防机构参加。

施工单位负责施工现场的消防安全，并接受学校消防机构的监督、检查。竣工后，建筑工程的有关图纸、资料、文件等应当报学校档案机构和消防机构备案。

第十八条　地下室、半地下室和用于生产、经营、储存易燃易爆、有毒有害等危险物品场所的建筑不得用作学生宿舍。

生产、经营、储存其他物品的场所与学生宿舍等居住场所设置在同一建筑物内的，应当符合国家工程建设消防技术标准。

学生宿舍、教室和礼堂等人员密集场所，禁止违规使用大功率电器，在门窗、阳台等部位不得设置影响逃生和灭火救援的障碍物。

第十九条　利用地下空间开设公共活动场所，应当符合国家有关规定，并报学校消防机构备案。

第二十条　学校消防控制室应当配备专职值班人员，持证上岗。

消防控制室不得挪作他用。

第二十一条　学校购买、储存、使用和销毁易燃易爆等危险品，应当按照国家有关规定严格管理、规范操作，并制定应急处置预案和防范措施。

学校对管理和操作易燃易爆等危险品的人员，上岗前必须进行培训，持证上岗。

第二十二条　学校应当对动用明火实行严格的消防安全管理。禁止在具有火灾、爆炸危险的场所吸烟、使用明火；因特殊原因确需进行电、气焊等明火作业的，动火单位和人员应当向学校消防机构申办审批手续，落实现场监管人，采取相应的消防安全措施。作业人员应当遵守消防安全规定。

第二十三条　学校内出租房屋的，当事人应当签订房屋租赁合同，明确消防安全责任。出租方负责对出租房屋的消防安全管理。学校授权的管理单位应当加强监督检查。

外来务工人员的消防安全管理由校内用人单位负责。

第二十四条 发生火灾时，学校应当及时报警并立即启动应急预案，迅速扑救初起火灾，及时疏散人员。

学校应当在火灾事故发生后两个小时内向所在地教育行政主管部门报告。较大以上火灾同时报教育部。

火灾扑灭后，事故单位应当保护现场并接受事故调查，协助公安机关消防机构调查火灾原因、统计火灾损失。未经公安机关消防机构同意，任何人不得擅自清理火灾现场。

第二十五条 学校及其重点单位应当建立健全消防档案。

消防档案应当全面反映消防安全和消防安全管理情况，并根据情况变化及时更新。

第四章　消防安全检查和整改

第二十六条 学校每季度至少进行一次消防安全检查。检查的主要内容包括：

（一）消防安全宣传教育及培训情况；

（二）消防安全制度及责任制落实情况；

（三）消防安全工作档案建立健全情况；

（四）单位防火检查及每日防火巡查落实及记录情况；

（五）火灾隐患和隐患整改及防范措施落实情况；

（六）消防设施、器材配置及完好有效情况；

（七）灭火和应急疏散预案的制定和组织消防演练情况；

（八）其他需要检查的内容。

第二十七条 学校消防安全检查应当填写检查记录，检查人员、被检查单位负责人或者相关人员应当在检查记录上签名，发现火灾隐患应当及时填发《火灾隐患整改通知书》。

第二十八条 校内各单位每月至少进行一次防火检查。检查的主要内容包括：

（一）火灾隐患和隐患整改情况以及防范措施的落实情况；

（二）疏散通道、疏散指示标志、应急照明和安全出口情况；

（三）消防车通道、消防水源情况；

（四）消防设施、器材配置及有效情况；

（五）消防安全标志设置及其完好、有效情况；

（六）用火、用电有无违章情况；

（七）重点工种人员以及其他员工消防知识掌握情况；

（八）消防安全重点单位（部位）管理情况；

（九）易燃易爆危险物品和场所防火防爆措施落实情况以及其他重要物资防火安全情况；

（十）消防（控制室）值班情况和设施、设备运行、记录情况；

（十一）防火巡查落实及记录情况；

（十二）其他需要检查的内容。

防火检查应当填写检查记录。检查人员和被检查部门负责人应当在检查记录上签名。

第二十九条　校内消防安全重点单位（部位）应当进行每日防火巡查，并确定巡查的人员、内容、部位和频次。其他单位可以根据需要组织防火巡查。巡查的内容主要包括：

（一）用火、用电有无违章情况；

（二）安全出口、疏散通道是否畅通，安全疏散指示标志、应急照明是否完好；

（三）消防设施、器材和消防安全标志是否在位、完整；

（四）常闭式防火门是否处于关闭状态，防火卷帘下是否堆放物品影响使用；

（五）消防安全重点部位的人员在岗情况；

（六）其他消防安全情况。

校医院、学生宿舍、公共教室、实验室、文物古建筑等应当加强夜间防火巡查。

防火巡查人员应当及时纠正消防违章行为，妥善处置火灾隐患，无法当场处置的，应当立即报告。发现初起火灾应当立即报警、通知人员疏散、及时扑救。

防火巡查应当填写巡查记录，巡查人员及其主管人员应当在巡查记录上签名。

第三十条　对下列违反消防安全规定的行为，检查、巡查人员应当责成有关人员改正并督促落实：

（一）消防设施、器材或者消防安全标志的配置、设置不符合国家标准、行业标准，或者未保持完好有效的；

（二）损坏、挪用或者擅自拆除、停用消防设施、器材的；

（三）占用、堵塞、封闭消防通道、安全出口的；

（四）埋压、圈占、遮挡消火栓或者占用防火间距的；

（五）占用、堵塞、封闭消防车通道，妨碍消防车通行的；

（六）人员密集场所在门窗上设置影响逃生和灭火救援的障碍物的；

（七）常闭式防火门处于开启状态，防火卷帘下堆放物品影响使用的；

（八）违章进入易燃易爆危险物品生产、储存等场所的；

（九）违章使用明火作业或者在具有火灾、爆炸危险的场所吸烟、使用明火等违反禁令的；

（十）消防设施管理、值班人员和防火巡查人员脱岗的；

（十一）对火灾隐患经公安机关消防机构通知后不及时采取措施消除的；

（十二）其他违反消防安全管理规定的行为。

第三十一条　学校对教育行政主管部门和公安机关消防机构、公安派出所指出的各类火灾隐患，应当及时予以核查、消除。

对公安机关消防机构、公安派出所责令限期改正的火灾隐患，学校应当在规定的期限内整改。

第三十二条　对不能及时消除的火灾隐患，隐患单位应当及时向学校及相关单位的消防安全责任人或者消防安全工作主管领导报告，提出整改方案，确定整改措施、期限以及负责整改的部门、人员，并落实整改资金。

火灾隐患尚未消除的，隐患单位应当落实防范措施，保障消防安全。对于随时可能引发火灾或者一旦发生火灾将严重危及人身安全的，应当将危险部位停止使用或停业整改。

第三十三条　对于涉及城市规划布局等学校无力解决的重大火灾隐患，学校应当及时向其上级主管部门或者当地人民政府报告。

第三十四条　火灾隐患整改完毕，整改单位应当将整改情况记录报送相应的消防安全工作责任人或者消防安全工作主管领导签字确认后存档备查。

第五章　消防安全教育和培训

第三十五条　学校应当将师生员工的消防安全教育和培训纳入学校消防安全年度工作计划。

消防安全教育和培训的主要内容包括：

（一）国家消防工作方针、政策，消防法律、法规；

（二）本单位、本岗位的火灾危险性，火灾预防知识和措施；

（三）有关消防设施的性能、灭火器材的使用方法；

（四）报火警、扑救初起火灾和自救互救技能；

（五）组织、引导在场人员疏散的方法。

第三十六条　学校应当采取下列措施对学生进行消防安全教育，使其了解防火、灭火知识，掌握报警、扑救初起火灾和自救、逃生方法。

（一）开展学生自救、逃生等防火安全常识的模拟演练，每学年至少组织一次学生消防演练；

（二）根据消防安全教育的需要，将消防安全知识纳入教学和培训内容；

（三）对每届新生进行不低于 4 学时的消防安全教育和培训；

（四）对进入实验室的学生进行必要的安全技能和操作规程培训；

（五）每学年至少举办一次消防安全专题讲座，并在校园网络、广播、校内报刊开设消防安全教育栏目。

第三十七条　学校二级单位应当组织新上岗和进入新岗位的员工进行上岗前的消防安全培训。

消防安全重点单位（部位）对员工每年至少进行一次消防安全培训。

第三十八条　下列人员应当依法接受消防安全培训：

（一）学校及各二级单位的消防安全责任人、消防安全管理人；

（二）专职消防管理人员、学生宿舍管理人员；

（三）消防控制室的值班、操作人员；

（四）其他依照规定应当接受消防安全培训的人员。

前款规定中的第（三）项人员必须持证上岗。

第六章　灭火、应急疏散预案和演练

第三十九条　学校、二级单位、消防安全重点单位（部位）应当制定相应的灭火和应急疏散预案，建立应急反应和处置机制，为火灾扑救和应急救援工作提供人员、装备等保障。

灭火和应急疏散预案应当包括以下内容：

（一）组织机构：指挥协调组、灭火行动组、通讯联络组、疏散引导组、安全防护救护组；

（二）报警和接警处置程序；

（三）应急疏散的组织程序和措施；

（四）扑救初起火灾的程序和措施；

（五）通讯联络、安全防护救护的程序和措施。

（六）其他需要明确的内容。

第四十条　学校实验室应当有针对性地制定突发事件应急处置预案，并将应急处置预案涉及到的生物、化学及易燃易爆物品的种类、性质、数量、危险性和应对措施及处置药品的名称、产地和储备等内容报学校消防机构备案。

第四十一条　校内消防安全重点单位应当按照灭火和应急疏散预案每半年至少组织一次消防演练，并结合实际，不断完善预案。

消防演练应当设置明显标识并事先告知演练范围内的人员，避免意外事故发生。

第七章　消防经费

第四十二条　学校应当将消防经费纳入学校年度经费预算，保证消防经费投入，保障消防工作的需要。

第四十三条　学校日常消防经费用于校内灭火器材的配置、维修、更新，灭火和应急疏散预案的备用设施、材料，以及消防宣传教育、培训等，保证学校消防工作正常开展。

第四十四条　学校安排专项经费，用于解决火灾隐患，维修、检测、改造消防专用给水管网、消防专用供水系统、灭火系统、自动报警系统、防排烟系统、消防通讯系统、消防监控系统等消防设施。

第四十五条　消防经费使用坚持专款专用、统筹兼顾、保证重点、勤俭节约的原则。任何单位和个人不得挤占、挪用消防经费。

第八章　奖惩

第四十六条　学校应当将消防安全工作纳入校内评估考核内容，对在消防安全工作中成绩突出的单位和个人给予表彰奖励。

第四十七条　对未依法履行消防安全职责、违反消防安全管理制度、或者擅自挪用、损坏、破坏消防器材、设施等违反消防安全管理规定的，学校应当责令其限期整改，给予通报批评；对直接负责的主管人员和其他直接责任人员根据情节轻重给予警告等相应的处分。

前款涉及民事损失、损害的，有关责任单位和责任人应当依法承担民事责任。

第四十八条 学校违反消防安全管理规定或者发生重特大火灾的，除依据消防法的规定进行处罚外，教育行政部门应当取消其当年评优资格，并按照国家有关规定对有关主管人员和责任人员依法予以处分。

第九章 附则

第四十九条 学校应当依据本规定，结合本校实际，制定本校消防安全管理办法。高等学校以外的其他高等教育机构的消防安全管理，参照本规定执行。

第五十条 本规定所称学校二级单位，包括学院、系、处、所、中心等。

第五十一条 本规定自 2010 年 1 月 1 日起施行。

附录五 教育部《普通高等学校学生管理规定》

第一章 总则

第一条 为规范普通高等学校学生管理行为，维护普通高等学校正常的教育教学秩序和生活秩序，保障学生合法权益，培养德、智、体、美等方面全面发展的社会主义建设者和接班人，依据教育法、高等教育法以及有关法律、法规，制定本规定。

第二条 本规定适用于普通高等学校、承担研究生教育任务的科学研究机构（以下称学校）对接受普通高等学历教育的研究生和本科、专科（高职）学生（以下称学生）的管理。

第三条 学校要坚持社会主义办学方向，坚持马克思主义的指导地位，全面贯彻国家教育方针；要坚持以立德树人为根本，以理想信念教育为核心，培育和践行社会主义核心价值观，弘扬中华优秀传统文化和革命文化、社会主义先进文化，培养学生的社会责任感、创新精神和实践能力；要坚持依法治校，科学管理，健全和完善管理制度，规范管理行为，将管理与育人相结合，不断提高管理和服务水平。

第四条 学生应当拥护中国共产党领导，努力学习马克思列宁主义、毛泽东思想、中国特色社会主义理论体系，深入学习习近平总书记系列重要讲话精神和治国理政新理念新思想新战略，坚定中国特色社会主义道路自信、理论自信、制度自信、文化自信，树立中国特色社会主义共同理想；应当树立爱国主义思想，具有团结统一、爱好和平、勤劳勇敢、自强不息的精神；应当增强法治观念，遵守宪法、法律、法规，遵守公民道德规范，遵守学校管理制度，具有良好的道德品质和行为习惯；应当刻苦学习，勇于探索，积极实践，努力掌握现代科学文化知识和专业技能；应当积极锻炼身体，增进身心健康，提高个人修养，培养审美情趣。

第五条 实施学生管理，应当尊重和保护学生的合法权利，教育和引导学生承担应尽的义务与责任，鼓励和支持学生实行自我管理、自我服务、自我教育、自我监督。

第二章　学生的权利与义务

第六条　学生在校期间依法享有下列权利：

（一）参加学校教育教学计划安排的各项活动，使用学校提供的教育教学资源；

（二）参加社会实践、志愿服务、勤工助学、文娱体育及科技文化创新等活动，获得就业创业指导和服务；

（三）申请奖学金、助学金及助学贷款；

（四）在思想品德、学业成绩等方面获得科学、公正评价，完成学校规定学业后获得相应的学历证书、学位证书；

（五）在校内组织、参加学生团体，以适当方式参与学校管理，对学校与学生权益相关事务享有知情权、参与权、表达权和监督权；

（六）对学校给予的处理或者处分有异议，向学校、教育行政部门提出申诉，对学校、教职员工侵犯其人身权、财产权等合法权益的行为，提出申诉或者依法提起诉讼；

（七）法律、法规及学校章程规定的其他权利。

第七条　学生在校期间依法履行下列义务：

（一）遵守宪法和法律、法规；

（二）遵守学校章程和规章制度；

（三）恪守学术道德，完成规定学业；

（四）按规定缴纳学费及有关费用，履行获得贷学金及助学金的相应义务；

（五）遵守学生行为规范，尊敬师长，养成良好的思想品德和行为习惯；

（六）法律、法规及学校章程规定的其他义务。

第三章　学籍管理

第一节　入学与注册

第八条　按国家招生规定录取的新生，持录取通知书，按学校有关要求和规定的期限到校办理入学手续。因故不能按期入学的，应当向学校请假。未请假或者请假逾期的，除因不可抗力等正当事由以外，视为放弃入学资格。

第九条　学校应当在报到时对新生入学资格进行初步审查，审查合格的办理入学手续，予以注册学籍；审查发现新生的录取通知、考生信息等证明材料，与本人实际情况不符，或者有其他违反国家招生考试规定情形的，取消入学资格。

第十条　新生可以申请保留入学资格。保留入学资格期间不具有学籍。保留入学资格的条件、期限等由学校规定。

新生保留入学资格期满前应向学校申请入学，经学校审查合格后，办理入学手续。审查不合格的，取消入学资格；逾期不办理入学手续且未有因不可抗力延迟等正当理由的，视为放弃入学资格。

第十一条　学生入学后，学校应当在3个月内按照国家招生规定进行复查。复查内容主要包括以下方面：

（一）录取手续及程序等是否合乎国家招生规定；

（二）所获得的录取资格是否真实、合乎相关规定；

（三）本人及身份证明与录取通知、考生档案等是否一致；

（四）身心健康状况是否符合报考专业或者专业类别体检要求，能否保证在校正常学习、生活；

（五）艺术、体育等特殊类型录取学生的专业水平是否符合录取要求。

复查中发现学生存在弄虚作假、徇私舞弊等情形的，确定为复查不合格，应当取消学籍；情节严重的，学校应当移交有关部门调查处理。

复查中发现学生身心状况不适宜在校学习，经学校指定的二级甲等以上医院诊断，需要在家休养的，可以按照第十条的规定保留入学资格。

复查的程序和办法，由学校规定。

第十二条 每学期开学时，学生应当按学校规定办理注册手续。不能如期注册的，应当履行暂缓注册手续。未按学校规定缴纳学费或者有其他不符合注册条件的，不予注册。

家庭经济困难的学生可以申请助学贷款或者其他形式资助，办理有关手续后注册。

学校应当按照国家有关规定为家庭经济困难学生提供教育救助，完善学生资助体系，保证学生不因家庭经济困难而放弃学业。

第二节　考核与成绩记载

第十三条 学生应当参加学校教育教学计划规定的课程和各种教育教学环节（以下统称课程）的考核，考核成绩记入成绩册，并归入学籍档案。

考核分为考试和考查两种。考核和成绩评定方式，以及考核不合格的课程是否重修或者补考，由学校规定。

第十四条 学生思想品德的考核、鉴定，以本规定第四条为主要依据，采取个人小结、师生民主评议等形式进行。

学生体育成绩评定要突出过程管理，可以根据考勤、课内教学、课外锻炼活动和体质健康等情况综合评定。

第十五条 学生每学期或者每学年所修课程或者应修学分数以及升级、跳级、留级、降级等要求，由学校规定。

第十六条 学生根据学校有关规定，可以申请辅修校内其他专业或者选修其他专业课程；可以申请跨校辅修专业或者修读课程，参加学校认可的开放式网络课程学习。学生修读的课程成绩（学分），学校审核同意后，予以承认。

第十七条 学生参加创新创业、社会实践等活动以及发表论文、获得专利授权等与专业学习、学业要求相关的经历、成果，可以折算为学分，计入学业成绩。具体办法由学校规定。

学校应当鼓励、支持和指导学生参加社会实践、创新创业活动，可以建立创新创业档案、设置创新创业学分。

第十八条 学校应当健全学生学业成绩和学籍档案管理制度，真实、完整地记载、出具学生学业成绩，对通过补考、重修获得的成绩，应当予以标注。

学生严重违反考核纪律或者作弊的，该课程考核成绩记为无效，并应视其违纪或者作弊情节，给予相应的纪律处分。给予警告、严重警告、记过及留校察看处分的，经教育表现较好，可以对该课程给予补考或者重修机会。

学生因退学等情况中止学业，其在校学习期间所修课程及已获得学分，应当予以记录。学生重新参加入学考试、符合录取条件，再次入学的，其已获得学分，经录取学校认定，可以予以承认。具体办法由学校规定。

第十九条　学生应当按时参加教育教学计划规定的活动。不能按时参加的，应当事先请假并获得批准。无故缺席的，根据学校有关规定给予批评教育，情节严重的，给予相应的纪律处分。

第二十条　学校应当开展学生诚信教育，以适当方式记录学生学业、学术、品行等方面的诚信信息，建立对失信行为的约束和惩戒机制；对有严重失信行为的，可以规定给予相应的纪律处分，对违背学术诚信的，可以对其获得学位及学术称号、荣誉等作出限制。

第三节　转专业与转学

第二十一条　学生在学习期间对其他专业有兴趣和专长的，可以申请转专业；以特殊招生形式录取的学生，国家有相关规定或者录取前与学校有明确约定的，不得转专业。

学校应当制定学生转专业的具体办法，建立公平、公正的标准和程序，健全公示制度。学校根据社会对人才需求情况的发展变化，需要适当调整专业的，应当允许在读学生转到其他相关专业就读。

休学创业或退役后复学的学生，因自身情况需要转专业的，学校应当优先考虑。

第二十二条　学生一般应当在被录取学校完成学业。因患病或者有特殊困难、特别需要，无法继续在本校学习或者不适应本校学习要求的，可以申请转学。有下列情形之一，不得转学：

（一）入学未满一学期或者毕业前一年的；

（二）高考成绩低于拟转入学校相关专业同一生源地相应年份录取成绩的；

（三）由低学历层次转为高学历层次的；

（四）以定向就业招生录取的；

（五）研究生拟转入学校、专业的录取控制标准高于其所在学校、专业的；

（六）无正当转学理由的。

学生因学校培养条件改变等非本人原因需要转学的，学校应当出具证明，由所在地省级教育行政部门协调转学到同层次学校。

第二十三条　学生转学由学生本人提出申请，说明理由，经所在学校和拟转入学校同意，由转入学校负责审核转学条件及相关证明，认为符合本校培养要求且学校有培养能力的，经学校校长办公会或者专题会议研究决定，可以转入。研究生转学还应当经拟转入专业导师同意。

跨省转学的，由转出地省级教育行政部门商转入地省级教育行政部门，按转学条件确认后办理转学手续。须转户口的由转入地省级教育行政部门将有关文件抄送转入学校所在地的公安机关。

第二十四条 学校应当按照国家有关规定，建立健全学生转学的具体办法；对转学情况应当及时进行公示，并在转学完成后 3 个月内，由转入学校报所在地省级教育行政部门备案。

省级教育行政部门应当加强对区域内学校转学行为的监督和管理，及时纠正违规转学行为。

第四节　休学与复学

第二十五条 学生可以分阶段完成学业，除另有规定外，应当在学校规定的最长学习年限（含休学和保留学籍）内完成学业。

学生申请休学或者学校认为应当休学的，经学校批准，可以休学。休学次数和期限由学校规定。

第二十六条 学校可以根据情况建立并实行灵活的学习制度。对休学创业的学生，可以单独规定最长学习年限，并简化休学批准程序。

第二十七条 新生和在校学生应征参加中国人民解放军（含中国人民武装警察部队），学校应当保留其入学资格或者学籍至退役后 2 年。

学生参加学校组织的跨校联合培养项目，在联合培养学校学习期间，学校同时为其保留学籍。

学生保留学籍期间，与其实际所在的部队、学校等组织建立管理关系。

第二十八条 休学学生应当办理手续离校。学生休学期间，学校应为其保留学籍，但不享受在校学习学生待遇。因病休学学生的医疗费按国家及当地的有关规定处理。

第二十九条 学生休学期满前应当在学校规定的期限内提出复学申请，经学校复查合格，方可复学。

第五节　退学

第三十条 学生有下列情形之一，学校可予退学处理：

（一）学业成绩未达到学校要求或者在学校规定的学习年限内未完成学业的；

（二）休学、保留学籍期满，在学校规定期限内未提出复学申请或者申请复学经复查不合格的；

（三）根据学校指定医院诊断，患有疾病或者意外伤残不能继续在校学习的；

（四）未经批准连续两周未参加学校规定的教学活动的；

（五）超过学校规定期限未注册而又未履行暂缓注册手续的；

（六）学校规定的不能完成学业、应予退学的其他情形。

学生本人申请退学的，经学校审核同意后，办理退学手续。

第三十一条 退学学生，应当按学校规定期限办理退学手续离校。退学的研究生，按已有毕业学历和就业政策可以就业的，由学校报所在地省级毕业生就业部门办理相关手续；在学校规定期限内没有聘用单位的，应当办理退学手续离校。

退学学生的档案由学校退回其家庭所在地，户口应当按照国家相关规定迁回原户籍地或者家庭户籍所在地。

第六节　毕业与结业

第三十二条　学生在学校规定学习年限内，修完教育教学计划规定内容，成绩合格，达到学校毕业要求的，学校应当准予毕业，并在学生离校前发给毕业证书。

符合学位授予条件的，学位授予单位应当颁发学位证书。

学生提前完成教育教学计划规定内容，获得毕业所要求的学分，可以申请提前毕业。学生提前毕业的条件，由学校规定。

第三十三条　学生在学校规定学习年限内，修完教育教学计划规定内容，但未达到学校毕业要求的，学校可以准予结业，发给结业证书。

结业后是否可以补考、重修或者补作毕业设计、论文、答辩，以及是否颁发毕业证书、学位证书，由学校规定。合格后颁发的毕业证书、学位证书，毕业时间、获得学位时间按发证日期填写。

对退学学生，学校应当发给肄业证书或者写实性学习证明。

第七节　学业证书管理

第三十四条　学校应当严格按照招生时确定的办学类型和学习形式，以及学生招生录取时填报的个人信息，填写、颁发学历证书、学位证书及其他学业证书。

学生在校期间变更姓名、出生日期等证书需填写的个人信息的，应当有合理、充分的理由，并提供有法定效力的相应证明文件。学校进行审查，需要学生生源地省级教育行政部门及有关部门协助核查的，有关部门应当予以配合。

第三十五条　学校应当执行高等教育学籍学历电子注册管理制度，完善学籍学历信息管理办法，按相关规定及时完成学生学籍学历电子注册。

第三十六条　对完成本专业学业同时辅修其他专业并达到该专业辅修要求的学生，由学校发给辅修专业证书。

第三十七条　对违反国家招生规定取得入学资格或者学籍的，学校应当取消其学籍，不得发给学历证书、学位证书；已发的学历证书、学位证书，学校应当依法予以撤销。对以作弊、剽窃、抄袭等学术不端行为或者其他不正当手段获得学历证书、学位证书的，学校应当依法予以撤销。

被撤销的学历证书、学位证书已注册的，学校应当予以注销并报教育行政部门宣布无效。

第三十八条　学历证书和学位证书遗失或者损坏，经本人申请，学校核实后应当出具相应的证明书。证明书与原证书具有同等效力。

第四章　校园秩序与课外活动

第三十九条　学校、学生应当共同维护校园正常秩序，保障学校环境安全、稳定，保障学生的正常学习和生活。

第四十条　学校应当建立和完善学生参与管理的组织形式，支持和保障学生依法、依章程参与学校管理。

第四十一条　学生应当自觉遵守公民道德规范，自觉遵守学校管理制度，创造和维护文明、整洁、优美、安全的学习和生活环境，树立安全风险防范和自我保护意识，保障自身合法权益。

第四十二条 学生不得有酗酒、打架斗殴、赌博、吸毒，传播、复制、贩卖非法书刊和音像制品等违法行为；不得参与非法传销和进行邪教、封建迷信活动；不得从事或者参与有损大学生形象、有悖社会公序良俗的活动。

学校发现学生在校内有违法行为或者严重精神疾病可能对他人造成伤害的，可以依法采取或者协助有关部门采取必要措施。

第四十三条 学校应当坚持教育与宗教相分离原则。任何组织和个人不得在学校进行宗教活动。

第四十四条 学校应当建立健全学生代表大会制度，为学生会、研究生会等开展活动提供必要条件，支持其在学生管理中发挥作用。

学生可以在校内成立、参加学生团体。学生成立团体，应当按学校有关规定提出书面申请，报学校批准并施行登记和年检制度。

学生团体应当在宪法、法律、法规和学校管理制度范围内活动，接受学校的领导和管理。学生团体邀请校外组织、人员到校举办讲座等活动，需经学校批准。

第四十五条 学校提倡并支持学生及学生团体开展有益于身心健康、成长成才的学术、科技、艺术、文娱、体育等活动。

学生进行课外活动不得影响学校正常的教育教学秩序和生活秩序。

学生参加勤工助学活动应当遵守法律、法规以及学校、用工单位的管理制度，履行勤工助学活动的有关协议。

第四十六条 学生举行大型集会、游行、示威等活动，应当按法律程序和有关规定获得批准。对未获批准的，学校应当依法劝阻或者制止。

第四十七条 学生应当遵守国家和学校关于网络使用的有关规定，不得登录非法网站和传播非法文字、音频、视频资料等，不得编造或者传播虚假、有害信息；不得攻击、侵入他人计算机和移动通讯网络系统。

第四十八条 学校应当建立健全学生住宿管理制度。学生应当遵守学校关于学生住宿管理的规定。鼓励和支持学生通过制定公约，实施自我管理。

第五章 奖励与处分

第四十九条 学校、省（区、市）和国家有关部门应当对在德、智、体、美等方面全面发展或者在思想品德、学业成绩、科技创造、体育竞赛、文艺活动、志愿服务及社会实践等方面表现突出的学生，给予表彰和奖励。

第五十条 对学生的表彰和奖励可以采取授予"三好学生"称号或者其他荣誉称号、颁发奖学金等多种形式，给予相应的精神鼓励或者物质奖励。

学校对学生予以表彰和奖励，以及确定推荐免试研究生、国家奖学金、公派出国留学人选等赋予学生利益的行为，应当建立公开、公平、公正的程序和规定，建立和完善相应的选拔、公示等制度。

第五十一条　对有违反法律法规、本规定以及学校纪律行为的学生，学校应当给予批评教育，并可视情节轻重，给予如下纪律处分：

（一）警告；

（二）严重警告；

（三）记过；

（四）留校察看；

（五）开除学籍。

第五十二条　学生有下列情形之一，学校可以给予开除学籍处分：

（一）违反宪法，反对四项基本原则、破坏安定团结、扰乱社会秩序的；

（二）触犯国家法律，构成刑事犯罪的；

（三）受到治安管理处罚，情节严重、性质恶劣的；

（四）代替他人或者让他人代替自己参加考试、组织作弊、使用通讯设备或其他器材作弊、向他人出售考试试题或答案牟取利益，以及其他严重作弊或扰乱考试秩序行为的；

（五）学位论文、公开发表的研究成果存在抄袭、篡改、伪造等学术不端行为，情节严重的，或者代写论文、买卖论文的；

（六）违反本规定和学校规定，严重影响学校教育教学秩序、生活秩序以及公共场所管理秩序的；

（七）侵害其他个人、组织合法权益，造成严重后果的；

（八）屡次违反学校规定受到纪律处分，经教育不改的。

第五十三条　学校对学生作出处分，应当出具处分决定书。处分决定书应当包括下列内容：

（一）学生的基本信息；

（二）作出处分的事实和证据；

（三）处分的种类、依据、期限；

（四）申诉的途径和期限；

（五）其他必要内容。

第五十四条　学校给予学生处分，应当坚持教育与惩戒相结合，与学生违法、违纪行为的性质和过错的严重程度相适应。学校对学生的处分，应当做到证据充分、依据明确、定性准确、程序正当、处分适当。

第五十五条　在对学生作出处分或者其他不利决定之前，学校应当告知学生作出决定的事实、理由及依据，并告知学生享有陈述和申辩的权利，听取学生的陈述和申辩。

处理、处分决定以及处分告知书等，应当直接送达学生本人，学生拒绝签收的，可以以留置方式送达；已离校的，可以采取邮寄方式送达；难于联系的，可以利用学校网站、新闻媒体等以公告方式送达。

第五十六条　对学生作出取消入学资格、取消学籍、退学、开除学籍或者其他涉及学生重大利益的处理或者处分决定的，应当提交校长办公会或者校长授权的专门会议研究决定，并应当事先进行合法性审查。

第五十七条 除开除学籍处分以外，给予学生处分一般应当设置 6 到 12 个月期限，到期按学校规定程序予以解除。解除处分后，学生获得表彰、奖励及其他权益，不再受原处分的影响。

第五十八条 对学生的奖励、处理、处分及解除处分材料，学校应当真实完整地归入学校文书档案和本人档案。

被开除学籍的学生，由学校发给学习证明。学生按学校规定期限离校，档案由学校退回其家庭所在地，户口应当按照国家相关规定迁回原户籍地或者家庭户籍所在地。

第六章 学生申诉

第五十九条 学校应当成立学生申诉处理委员会，负责受理学生对处理或者处分决定不服提起的申诉。

学生申诉处理委员会应当由学校相关负责人、职能部门负责人、教师代表、学生代表、负责法律事务的相关机构负责人等组成，可以聘请校外法律、教育等方面专家参加。

学校应当制定学生申诉的具体办法，健全学生申诉处理委员会的组成与工作规则，提供必要条件，保证其能够客观、公正地履行职责。

第六十条 学生对学校的处理或者处分决定有异议的，可以在接到学校处理或者处分决定书之日起 10 日内，向学校学生申诉处理委员会提出书面申诉。

第六十一条 学生申诉处理委员会对学生提出的申诉进行复查，并在接到书面申诉之日起 15 日内作出复查结论并告知申诉人。情况复杂不能在规定限期内作出结论的，经学校负责人批准，可延长 15 日。学生申诉处理委员会认为必要的，可以建议学校暂缓执行有关决定。

学生申诉处理委员会经复查，认为做出处理或者处分的事实、依据、程序等存在不当，可以作出建议撤销或变更的复查意见，要求相关职能部门予以研究，重新提交校长办公会或者专门会议作出决定。

第六十二条 学生对复查决定有异议的，在接到学校复查决定书之日起 15 日内，可以向学校所在地省级教育行政部门提出书面申诉。

省级教育行政部门应当在接到学生书面申诉之日起 30 个工作日内，对申诉人的问题给予处理并作出决定。

第六十三条 省级教育行政部门在处理因对学校处理或者处分决定不服提起的学生申诉时，应当听取学生和学校的意见，并可根据需要进行必要的调查。根据审查结论，区别不同情况，分别作出下列处理：

（一）事实清楚、依据明确、定性准确、程序正当、处分适当的，予以维持；

（二）认定事实不存在，或者学校超越职权、违反上位法规定作出决定的，责令学校予以撤销；

（三）认定事实清楚，但认定情节有误、定性不准确，或者适用依据有错误的，责令学校变更或者重新作出决定；

（四）认定事实不清、证据不足，或者违反本规定以及学校规定的程序和权限的，责令学校重新作出决定。

第六十四条　自处理、处分或者复查决定书送达之日起，学生在申诉期内未提出申诉的视为放弃申诉，学校或者省级教育行政部门不再受理其提出的申诉。

处理、处分或者复查决定书未告知学生申诉期限的，申诉期限自学生知道或者应当知道处理或者处分决定之日起计算，但最长不得超过 6 个月。

第六十五条　学生认为学校及其工作人员违反本规定，侵害其合法权益的；或者学校制定的规章制度与法律法规和本规定抵触的，可以向学校所在地省级教育行政部门投诉。

教育主管部门在实施监督或者处理申诉、投诉过程中，发现学校及其工作人员有违反法律、法规及本规定的行为或者未按照本规定履行相应义务的，或者学校自行制定的相关管理制度、规定，侵害学生合法权益的，应当责令改正；发现存在违法违纪的，应当及时进行调查处理或者移送有关部门，依据有关法律和相关规定，追究有关责任人的责任。

第七章　附则

第六十六条　学校对接受高等学历继续教育的学生、港澳台侨学生、留学生的管理，参照本规定执行。

第六十七条　学校应当根据本规定制定或修改学校的学生管理规定或者纪律处分规定，报主管教育行政部门备案（中央部委属校同时抄报所在地省级教育行政部门），并及时向学生公布。

省级教育行政部门根据本规定，指导、检查和监督本地区高等学校的学生管理工作。

第六十八条　本规定自 2017 年 9 月 1 日起施行。原《普通高等学校学生管理规定》（教育部令第 21 号）同时废止。其他有关文件规定与本规定不一致的，以本规定为准。

附录六　教育部《学生伤害事故处理办法》

第一章　总则

第一条　为积极预防、妥善处理在校学生伤害事故，保护学生、学校的合法权益，根据《中华人民共和国教育法》、《中华人民共和国未成年人保护法》和其他相关法律、行政法规及有关规定，制定本办法。

第二条　在学校实施的教育教学活动或者学校组织的校外活动中，以及在学校负有管理责任的校舍、场地、其他教育教学设施、生活设施内发生的，造成在校学生人身损害后果的事故的处理，适用本办法。

第三条　学生伤害事故应当遵循依法、客观公正、合理适当的原则，及时、妥善地处理。

第四条　学校的举办者应当提供符合安全标准的校舍、场地、其他教育教学设施和生活设施。教育行政部门应当加强学校安全工作，指导学校落实预防学生伤害事故的措施，指导、协助学校妥善处理学生伤害事故，维护学校正常的教育教学秩序。

第五条　学校应当对在校学生进行必要的安全教育和自护自救教育；应当按照规定，建立健全安全制度，采取相应的管理措施，预防和消除教育教学环境中存在的安全隐患；当发生伤害事故时，应当及时采取措施救助受伤害学生。

学校对学生进行安全教育、管理和保护，应当针对学生年龄、认知能力和法律行为能力的不同，采用相应的内容和预防措施。

第六条　学生应当遵守学校的规章制度和纪律；在不同的受教育阶段，应当根据自身的年龄、认知能力和法律行为能力，避免和消除相应的危险。

第七条　未成年学生的父母或者其他监护人（以下称为监护人）应当依法履行监护职责，配合学校对学生进行安全教育、管理和保护工作。

学校对未成年学生不承担监护职责，但法律有规定的或者学校依法接受委托承担相应监护职责的情形除外。

第二章　事故与责任

第八条　发生学生伤害事故，造成学生人身损害的，学校应当按照《中华人民共和国侵权责任法》及相关法律、法规的规定，承担相应的事故责任。

第九条　因下列情形之一造成的学生伤害事故，学校应当依法承担相应的责任：

（一）学校的校舍、场地、其他公共设施，以及学校提供给学生使用的学具、教育教学和生活设施、设备不符合国家规定的标准，或者有明显不安全因素的；

（二）学校的安全保卫、消防、设施设备管理等安全管理制度有明显疏漏，或者管理混乱，存在重大安全隐患，而未及时采取措施的；

（三）学校向学生提供的药品、食品、饮用水等不符合国家或者行业的有关标准、要求的；

（四）学校组织学生参加教育教学活动或者校外活动，未对学生进行相应的安全教育，并未在可预见的范围内采取必要的安全措施的；

（五）学校知道教师或者其他工作人员患有不适宜担任教育教学工作的疾病，但未采取必要措施的；

（六）学校违反有关规定，组织或者安排未成年学生从事不宜未成年人参加的劳动、体育运动或者其他活动的；

（七）学生有特异体质或者特定疾病，不宜参加某种教育教学活动，学校知道或者应当知道，但未予以必要的注意的；

（八）学生在校期间突发疾病或者受到伤害，学校发现，但未根据实际情况及时采取相应措施，导致不良后果加重的；

（九）学校教师或者其他工作人员体罚或者变相体罚学生，或者在履行职责过程中违反工作要求、操作规程、职业道德或者其他有关规定的；

（十）学校教师或者其他工作人员在负有组织、管理未成年学生的职责期间，发现学生行为具有危险性，但未进行必要的管理、告诫或者制止的；

（十一）对未成年学生擅自离校等与学生人身安全直接相关的信息，学校发现或者知道，但未及时告知未成年学生的监护人，导致未成年学生因脱离监护人的保护而发生伤害的；

（十二）学校有未依法履行职责的其他情形的。

第十条　学生或者未成年学生监护人由于过错，有下列情形之一，造成学生伤害事故，应当依法承担相应的责任：

（一）学生违反法律法规的规定，违反社会公共行为准则、学校的规章制度或者纪律，实施按其年龄和认知能力应当知道具有危险或者可能危及他人的行为的；

（二）学生行为具有危险性，学校、教师已经告诫、纠正，但学生不听劝阻、拒不改正的；

（三）学生或者其监护人知道学生有特异体质，或者患有特定疾病，但未告知学校的；

（四）未成年学生的身体状况、行为、情绪等有异常情况，监护人知道或者已被学校告知，但未履行相应监护职责的；

（五）学生或者未成年学生监护人有其他过错的。

第十一条　学校安排学生参加活动，因提供场地、设备、交通工具、食品及其他消费与服务的经营者，或者学校以外的活动组织者的过错造成的学生伤害事故，有过错的当事人应当依法承担相应的责任。

第十二条　因下列情形之一造成的学生伤害事故，学校已履行了相应职责，行为并无不当的，无法律责任：

（一）地震、雷击、台风、洪水等不可抗的自然因素造成的；

（二）来自学校外部的突发性、偶发性侵害造成的；

（三）学生有特异体质、特定疾病或者异常心理状态，学校不知道或者难于知道的；

（四）学生自杀、自伤的；

（五）在对抗性或者具有风险性的体育竞赛活动中发生意外伤害的；

（六）其他意外因素造成的。

第十三条　下列情形下发生的造成学生人身损害后果的事故，学校行为并无不当的，不承担事故责任；事故责任应当按有关法律法规或者其他有关规定认定：

（一）在学生自行上学、放学、返校、离校途中发生的；

（二）在学生自行外出或者擅自离校期间发生的；

（三）在放学后、节假日或者假期等学校工作时间以外，学生自行滞留学校或者自行到校发生的；

（四）其他在学校管理职责范围外发生的。

第十四条　因学校教师或者其他工作人员与其职务无关的个人行为，或者因学生、教师及其他个人故意实施的违法犯罪行为，造成学生人身损害的，由致害人依法承担相应的责任。

第三章 事故处理程序

第十五条 发生学生伤害事故，学校应当及时救助受伤害学生，并应当及时告知未成年学生的监护人；有条件的，应当采取紧急救援等方式救助。

第十六条 发生学生伤害事故，情形严重的，学校应当及时向主管教育行政部门及有关部门报告；属于重大伤亡事故的，教育行政部门应当按照有关规定及时向同级人民政府和上一级教育行政部门报告。

第十七条 学校的主管教育行政部门应学校要求或者认为必要，可以指导、协助学校进行事故的处理工作，尽快恢复学校正常的教育教学秩序。

第十八条 发生学生伤害事故，学校与受伤害学生或者学生家长可以通过协商方式解决；双方自愿，可以书面请求主管教育行政部门进行调解。成年学生或者未成年学生的监护人也可以依法直接提起诉讼。

第十九条 教育行政部门收到调解申请，认为必要的，可以指定专门人员进行调解，并应当在受理申请之日起 60 日内完成调解。

第二十条 经教育行政部门调解，双方就事故处理达成一致意见的，应当在调解人员的见证下签订调解协议，结束调解；在调解期限内，双方不能达成一致意见，或者调解过程中一方提起诉讼，人民法院已经受理的，应当终止调解。调解结束或者终止，教育行政部门应当书面通知当事人。

第二十一条 对经调解达成的协议，一方当事人不履行或者反悔的，双方可以依法提起诉讼。

第二十二条 事故处理结束，学校应当将事故处理结果书面报告主管的教育行政部门；重大伤亡事故的处理结果，学校主管的教育行政部门应当向同级人民政府和上一级教育行政部门报告。

第四章 事故损害的赔偿

第二十三条 对发生学生伤害事故负有责任的组织或者个人，应当按照法律法规的有关规定，承担相应的损害赔偿责任。

第二十四条 学生伤害事故赔偿的范围与标准，按照有关行政法规、地方性法规或者最高人民法院司法解释中的有关规定确定。

教育行政部门进行调解时，认为学校有责任的，可以依照有关法律法规及国家有关规定，提出相应的调解方案。

第二十五条 对受伤害学生的伤残程度存在争议的，可以委托当地具有相应鉴定资格的医院或者有关机构，依据国家规定的人体伤残标准进行鉴定。

第二十六条 学校对学生伤害事故负有责任的，根据责任大小，适当予以经济赔偿，但不承担解决户口、住房、就业等与救助受伤害学生、赔偿相应经济损失无直接关系的其他事项。学校无责任的，如果有条件，可以根据实际情况，本着自愿和可能的原则，对受伤害学生给予适当的帮助。

附　录

第二十七条　因学校教师或者其他工作人员在履行职务中的故意或者重大过失造成的学生伤害事故，学校予以赔偿后，可以向有关责任人员追偿。

第二十八条　未成年学生对学生伤害事故负有责任的，由其监护人依法承担相应的赔偿责任。学生的行为侵害学校教师及其他工作人员以及其他组织、个人的合法权益，造成损失的，成年学生或者未成年学生的监护人应当依法予以赔偿。

第二十九条　根据双方达成的协议、经调解形成的协议或者人民法院的生效判决，应当由学校负担的赔偿金，学校应当负责筹措；学校无力完全筹措的，由学校的主管部门或者举办者协助筹措。

第三十条　县级以上人民政府教育行政部门或者学校举办者有条件的，可以通过设立学生伤害赔偿准备金等多种形式，依法筹措伤害赔偿金。

第三十一条　学校有条件的，应当依据保险法的有关规定，参加学校责任保险。

教育行政部门可以根据实际情况，鼓励中小学参加学校责任保险。

提倡学生自愿参加意外伤害保险。在尊重学生意愿的前提下，学校可以为学生参加意外伤害保险创造便利条件，但不得从中收取任何费用。

第五章　事故责任者的处理

第三十二条　发生学生伤害事故，学校负有责任且情节严重的，教育行政部门应当根据有关规定，对学校的直接负责的主管人员和其他直接责任人员，分别给予相应的行政处分；有关责任人的行为触犯刑律的，应当移送司法机关依法追究刑事责任。

第三十三条　学校管理混乱，存在重大安全隐患的，主管的教育行政部门或者其他有关部门应当责令其限期整顿；对情节严重或者拒不改正的，应当依据法律法规的有关规定，给予相应的行政处罚。

第三十四条　教育行政部门未履行相应职责，对学生伤害事故的发生负有责任的，由有关部门对直接负责的主管人员和其他直接责任人员分别给予相应的行政处分；有关责任人的行为触犯刑律的，应当移送司法机关依法追究刑事责任。

第三十五条　违反学校纪律，对造成学生伤害事故负有责任的学生，学校可以给予相应的处分；触犯刑律的，由司法机关依法追究刑事责任。

第三十六条　受伤害学生的监护人、亲属或者其他有关人员，在事故处理过程中无理取闹，扰乱学校正常教育教学秩序，或者侵犯学校、学校教师或者其他工作人员的合法权益的，学校应当报告公安机关依法处理；造成损失的，可以依法要求赔偿。

第六章　附则

第三十七条　本办法所称学校，是指国家或者社会力量举办的全日制的中小学（含特殊教育学校）、各类中等职业学校、高等学校。本办法所称学生是指在上述学校中全日制就读的受教育者。

第三十八条　幼儿园发生的幼儿伤害事故，应当根据幼儿为完全无行为能力人的特点，参照本办法处理。

第三十九条　其他教育机构发生的学生伤害事故，参照本办法处理。

在学校注册的其他受教育者在学校管理范围内发生的伤害事故，参照本办法处理。

第四十条 本办法自 2002 年 9 月 1 日起实施，原国家教委、教育部颁布的与学生人身安全事故处理有关的规定，与本办法不符的，以本办法为准。

在本办法实施之前已处理完毕的学生伤害事故不再重新处理。

附录七 《普通高等学校学生安全教育及管理暂行规定》

第一章 总则

第一条 为了加强高等学校管理，维护正常的教学和生活秩序，保障学生人身和财务的安全，促进身心健康发展，特制定本暂行规定。

第二条 高等学校学生安全教育及管理的主要任务是，宣传、贯彻国家有关安全管理工作的方针、政策、法律、法规，对学生实施安全教育及管理，妥善处理各类安全事故，引导学生健 康成长。

第三条 高等学校学生安全教育及管理，要以预防为主，本着保护学生、教育先行、明确责任、教管结合、实事求是、妥善处理的原则，做好教育、管理和处理工作。

第四条 本暂行规定所称学生指在普通高等学校学习取得学籍的全日制学生，即按国家任务、用人单位委托培养、自费三种计划形式录取的学生 。

第二章 安全教育

第五条 高等学校应将对学生进行安全教育作为一项经常性工作，列入学校工作的重要议事日程，加强领导。学校各部门和有关群众团体或组织要相互配合，积极开展安全教育，普及安全知识。增强学生的安全意识和法制观念，提高防范能力。

第六条 学生安全教育应根据不同专业及青年学生的特点，从学生入学到毕业，在各种教学活动和日常生活中，特别是节假日前适时进行，并善于利用发生的安全事故教育学生，防患于未然。学校应根据环境、季节及有关规定进 行防盗、防火、防特、防病、防事故等方面的教育，并使之经常化、制度化。

第七条 高等学校对学生进行安全教育须注重心理疏导，加强思想政治工作，教育学生注意保持健康的心理状态，帮助学生克服各种原因造成的心理障碍，把事故消除在萌芽状态。

第三章 安全管理

第八条 高等学校要做好学生日常安全管理工作，加强安全防范，建立和健全规章制度，严格管理。学校要把安全教育及管理工作纳入领导任期的责任目标，落实到年级班主任。学校应由一名校领导主要负责。

第九条 高等学校应确定学生安全教育及管理工作的主管部门。明确其职责，具体组织实施安全教育及其管理工作。各有关部门应分工协作，积极配合。

第十条　全体教职工要从关心学生、爱护学生出发，树立安全思想，努力做好本职工作和改善环境条件，保护学生人身和财产安全。

第十一条　学生发生意外事故以及学生要求保护人身或财物安全等情况时，学校应迅速采取有效措施。

第十二条　学生必须严格遵守国家法律、法规和学校各项规章制度，注意自身的人身和财物安全，防止各种事故的发生。

第十三条　学生在日常教学及各项活动中，应遵守纪律和有关规定，听从指导，服从管理；在公共场所，要遵守社会公德，增强安全防范意识，提高自我保护能力。

第十四条　学生组织集体课外活动，须经学校同意，按学校规定进行。学校须认真进行安全审查，条件不具备时不得批准。

第十五条　学生应严格遵守宿舍管理的规定，自觉维护宿舍的安全与卫生，提高自我管理能力。

第十六条　发现刑事、治安案件或交通、灾害等事故，在场学生应保护现场，及时报告学校或公安部门并协助处理。在学校范围内的，学校应迅速采取措施，控制事态发展，减轻伤害和损失。

第四章　事故处理

第十七条　学生人身和财产发生一般伤害后，学校要及时调查处理，根据当事人或他人的过错，责令其赔偿损失，并给予批评教育或相应行政、纪律处分。在校园内，发生学生非正常死亡、重伤和被窃、失火等造成财产重大损害事故后，学校应迅速采取措施进行抢救、保护现场，同时加强思想政治工作，稳定情绪，恢复秩序，并协同地方有关部门妥善处理。

第十八条　学校对事故调查后认为涉及追究刑事责任的，要及时与公安部门联系，协助调查处理。重大事故学校有关领导应亲自参调查工作，并认真研究调查报告，及时处理。

第十九条　在安全管理或事故处理过程中，学校认为有必要需搜查学生住处，须报请公安部门依法进行。调查处理案件中以事实为依据，不得逼供或诱供。

第二十条　重大事故发生后，学校应在一天内向所在省、直辖市、自治区有关主管部门报告，并及时通知学生家长。事故处理结束后一周内书面报告有关主管部门。

第二十一条　学生在教学 、实习过程与日常生活中，因学校或有关单位责任发生死亡、重伤或残疾，由学校或有关单位承担责任，做好处理及善后工作。在教学、实习过程与日常生活中，学生因不遵守纪律 或不按要求活动而发生意外事故，学校不承担责任。

第二十二条　因忽视安全生产，管理不善；工作不负责，违章指挥；玩忽职守，徇私舞弊等对学生造成严重的人身、财物损害的，由其所在单位或上级主管部门，视具体情况对有关责任人员分别给予责令检查、赔偿损失、行政处分，直至依法追究刑事责任。

第二十三条　学生未经批准擅自离校不归发生意外事故的，学校不承担责任。对擅自离校不归，学校不知去向的学生，学校应及时寻找并报告当地公安部门，及时通知学生家长。半月不归且未说明原因者，学校可张榜公布，按自动退学除名。

第二十四条 学生假期或办理离校手续后发生意外事故的，学校不承担责任。

第二十五条 在校内正常生活及由学校在校外组织活动中，由于不能避免的原因或自然灾害而发生的事故，由学校视具体情况处理。

第二十六条 有条件的高等学校可为学生办理人身保险。

第二十七条 凡经学校指定的专业医院确诊为精神病、癫痫病患者的学生，应予退学，由其监护人员负责领回。学生及其监护人不得无理纠缠，扰乱学校教学、生活秩序。

第二十八条 因事故伤残的学生，经治疗后病情稳定，学校认为生活能自理，能坚持在校学习，可留校继续学习；不能坚持在校学习者，应予退学，由学校按其实际学习年限发给肄业证书，并根据事故性质和伤残程度 一次性给予适当经济补助。退学学生回其监护人所在地，当地民政等有关部门应协助做好接收、落户等工作，由当地劳动部门按国家关于残疾人劳动就业有关规定安置。

第二十九条 学生因病死亡和责任不由学校承担的意外死亡，学校不承担丧葬费。如家庭确有困难者，学校可酌情予一次性经济补助。

第三十条 因责任不在本人的意外死亡学生，由学校或有关单位参照国家关于事业单位职工死亡丧葬有关规定处理，负担丧葬费的全部，学校可一次性给予适当经济补助。无论何种情况（事故）给予的经济补助，一般不超过国家规定的学生在校期间（以四年计）的平均奖学金数。凡是事 故责任由学校以外的其他单位、个人承担的，学校不再给予经济补助。

第三十一条 因保护国家财产和他人人身安全，见义勇为而致残或英勇牺牲的学生，学校应报请所在省、自治区、直辖市人民政府授予荣誉称号，并给予相应的待遇。

第三十二条 对事故处理不服或持有异议者，可向学校或学校上一级部门申诉，或者依法向人民法院提起民事诉讼。

第五章 附则

第三十三条 普通高等学校研究生事故处理，参照本办法执行。

第三十四条 本暂行规定结合《普通高等学校学生管理规定》、《高等学校校园秩序管理若干规定》执行。

第三十五条 各省、自治区、直辖市教育行政部门和各高等学校可根据本暂行规定制定实施细则。

第三十六条 本暂行规定由国家教育部解释。

第三十七条 本暂行规定自发布之日起试行。